巴菲特致股东的信

投资者和公司高管教程

|原书第4版|

THE ESSAYS OF WARREN BUFFETT

Lessons for Investors and Managers (4th Edition)

[美] 沃伦 E. 巴菲特（Warren E. Buffett）著　劳伦斯 A. 坎宁安（Lawrence A. Cunningham）编　　杨天南 译

机械工业出版社
CHINA MACHINE PRESS

图书在版编目（CIP）数据

巴菲特致股东的信：投资者和公司高管教程（原书第 4 版）/（美）沃伦 E. 巴菲特著；
（美）劳伦斯 A. 坎宁安编；杨天南译. —北京：机械工业出版社，2018.3（2024.12 重印）
（华章经典·金融投资）
书名原文：The Essays of Warren Buffett：Lessons for Investors and Mangers

ISBN 978-7-111-59210-5

I. 巴… II.① 沃… ② 劳… ③ 杨… III. 股份有限公司－企业管理 IV. F276.6

中国版本图书馆 CIP 数据核字（2018）第 029829 号

北京市版权局著作权合同登记 图字：01-2017-9171 号。

巴菲特致股东的信：投资者和公司高管教程

出版发行：机械工业出版社（北京市西城区百万庄大街 22 号 邮政编码：100037）
责任编辑：程天祥
责任校对：殷 虹
印　　刷：保定市中画美凯印刷有限公司
版　　次：2024 年 12 月第 1 版第 19 次印刷
开　　本：147mm×210mm　1/32
印　　张：14.75
书　　号：ISBN 978-7-111-59210-5
定　　价：128.00 元

客服电话：(010) 88361066　68326294

巴菲特成功的八字诀
与时俱进，良性循环

巴菲特的投资方法到底适不适合中国人？这个话题争论了很多年。

对于这个问题，我应该有一点小小的发言权，因为自从1995年的金秋时节，我初次读到关于巴菲特的书籍之后，22年来（1995年秋至2017年秋）大约获得了1000倍的投资回报。在股市最近十年步履蹒跚的情况下，我甚至以白纸黑字的专栏形式取得了"十年半十倍"的纪录（详见《一个投资家的20年》第2版）。"一本书改变一个人的命运"，这样的故事在我身上得到了真实的演绎。

这本《巴菲特致股东的信》（原书第4版）虽由坎宁安教授剪辑编排，但内容素材却完全来源于巴菲特历年亲自撰写的年报。

今年 88 岁的巴菲特，至今还能"每天跳着踢踏舞上班"，这本身就已是值得我们学习的奇迹。他一生奋斗，栉风沐雨，惊涛骇浪，履险如夷，丰富的经历，深邃的思考，数十年的磨炼使其思维极为严缜精密。这个特点转化在文字上，表现为英语句式中的从句套从句。以至于我在原书中甚至遇见过一句话长达七八行，中间没有任何停顿、没有标点符号这种复杂的情况。如何将这样的语句在尊重原意的情况下，翻译为适合于中文读者的文字，多多少少要费一番脑筋。

通常人们形容读到一本好书的感受时，会说"像是品尝了一杯美酒"，而我在翻译的过程中，在多处感觉像是在美酒的海洋中徜徉。我们今天遇到的很多问题，他老人家在数十年前就遇见过，并且已经给出了智慧的答案。

除了对于投资有兴趣的朋友外，我大力推荐企业家们应该好好读一读巴菲特。巴菲特的那句名言"我是一个不错的投资家，因为我是一个不错的企业家；我是一个不错的企业家，因为我是一个不错的投资家"，正是实业与资本结合的真实写照。

关于巴菲特一生的成功秘诀，已经有无数人做出了评价，我个人认为可以归结为八个字：与时俱进，良性循环。

巴菲特早年师从格雷厄姆，后来遇见费雪，再后来与芒格搭档，可以说是一个终身学习的典范。巴菲特曾经说过，自己 85% 是格雷厄姆、15% 是费雪，但《巴菲特之道》作者哈格斯特朗的说法是，"如果今天有机会再做一次表述，巴菲特可能会承认他的方法 50% 来自格雷厄姆，50% 来自费雪，二者平分秋色"。谈到芒格对自己的影响时，巴菲特说是芒格"让自己从猩猩进化为人类"。

可见，任何对于巴菲特投资理念僵化不变、刻板固执的理解，都是画地为牢，作茧自缚。真正的巴菲特是"活"的巴菲特，是与时俱进的巴菲特。

除了投资功力上的与时俱进之外，我认为还有一个非常重要的特征对于他取得今天的成功至关重要——良性循环。

良性循环又分为两个层面，一是财务上的良性循环；二是人际关系、社会关系上的良性循环。

一家公司的失败可能由各种导火索引发，或是研发不力，或是营销无方，或是库存积压，或是应收账款无法收回等，但无论是什么原因，最终有一点都是一样的——财务恶化。人们见过的所有企业失败基本上都是由财务上无法形成良性循环造成的。

反观巴菲特，无论是早年投资 2500 万美元买下禧诗糖果，还是后来投资 10 亿美元入手可口可乐，如今获得的分红早已远远超过当年的投资本金，而后续分红依然源源不断，且呈现出越分越多的趋势。这种"每做一笔投资，就多出一股现金流"的行为坚持了几十年，结果就是如今伯克希尔旗下拥有数十家企业，每年可以提供源源不断的资金弹药，这才是巴菲特可以大声说"我喜欢熊市"的底气所在。

良性循环的第二个层面是人际和社会关系上的良性循环。"与坏人打交道，做成一笔好生意，这样的事情，我从来没有遇见过。"巴菲特的这句名言令人深思。从早期买入内布拉斯加家具大世界时，对老板 B 夫人体现出的信任，再到后来大量购买《华盛顿邮报》的股票后，主动让出投票权释出的善意，无不体现了巴菲特的识人之智，日后也得到了正面积极的反馈。

坚持与合适的人、合适的企业打交道，与人为善、良性互动、相濡以沫、相互尊重、相得益彰、交相辉映，这是巴菲特多年一直保持成功的关键。

跳出投资看投资，这对于我们也具有十分重要的现实指导意义。我们所说的"好人会遇见更好的人""认真的人得到认真的结果"，可以说就是第二层面良性循环的必然因果。

二十多年来，中国大地上受益于巴菲特投资思想而取得财务自由的人从南到北，远不止一例，这表明他的投资理念可以跨越种族与国界。从别人的故事里，找到自己的人生启发，这就是读书的意义所在。再过 20 年，人们一定会看到更多人的命运会因为今天读到这本书而改变。

杨天南

2018 年 1 月

一本渴望已久的书

我对于沃伦·巴菲特的研究已经有 15 年了。在这个过程中，我遇到数以百万计的人，收到过各种各样的研究主题，包括什么样的气质造就优秀企业，如何进行企业估值，如何看待股市行为等。总之，巴菲特给我们人生道路的前行之旅提供了一幅关于投资的智慧地图。然而，对于沃伦·巴菲特的学习和研究，远远不能局限于股票市场。劳伦斯 A. 坎宁安先生的力作《巴菲特致股东的信：投资者和公司高管教程》一书是研究巴菲特思想最好的教程，它涵盖了公司治理、兼并与收购、会计、税务等多个方面的内容。

乍看之下，一些读者或许认为这本教程对于自己在股市上能否盈利似乎无足轻重，但这种看法可能是个错误。对于那些认为自己是投资者的人而言，这种看法一定是个错误。如果你将自己定义为一个企业的持有人，那么，这个企业的管理如何，长期而言，对公司价值以及未来的股票价格将有着非常重大的影响。当然，如果你是个投机者、赌徒、炒家，长期的公司管理优劣对于你短期持股几乎没什么影响。

总有些权威人士认为，对公司管理进行评估是浪费时间。原因在于，评估管理这个工作缺乏数字的精确性，而且即便管理能够被测量，它们的价值也已经反映在公司的财务报表之中，因此，任何对于管理价值的加减都有重复计算之嫌。对于这两种态度，巴菲特都不赞同。他对于管理的看法告诉我们，公司未来的价值很大程度上取决于管理层的行为。

坎宁安的这本《巴菲特致股东的信：投资者和公司高管教程》不仅仅对投资者有益，它也应该是公司管理层和董事会成员的上佳读物。在一个股市高度透明以及短线股价变化经常莫名其妙的时代，公司高层应该认真阅读并思考巴菲特的建议。一定要明白，如果一个公司确立起来了诚信、理性、公平的好名声，股市最终会给予奖励。

关于沃伦·巴菲特的书很多，我也写过两本书分析他的投资方法。此外，还有两本关于巴菲特的传记，以及一些关于他的风趣和魅力的短篇。尽管已经有了这么多关于他的书，但还是无法取代一个事实。在很多时候，我多么希望有这样一本书，能让我重新阅读巴菲特在伯克希尔公司年报里呈现的那些经典段落。

现在，我要感谢劳伦斯 A. 坎宁安先生，我们终于有了渴望已久、编排易读的巴菲特经典文集。巴菲特投资准则和理念的生命力是永无止境且无可估价的。如果你曾经读过巴菲特的年报，那么可以重温一下。如果你从来没有读过这位 20 世纪最伟大投资家的思想，那就准备开始吧！

罗伯特 G. 哈格斯特朗

《巴菲特之道》作者

投资经典《巴菲特致股东的信：股份公司教程》（*The Essays of Warren Buffett: Lessons for Corporate America*）一书第 1 版的核心内容，来源于 20 年前（1996 年）的一场研讨会，那场研讨会由塞缪尔和罗尼·海曼公司治理研究中心（Samuel and Ronnie Heyman Center on Corporate Governance）主持，在本杰明 N. 卡多佐法学院（Benjamin N. Cardozo School of Law）召开。这个为期两天的研讨会，聚集了数百名高校学生，期间大约三十多位杰出的教授、投资家、企业家发表了精彩的观点。更为重要的是，巴菲特和查尔斯 T. 芒格（Charles T. Munger）始终坐在前排，亲自参与了这个研讨会。

《巴菲特致股东的信：股份公司教程》这本书是我在卡多佐法学院教授商学的标准教科书，它同时被其他法学院、商学院在投资、财务、会计等课程中采用。一些投资公司也将这本书送给自己的工作人员和客户作为培训交流的项目。我非常高兴能经常收到来自这些学生、教师以及其他读者的积极反馈，并且乐见这本书在教学过程中所发挥的作用。特别致谢汤姆·约翰森（Tom Johansen）教授（海斯堡大学，堪萨斯）和莱昂·陈（Leo Chan）教授（特拉华州立大学）。

还要感谢巴菲特先生的好友、顾问罗伯特·德纳姆（Robert Denham）先生，我与他在研讨会之后一直保持联系。德纳姆是芒格-托里斯-奥尔森（Munger, Tolles & Olsen）律师事务所的合伙人，是他和另一位我们共同的朋友，律师事务所先前的同事，现在也在学院任教的门罗·普利斯（Monroe Price）教授将我和我们学院引荐给巴菲特，感谢他们二位开启的交流之门。也感谢巴菲特的亲密朋友卡罗尔·卢米思（Carol Loomis）女士，她每年都帮助巴菲特整理给股东的信。特别感谢来自塞缪尔和罗尼·海曼公司治理研究中心等机构的支持。

相较于前三版，《巴菲特致股东的信：投资者和公司高管教程》这个新版本保留了原来的架构和哲学，但是增加了一些巴菲特最新的年报内容。这些新增的内容被编入了书中的相应篇章，它们有机地融为一体，丝毫不影响读者在阅读过程中获得对于稳健企业和投资哲学的整体印象。为了帮助读者区分书中哪些部分是新增的内容，在书末的"注释"部分标注了这些内容是选自哪些年度的致股东的信件。为了不影响整体的阅读流畅性，正文中的省略部分将不再使用省略号或其他标点符号标出。

这个新版《巴菲特致股东的信：投资者和公司高管教程》对于稳健企业和投资理念的描述没有什么改变，因为在当下的社会和商业潮流中，巴菲特先生的理念并无改变。我们所做的，只不过是定期更新而已。

在准备之前的版本中，我得到了无数人的帮助，我想再次感谢他们。特别感谢巴菲特先生，他不仅参加了那个研讨会，而且使内容更加丰富多彩。能得到他的允许，重新编辑和出版他的信件，这是我极大的荣耀。他的合作伙伴芒格先生不仅参与研讨，而且还主持了讨论，他同样值得我再次的感谢。

劳伦斯 A.坎宁安

于纽约

|目　录|

与所有者相关的企业原则[1]

就某种程度而言，我们的股东群体是相当不凡的一个群体，这使得我们和大家的沟通方式也非同寻常。例如，每一年的年底与年初相比，伯克希尔公司（Berkshire）的流通股股东名单中有 98% 是不变的。这种情况表明大家都是老朋友，我们不必年复一年重复之前说过的话。你们可以得到更多有用的信息，而我们也不至于感到厌倦。

此外，有大约 90% 的本公司投资者，他们持有的伯克希尔股票在其所有投资资产中是占比最大的，遥遥领先于其他持股。所以，他们愿意花更多的时间，仔细阅读年度报告。反过来，如果我们处于同样的位置，也希望能从年报中得到更多信息。

相对于年报的详细，我们在季度报告中的叙述比较简略。因为，我们的投资者和管理层都着眼于长期的企业前景，不太可能每个季度都发生一些对于长期有重要影响的新事件或新观点。

当你收到我发出的信息，应该知道这来自于一个由你们支付工资、为你们管理企业的人。我坚定地认为，股东们应该可以直接与公司 CEO 进行沟通，得到他现在和未来如何对企业进行估值的看法。这样的做法，通常只有未上市公司能采用，上市公司一般无法做到。⊖公司的 CEO 就像是股东为公司聘请的管家，一份一年一度来自管家的报告，与一份来自基于管理层和投资者关系的专家或公关顾问的公事公办的职业报告是不一样的。

我们认为，作为公司的股东、公司的所有者，你们应该有权得到我们作为管理层的报告，就像伯克希尔公司作为母公司可以得到旗下各个子公司管理层的报告一样。当然，二者的详细程度可能会有所区别，尤其当内容涉及商业机密和竞争对手时。但是从总体范围、平衡尺度以及坦率程度而言，两者应该并无二致。我们不喜欢旗下公司高管们在汇报时，写得像官样文章，我想你们应该也不喜欢。

一般情况下，一个公司的特征决定了它的股东特征，正所谓"物以类聚，人以群分"。如果公司追求短期的结果或短期的股价表现，那么，它所吸引的股东也会同样关注短期表现。如果公司对待股东随便，它们也只会得到随便的结果。

广受尊重的投资家兼作家菲尔·费雪（即菲利普·费雪，

⊖　因为通常未上市公司股东人数有限且相熟。——译者注

Phil Fisher）曾经将公司吸引股东的策略比喻为餐馆吸引顾客的策略。

一家餐馆可以定位于特定的食客阶层——喜欢快餐的，喜欢优雅的，喜欢东方食品的等。通过风格的定位，最终获得一批志同道合的拥趸。如果餐馆的服务、菜单、价格水平策略得当，那么这批客户会成为固定的回头客。但如果餐馆经常转换风格，那么这批快乐而稳定的客户就会消失。如果餐馆的定位在法式美食和外卖鸡之间摇摆不定，那么一定会令回头客感到困惑，最终离开。

公司定位与股东之间的相处关系，与餐馆和食客的关系类似。你不可能在所有的时候满足所有的人。有人关注眼前回报高的投资，有人关注长期的资本增值，有人关注市场的动态，但你不可能面面俱到。

一些公司的管理层希望自己公司的股票交易活跃，对于这样的想法，我们感到非常奇怪。这个观点的实际意思是，希望现有的支持者抛弃自己公司的股票，替以他人。因为，公司的股份有限，有人出去才会有人进来，而这些新进来的人一定怀有不同的预期。

我们非常希望，那些喜欢我们服务和“菜品”的人年复一年地与我们在一起。伯克希尔公司的总股本是有限的，股东的位子也是有限的，相对于目前的股东而言，很难发现更好的一批人更适合坐在伯克希尔股东的位子上。所以，我们希望公司股票的低换手率可以继续保持，保持在那些理解公司运营，欣赏我们策略，分享我们愿景的人手中。祝愿我们梦想成真。

1983年，我总结了15条与所有者相关的企业原则，认为这将帮助新的股东了解我们的管理思路。既然称之为"原则"，那么这全部的15条时至今日，依然有效。

1. 虽然组织形式上是公司制，但我们以合伙人的态度来行事。芒格和我将我们的股东视作我们的合伙人，而我们自己则是执行合伙人（因为无论是好是坏，从所占比例来说，我们都是控股合伙人）。我们并不将公司本身看作资产的最终所有者，而是认为公司仅仅是我们持有资产的一个渠道。

芒格和我并不希望你将自己拥有的股票，仅仅视为一张标有价格的纸片，而这些纸的价格每天波动，你有可能为了一些经济或者政治上的事件焦虑不安，并随时打算出售它们。

我们希望你将自己视为一个真正长期拥有公司部分资产的人，就像你和你的家人共同拥有的农场或公寓一样。对我们来说，我们并不希望伯克希尔的股东是一群经常变动的陌生人，相反，他们是我们的投资伙伴，他们将资产委托给我们管理，希望在未来的生活中获得良好的回报。

有证据表明，伯克希尔的大多数股东已经接受了这种长期合作的观念。即使将我所持有的股份排除在外[⊖]，在美国的大型上市公司中，伯克希尔每年的股票换手率也是相当低的。

事实上，我们公司的股东对待伯克希尔的行为，和伯克希

⊖ 巴菲特是大股东。——译者注

尔对待它所投资的企业的行为是一致的。例如，作为可口可乐和吉列的股东，伯克希尔是这两个杰出企业的非管理合伙人。我们通过公司的长期成长来衡量成功，而不是通过每个月的股票价格变动来衡量成功。

事实上，我们一点也不关心这些公司的股票好几年没有交易，甚至没有市场报价。如果我们对一只股票有良好的长期预期，那么短期的价格波动对我们来说毫无意义，除非有人报给我们一个非常有吸引力的价格。

2. 大多数的公司董事会成员将伯克希尔视为自己的产业，他们财富的主要部分就是持有公司股份所带来的价值。换而言之，我们吃自己做的饭。

芒格90%以上的家庭资产都放在伯克希尔的股票上，而我则是98%～99%。此外，我的许多亲戚，比如姐妹和堂表亲，也都有很大一部分资产在持有我们公司的股票。

芒格和我对于这种把所有鸡蛋都放在同一个篮子里的状况感到很舒服，因为伯克希尔本身持有一系列多元化的杰出企业。事实上，无论是拥有这些企业的控股权还是少数权益，我们都相信伯克希尔是一个拥有股权质量和多样性都非常好的企业，这是伯克希尔的独一无二之处。

芒格和我无法向你承诺结果。但我们可以保证，只要你是我们的合伙人，在任何时段，你的金融资产和我们自己的资产将完全保持一致的成长。我们对高薪、期权奖励，或者其他什么从你们身上挣钱的事情毫无兴趣。我们只希望和我们的合伙人一起，以相同的比例赚钱。甚至，在我犯错时，我希望从你们那里得到一丝慰藉，因为我和你一起，遭受了同样比例的损失。

3. 我们长期的经济目标（受到限制的部分会在后面提及）是伯克希尔公司每股内在价值的平均年回报率最大化。我们并不以公司规模来衡量经济意义或表现，而是以每股的增长来衡量。我们确信未来每股的增长率将会下降——这是由于资产规模过大所致。但如果我们的增长率无法超过美国大型企业的平均增长率，我们将会非常失望。

4. 为了达成目标，我们的首选是直接持有一系列多元化的企业，从中获得稳定的现金流和持续的高于市场平均水平的资本回报。我们的第二选择是通过旗下的保险公司，主要是在市场上寻找便于交易的股票，从而持有一些类似企业的股票。股票的价格和可获得的程度，以及保险资金的需求决定了任何特定年份的资本配置。

近些年来我们收购了一些企业。虽然有些年份没有动作，但我们希望在未来的十年能够收购更多的企业，并且希望能够进行一些大型的收购。如果这些收购的对象能够达到我们过去的水平，那么伯克希尔将会获得很不错的回报。

像产生现金流一样迅速地产生出好的想法，这对于我们是个挑战。从这个意义上说，一个低迷的股票市场，对我们而言是一件好事。

第一，它使我们可以用更低的价格买下整个公司；

第二，低迷的市场使得我们的保险公司可以更容易地在一个具有吸引力的价格上，购买一些优秀企业的股票，包括我们已经持有部分股票的公司；

第三，一些优秀的企业，例如可口可乐，会持续回购自己的股票，于是它们和我们都能以更便宜的价格买入股票。

总之，伯克希尔和它的长期持有者会从下跌的股市中获得好处，就像一个需要购买日常食品的消费者，从食品价格的下跌中获得的好处一样。所以当市场大跌时，和平常一样，不用担忧，不用沮丧，这对于伯克希尔反而是个好消息。

5. 由于我们的企业所有权方式以及传统会计方式的局限性，综合会计报表显示出的盈利无法真实体现出我们实际的经济成果。芒格和我既是所有者又是管理者，实际上会忽略这些由综合会计报表提供的数据。然而，我们会向你们报告我们所控制的重要企业所产生的收益和那些我们认为重要的数字。这些数字和我们提供的其他信息一起，将有助于你们做出判断。

简单地说，我们试着在年报中披露那些确实重要的数据和信息。芒格和我投入大量精力去了解企业运营的情况，以及它们所处的商业环境。比如，我们企业的发展是一帆风顺，还是逆水行舟？芒格和我需要确切了解市场状况，并由此相应地调整预期。我们也会将我们的结论告诉你。

长期以来，我们投资的大部分企业取得了超过预期的成绩。有些时候我们也会失望，但无论是喜是忧，我们都坦白地做出说明。当我们采用非传统的方式制作报表时，会解释其概念并说明它们为何如此重要。换句话说,我们会告诉你们我们是如何思考的,由此,你们不仅可以判断伯克希尔的价值,也可以对我们的管理方式和资本配置做出判断。

6. 账面的结果不会影响到我们的运作和资本分配的决策。在收购成本相近的时候,我们宁可购买那些根据标准会计准则,未在账面体现出来,但实际可以带来 2 美元盈利的资产,而不愿购买可以在账面上体现出来,但仅能获得 1 美元盈利的资产。这正是我们经常面临的情况,因为一个完整企业全部资产(所有利润都在报表中体现)的价格有可能会两倍于一个企业的部分资产(大部分利润未在报表中体现)。从整体和长期来看,我们希望那些未体现的盈利,通过资本增值的形式体现在我们的内在价值里。

我们在很多时候发现,在汇总之后,投资对象的未分配利润就像已经分配给我们一样,最终使得伯克希尔获益(因此这些在我们官方报告中已有体现)。之所以会发生这样令人愉快的事,是由于我们投资的企业都是些优秀的公司,它们合理地使用富余资产,比如投资到企业自身当中,或是从市场上回购股票。表面上看,这些公司的每一项资本决定并没有直接使我们受益,但它们留存下来的每一美元都产生了更高的收益。最终,实际上,我们从这些企业运营中获得了实实在在的透视盈余。

7. 我们非常谨慎地使用债务。当进行借款时,我们试图将长期利率固定下来。我们宁愿拒绝一些诱人的机会,也不愿意过分负债。虽然这种保守的策略会影响我们的收益，但是考虑到我们身后的保险客户、贷款人和那些将相当大部分财产交由我们管理的投资者，考虑到对他们的信托责任，这种方式是唯一能让我们觉得安心的办法。（就像印第安纳波利斯（Indianapolis）500汽车拉力赛的获胜者所说的："想成为第一，首先你必须完成比赛。"）

芒格和我所采取的计算方法，从不要求我们为了每一点额外的小利而无法安枕。我不会用我的家人、朋友所拥有和所需要的东西去冒险，为了得到他们原本没有和不需要的东西。

此外，伯克希尔采用的两种低成本、无风险的杠杆资源使得我们可以安全地获取远超权益资本的总资产：递延纳税和保险浮存金。保险浮存金是我们的保险公司在进行偿付之前取得的保费收入的沉淀。这两项资金来源增长迅速，现在总数已经约1000亿美元。

更好的消息是，这两项资金来源经常是无成本的。递延纳税这项负债无须承担利息。关于浮存金这部分，只要我们能够承保业务并且取得收支平衡，那么浮存金的成本也是零。我们应该明白，这两项都不是权益而是债务，但它们是没有契约规定到期日的债务。事实上，它们给我们带来了债务的好处（获取更多的可运营资产），却避免了债务的弊端。

当然，我们无法保证未来依然能够获得无成本的浮存金，但在这方面，我们和任何其他保险公司具有同样的机会。不仅仅因为我们在过去达成了这一目标（尽管你们的董事会主席犯过不少重大错误），而我们在 1996 年完成对盖可保险公司（GEICO）的收购之后，已经从本质上大大增加了未来获得它们的预期。（自 2011 年以来）我们期待更多的贷款集中于我们的公用和铁路事业，这些贷款对于伯克希尔而言，都是无追索权贷款。我们喜欢长期、固定利率贷款。当我们进行大型收购时，例如 BNSF，我们会从母公司借款，但为期很短。

8.（伯克希尔会继续收购活动，）但管理层的这些"愿景清单"决不会让股东花冤枉钱。我们不会置长期的经济结果于不顾，花高价收购公司以追求多元化。我们使用你们的钱就像花我们自己的钱一样，并将你们从这些多元化行为中得到的价值，与直接投资所能获得的价值相权衡。

芒格和我只对能够增加伯克希尔每股内在价值的收购感兴趣。我们的薪水高低、办公室的大小永远不会和伯克希尔的资产规模相联系。

9.我们需要定期根据结果反思政策。我们会考察留存在公司里的利润，长期而言，每留存 1 美元利润，至少创造不少于 1 美元的市值。迄今为止，这个"1 美元"原则都得以实现。我们未来会继续以每五年为周期进行观察。随着我们的资产日益增长，留存利润将越来越难以寻得运用良机。

在这里，我必须着重强调一下"以每五年为周期"这句话，我之前没有留意到这个问题，直到 2009 年的股东大会时有人指出这个问题。

如果以"五年为期"进行验证的时候，恰巧遇上股市大跌，我们的市场溢价相对于净资产也会跟着大跌。这样，我们就无法通过"以每五年为期"进行的测试。实际上，股市的起伏是常态，这使得我们的测试结果时好时坏，例如早期的1971~1975年的结果非常糟糕，而1983年的结果却令人惊喜。

"以每五年为期"的测试应该满足两个条件：

（1）在此期间，账面价值的增长是否超出标普500指数的表现？

（2）股价是否能持续保持对于账面资产的溢价？这个意思是说，每留存的1美元利润是否总能创造超出1美元的市值？

如果上述两个条件都满足，那么"以每五年为期"测试"1美元"原则就是合格的。

10. 我们只有在物有所值的情况下，才会以发行新股的方式进行收购。这一原则不仅仅运用在我们进行企业并购或股票投资上，还会运用在股债互换、股票期权、可转换证券等方面的投资上。发行新股实际上就是出售公司的一部分，我们出售公司部分股份的估值方式与我们对于整体公司的估值并无二致。

我们在1996年发行B股的时候，曾经说过"伯克希尔的股票没有被低估"，这让一些人感到惊讶。这种反应完全没有必要，或许只有当我们在股价被低估时发行新股，才应该让人惊讶。

在公开发售股票时，如果管理层声称或暗示他们的股票是被低估的，那么他或是撒了谎，或是这种发售对于原有股东并不合算。如果管理层故意将价值 1 美元的资产以 80 美分卖掉，所有者们（即股东）就遭受了不公平的损失。我们在发售 B 股的时候，没有犯这样的错误，并且永远也不会。（但在发售新股时，我们也没有说过我们的股票被高估了，虽然有许多媒体这样报道。）

11. 你们应该注意到，芒格和我的一种态度不利于我们的财务表现：无论价格如何，我们都没有兴趣卖掉伯克希尔所拥有的优质资产。

对于那些表现不尽如人意的企业，只要它们还能够产生哪怕微薄的现金流，只要管理层和劳资关系还不错，我们就不会出售。有人建议对表现不佳的企业投入大量资金以重振旗鼓，对于这样的建议，我们持极其谨慎的态度。（虽然有些项目看起来前途光明，但是，大量对于糟糕行业的额外投资，最终就像在流沙里挣扎一样，毫无意义。）但是拉米牌（rummy）游戏的玩法（当每轮出牌的机会来临，就放弃最没有希望的企业）并不是我们的风格。我们宁愿整体上略微遭受不利的影响，也不愿意这么做。

我们会继续避免上述拉米牌游戏的玩法，的确，在苦苦挣扎了近 20 年之后，我们在 20 世纪 80 年代中期结束了伯克希尔原有的纺织类业务，因为我们认为这将是一项永远无法盈利的、填不满的窟窿。但是，我们不会轻易抛弃那些需要些许发展资金的业务，或需要花些时间关照的落后企业。

12. 在与股东沟通企业经营状况的过程中，我们会坦诚、如实地汇报好与不好的地方。我们的方针主要是采用换位思考的方式，如果我处在你们的位置上，希望了解哪些情况，我们不会亏欠你们一丝一毫。

此外，作为一个旗下拥有大型媒体的企业，在信息报道的准确、平衡、鲜明等方面，我们不会采用双重标准。我们始终认为诚实将令人受益，作为管理者也一样。那些在公众场合能误导大众的人，最终，也会在私下里误导自己。

在伯克希尔的财报中，你们将不会看到所谓的财务"大洗澡"或会计调整这样的动作。我们不会故意"平滑"季度或年度的财务数据，我们会告诉你们真实的情况，而不会围着靶心画圈。当有些数字实在难以估算时，例如遇到保险储备金的情况，这时我们会尽量遵循财务的一贯性原则和保守性原则。

我们与股东沟通的方式主要有三种。通过年报的形式，我会亲自撰写，希望在合理的长度内，尽可能多地告诉股东们有关公司价值的信息。我们也会提供浓缩了重要信息的季报，尽管季报并不是由我亲自撰写（重要的东西一年一次，足够了）。

另一个重要的沟通形式是股东大会，芒格和我会用 5 个小时或更多的时间，回答大家提出的关于伯克希尔的问题。当然，鉴于公司有成千上万的股东，实在无法一对一满足大家。

在我们所有的沟通形式中，我们对所有股东一视同仁。我们不会像市场上的惯例一样，将盈利预测指引信息专门供给业内的分析师和大股东。我们的目标是所有的股东同时得到同样的信息。

13. 虽然我们有开诚布公的态度，但只会在法规监管的范围内讨论我们的证券市场行为。因为好的投资主意非常稀缺，所以很宝贵，会引来竞争，就像优秀的产品或企业并购主意一样。

同理，我们也不会讨论我们的投资活动、股票交易。甚至那些已经出售的证券，我们也不会讨论（因为未来可能再买回来）。对那些传言中的投资，我们也不谈论，因为如果一会儿说"不谈论"，一会儿说"无可奉告"，那后者就被信以为真了。

尽管我们不愿意讨论个股，但我们会非常愿意讨论自己的企业和投资理念，就像当初金融界最伟大的导师本·格雷厄姆慷慨分享的智慧，使我们获益匪浅。我相信我所学到的可以流传下去，虽然这样会培养同行竞争者，就像当初格雷厄姆那样。

14. 我们希望股东在持有股票期间，能够获得与公司每股内在价值损益同步的收益。

为了这一目标，公司的内在价值与股价需要保持一致，能"一比一"最好，我们宁愿看到一个"合理"的股价，而不是"高估"的股价。显而易见，芒格和我都无法控制股价，但通过我们的政策与沟通，我们可以令股东们保持信息畅通和理性，这样反过来，能够使股价保持理性，股价过高或过低都不好。

这种态度可能会令一些股东感到失望，尤其是有卖出打算的人。但我们认为合理的股价能够吸引我们所需要的长期投资者，这些投资者从公司的长足发展中获益，而不是从合作伙伴的错误中获利。

15. 我们常常将伯克希尔每股账面价值的表现与标准普尔500指数比较，希望长期超越大盘，否则投资者何必把钱交给我们？

但这样做也有缺憾。现在我们在每个年度基础上进行这种比较，已经不如早前的比较那么准确，因为现在我们持有的资产中，与标普500同向变化的比重越来越少，不像我们早期的比重大。此外，标普500成分股的盈利全部会被计算在内，而我们由于联邦税率的缘故，只有65%被计算在内。因此，我们预期熊市时会超越大盘，而牛市时则会跑输。

多年以来，那些阅读巴菲特致股东信的读者们，一定获益匪浅。这些信件以浅显的语言对真实商业实践进行了提炼，内容涵盖管理层选择、投资、企业估值、财务信息使用等方面。这些文字涉猎广泛，充满智慧。将这些文字编辑为专题论文而形成的这本书，是一本有关商业理念和投资哲学的集合，意在传播给更为广泛的读者。

贯穿于巴菲特各个条理清晰文章里的中心主题，是企业基本面分析方法，它由巴菲特的导师本·格雷厄姆和戴维·多德（David Dodd）提出。与这个主题相关的管理原则是，将公司管理层定位为投资资本的管家，而股东的角色是资本的提供者和所有者。这个主题涵盖了企业的各个重要方面，从会计到企业合并再到估值，而且都是实用且明智的教程。

作为伯克希尔这家早在 19 世纪初就植根于纺织业的公司的 CEO，巴菲特运用着这些传统原则。1964 年，在巴菲

特接手掌舵伯克希尔之时，该公司的每股账面价值为 19.46
美元，内在价值则更低。如今，每股账面价值是 100 000 美元，
而内在价值则更高。在此期间，每股账面价值的年复合增长率
为 20%。

伯克希尔公司如今发展成为拥有 80 个不同业务范围的控
股公司，它最为重要的核心业务是保险，包括持股 100% 的、
跻身美国最大保险公司之列的盖可保险，以及世界上最大的再
保险公司之一的通用再保险公司。

2010 年伯克希尔收购了伯灵顿北方圣达菲公司（Bur-
lington Northern Santa Fe）——北美最大的铁路公司之一
以及大型能源公司。伯克希尔的很多子公司也规模巨大，如果
它们独立运作的话，其中 8 个可以进入《财富》500 强企业
之列。

伯克希尔旗下的企业覆盖面如此之广，以至于巴菲特说：
"当你注目伯克希尔的时候，实际上你看到的是整个美国商
界。"举凡食品、服装、建筑材料、工具、装备、报纸、书
籍、运输服务和金融产品，几乎无所不包。伯克希尔也持有
一些大型公司的股份，例如美国运通、可口可乐、国际商用
机器（IBM）、宝洁（通过持有吉列公司）、华盛顿邮报、富
国银行。

巴菲特和芒格通过投资于那些具有优秀特征的企业和优
秀的管理层，构建了一个涉及方方面面的庞大商业王国。在这
个发展过程中，他们采用双管齐下的方式进行投资，他们倾向

于用合理的价格，购买一家公司100%的股权，同时他们也在股市上买入上市公司的股票。通常后一种买入股票方式的价格要低于购买整个公司。

这种双管齐下的方法效果显著。伯克希尔公司持有的可转售证券组合，以每股计算，从1965年的4美元上升至2010年的95 000美元，折合年复合增长率20%。同期，每股营业利润从4美元上升至6000美元，折合年复合增长率21%。按照巴菲特的说法，这样的结果并不是出自什么伟大计划，而是源于集中投资——通过将资本配置于那些具有杰出经济特征，并由一流管理层管理的优秀企业。

巴菲特将伯克希尔公司视为他与芒格以及其他股东共同的合伙企业，而他本人的几乎所有身家都放在伯克希尔公司里。巴菲特的长期经营目标，就是通过全部或部分持有多元化的、能产生现金流、超越平均回报的优秀企业，追求伯克希尔公司每股内在价值最大化。在达成这个目标的过程中，巴菲特不会为了扩张而扩张。对于旗下那些运营不佳的企业，只要它们还能产生现金并且管理层优秀，巴菲特也不会轻易放弃。

伯克希尔会留存利润，并进行再投资，长期而言，只要这样做能够令每股股价至少产生同比例的增长，它就会一直这么做。伯克希尔会谨慎地使用负债，也只有在物有所值的情况下，才会出售资产。巴菲特看透了会计常规，尤其是那些令真实经济收益更加模糊的会计规则。

巴菲特称之为"与所有者相关的企业原则"是贯穿于本书的主题。在编辑过程中,这些篇章构成了一个由管理、投资、财务、会计等内容组成的行文优雅、富有启发的手册。巴菲特的基本原则构成了一个涵盖广泛的框架,涉及商业世界的方方面面。投资者应该专注于公司基本面,具有耐心,练习基于常识的良好判断力,如此种种不再是抽象的老生常谈,在巴菲特这些文字中出现的箴言与理念,已经完全融入他的生活和人生之中。

公司治理

在巴菲特看来,经理人(包括 CEO、高管、管理层)是股东资本的管家。最好的经理人应该像所有者(股东、主人)那样思考,将股东利益放在心里,并由此做出决策。

但是,即便是一流的管理者,有时也会与股东利益发生冲突。如何避免这种冲突,如何培养管理者的管家意识,这是巴菲特多年以来孜孜以求的努力目标,也是他文章中的鲜明主题。本书中谈论了很多极为重要的公司治理问题。

首先,最为重要的是经理人与股东沟通的直率和坦诚。

巴菲特只陈述事实,至少是他亲眼所见,而且他常常从小股东的角度出发。伯克希尔的年报不追求辞藻的华丽,巴菲特会使用普通人都能明白的文字与数字,并且力求所有的投资者,无论大小,都能同时获得同样的信息。巴菲特以及伯克希尔避免进行预测，因为这是一种糟糕的管理习惯，经常会导致管理人粉饰报表。

除了上述巴菲特身体力行的以所有者为导向的信息披露方式，以及与所有者相关的企业原则之外，下面一项管理课程是对管理体制结构的反思。与教科书中组织行为的内容相反，巴菲特认为对各具特色的企业状态，画一条抽象的指令流程，收效甚微。企业管理中最为重要的，是选择能干、诚实、勤奋的经理人。一流的经理人比汇报层级的流程重要得多，也比谁向谁汇报什么、何时汇报的规定重要得多。

尤其需要特别重视公司首席执行官（CEO）的选择，巴菲特认为公司的 CEO 与其他员工相比，具有三个不同之处：

（1）与对普通员工的考核衡量相比，考核 CEO 表现如何的手段不足，或是更容易被人为操纵。

（2）在管理层中，CEO 居于最高位置，所以没有更高位置的人对其进行监督或考核。

（3）公司董事会也不可能担负监督之职，因为传统上（一般）而言，董事会与 CEO 们相处得不错。

为了改善这类问题，重大的改革通常是将经理人与股东的利益结合起来，或加强董事会对于 CEO 行为的监管。以股票期权奖励经理人被吹捧为一种方式，加大董事会权力被认为是另一种方式。此外，将董事会主席与 CEO 角色分离，任命独立的审计部门、提名或薪酬委员会都被视为具有前景的改革尝试。或许，更为普遍的方式是任命独立董事。上述的所有方式都无法一劳永逸地解决公司治理问题，甚至，有时还会令其恶化。

巴菲特认为最好的方式是，认真谨慎地挑选那些可以不受体制弊端约束的、精明干练的CEO。大型机构股东在CEO的表现不能胜任公司管家角色要求时，可以将其罢免。杰出的CEO并不需要来自股东们的指导，但杰出的董事会会对CEO们起到很好的帮助作用。所以，应该按照精明强干、利益所在、股东导向的标准来选择董事会成员。根据巴菲特的观察，美国公司的董事会中存在的最大问题是，董事会成员的选取往往由于其他原因，例如增加多元化、声望、独立。

大多数改革行为会引发董事的不和，人们没有留意到巴菲特所指出的各种董事会中所存在的差别。例如，当一个控股股东同时兼任经理人，且董事权力非常弱小时，如果董事会与经理人之间发生矛盾，董事们除了反对或更为极端地选择辞职之外，别无他法。反之，如果董事会的权力极大，同时控股股东并不参与管理，当歧义产生时，董事们可以将问题直接交给控股股东。

在现实中，最为常见的是公司没有一个控股股东，巴菲特说，这种公司的管理问题可能最大。如果董事会能采取严明的纪律，情况会稍好，但是由于董事会的先天构成因素，其往往碍于人情。在这种情况下，巴菲特认为保持董事会的小型化是提高效率的方法，多数席位由外部董事构成最好。董事可以运用的最有力的武器是有权解雇经理人。

　　在所有的情形中，有一个共同点：解雇一个平庸的经理人是件棘手的事情。相对于平庸的经理人，面对或解雇一个糟糕的经理人要容易得多。巴菲特强调，治理结构中的首要问题，是美国企业对 CEO 评估的例会，通常都有 CEO 参与。如果召开评估例会时，没有 CEO 本人参与，将会改善公司治理情况。

　　伯克希尔旗下的各个公司的 CEO 们享有一种独特的工作环境。他们面对的要求很简单，他们管理的企业，①只有一个股东；②只有一类资产性质；③他们管理的公司不会被卖出或合并，会保持目前的状态乃至百年不变。

　　这样的情况，使得这些公司的 CEO 们可以具备长远的发展眼光，不像上市公司的 CEO 们那样，必须不停考虑下一个季度财务表现的市场短期压力。在伯克希尔的大家庭里，短期的结果当然重要，但是任何短期的压力都不应以牺牲长期竞争力为代价。

　　如果仅仅考虑短期的结果，很多管理决策就容易多了，特别是当企业所独具的经济特征、竞争优势已经丧失的时候。

　　想想巴菲特买下伯克希尔的例子，巴菲特认为这是他犯过的最为严重的错误。在 20 世纪 70 年代后期，伯克希尔原有的纺织业务所具有的经济特征、竞争优势已逐渐丧失，巴菲特希望能够力挽狂澜，扭转局面。他意识到伯克希尔的纺织业务对于新英格兰地区的员工、对当地的经济非常重要，而且公司管理层与员工对于面临的经济困境非常理解，团结一心。巴菲特将这个衰败之中的工厂一直维持到 1985 年，但是奇迹并没有发生，公司财务没有好转，最终巴菲特关闭了工厂。

这种建立在信任之上的，短期结果与长期远景之间的权衡并不容易，但是这样做是明智的。类似的例子也发生在伯克希尔的其他投资上，例如互联网时代的报纸业务，以及高度管制的行业，如能源和铁路。在这些案例中，巴菲特看到了企业与社会监督之间所暗含的社会契约精神。

有时候，经理人利益与股东利益相冲突，以微妙的形式或者易于伪装的形式出现。以公司慈善为例，在很多大公司，公司管理层会拿出一部分公司利润进行慈善捐助。但这些捐助的对象是由管理层选定，通常与公司利益或股东利益无关。美国大多数州的法律允许公司管理层这么做，只要其捐助的数量合理，一般不超过年度利润的 10%。

在这件事情上，伯克希尔的做法不一样。慈善捐助不会在控股公司的层面发生，而由旗下各个公司自行决定，它们可以继续执行在没有被伯克希尔收购之前的捐助政策。不但如此，伯克希尔还采取了一种富于想象力的方式，这种方式让股东决定慈善捐助的对象以及捐助数量。几乎所有的股东都参与其中，每年向数以千计的慈善机构捐助超过数以千万计美元。然而，在堕胎问题上的政治争议干扰了这个计划。一些政治活跃分子组织抵制伯克希尔的产品，以抗议一些它做出的特别慈善捐助，这影响了伯克希尔"合伙决策"的捐助方式。

以公司股票期权奖励管理层，以期达到管理层与股东利益一致的做法，不仅是言过其实，而且掩盖了一些更深层次的、由期权带来的利益分歧。很多公司奖励管理层股票期权，仅仅是基于公司留存利润的简单增加，而不是对于公司资本的良好运用。

然而，巴菲特指出，仅仅是使用公司留存利润再投资而取得利润增加，简直就是举手之劳，并未提高公司真正的资本回报。如此一来，授予管理层股票期权实际上是打劫股东财富，并将战利品分给管理层。而且，期权一经授予，便是不可撤销、无条件的，并在与个人业绩表现无关的情况下令管理层受益。

使用股票期权方式培养股东导向思维的管理文化是有可能的，对于这一点巴菲特是认同的。但这种用期权绑定，以期利益一致的方式并非十全十美。如果公司资本没有被加以最优化的运用，那么，现有股东的利益会暴露在股票下跌的风险之中，而期权持有者却可以置身其外。

巴菲特因此提醒正在阅读那些给予授权说明书的股东们，注意这种不对称风险。很多股东可以理性地将这种说明书置之不理，但股票期权的滥用应该是股东，尤其是那些定期参与公司治理改善活动的机构投资者应首要考虑的问题。

巴菲特强调，管理层的薪酬取决于其表现。管理层的表现以盈利能力作为衡量，而且是在扣除了公司相关业务的资本费用或留存利润产生的利润之后。如果使用期权的方式，应该将其与个人业绩挂钩，而不是与公司业绩挂钩，并且期权的行使价格要与企业价值相适应。

更好的做法，就像在伯克希尔那样，股票期权不作为管理层薪酬的组成部分。伯克希尔的管理层根据业绩贡献获得现金奖励，如果他们想要公司股票，直接购买即可。巴菲特说，如果他们能这么做，那么就说明他们是"站在了股东的立场上"。巴菲特认为，对于管理层薪酬而言，股东利益至高无上，就像其他的公司治理话题一样，例如风险管理、公司合规、财务报告。

财务与投资

在过去 35 年中，最具革命性的投资思想是所谓的"现代金融理论"的提出。这是一套精致的研究理论，它可以归结为一个简单且误导现实的观点：研究股市上的个股投资机会是浪费时间。根据这个观点，与认真分析研究各个上市公司的基本面信息相比，随手扔出的飞镖所选出的投资组合可能回报更高。

现代金融理论的主要原则之一是"现代投资组合理论"。它认为，人们可以通过持有一组多元化的投资组合，来消除任何单个证券带来的个体风险。也就是俗话说的，"不要将全部鸡蛋放在一个篮子里"，只剩下那些可以补偿的风险。

这种剩下的风险可以用一个简单的数学术语来衡量——贝

塔（β），它显示了单只股票相对于整个市场的波动程度。对于那些能将所有信息迅速而准确地反映到价格中的有效市场而言，贝塔可以很好地测量波动风险。在现代金融的设定里，有效市场支配一切。

对这种观点的推崇，不仅仅局限于学术的象牙塔里——学院、大学、商学院、法学院，而且成为过去35年整个美国金融界的标准教条，从华尔街到主街（Main Street），皆是如此。很多教授坚信，股票的市场价格已经完全反映了企业的真实价值，剩下的风险就是股价波动的风险。应对股价波动风险的最好方法是投资于一组多元化的组合。

当人们的目光顺着杰出投资者的历史，回溯到格雷厄姆和多德时，会发现他们用逻辑和经验揭穿了这种标准的教条。巴菲特认为，大多数市场并非完全有效，将市场波动等同于风险是一种曲解。由此，巴菲特担心在市场有效的现代金融理论影响下，整整一代学子，无论是MBA（工商管理硕士）或是JD（法学博士），都处于学习错误课程的风险之中，反倒是错过了重要的东西。

一场代价极其高昂的现代金融理论课程，来自于组合保险的蔓延与滥用。组合保险是指在下跌市场中，一种重新调整组合的电脑程式化技术。组合保险手段的滥用导致了1987年10月和1989年10月的股市崩盘。但这也有好的一面，它打破了商学院和法学院盛行的，并且有越来越多华尔街拥趸的现代金融理论的完美说法。

随之而来的市场波动无法用现代金融理论解释，也无法用其他与小盘股、高分红股、低市盈率股等相关表现的现象来解释。市场失效的主角，是沐浴在泡沫中的科技互联网公司的股票，泡沫在 90 年代末期和 2000 年年初破灭，这些公司的股价在兴奋与沮丧之间来回忽悠，像癫痫发作一般，与企业本身的价值毫无干系。越来越多的怀疑论者指出，贝塔无法真正测量实际的投资风险，并认为贝塔在并不有效的市场中没有意义。

在这种热烈的讨论中，人们开始关注巴菲特成功的投资记录，并开始重新寻找格雷厄姆、多德的投资方法和企业观念。毕竟，巴菲特在超过 40 年的时间长河中，创造了超过 20% 的年复合投资回报率，这一成绩是同期股市表现的两倍。在这之前的 20 年，同样的故事发生在本·格雷厄姆的格雷厄姆 - 纽曼投资公司（Graham-Newman）身上。

无论是格雷厄姆 - 纽曼投资公司，还是伯克希尔公司，它们都具有一些相同的特征：足够大的资本规模，足够长的历史时间段，没有什么意外惊喜而导致的数据失真，也没有大数据挖掘，而且这些业绩表现是历史的结果，并非事先安排。这一切综合在一起，正如巴菲特所强调的那样，取得这样的惊人业绩值得众人尊敬。

现代金融理论受到巴菲特杰出业绩表现的威胁，但这个理论固执的支持者们对巴菲特的成功做出了各种奇怪的解释。例如，说巴菲特的成功仅仅是因为运气好，就像笑话故事中，那只能用打字机打出莎士比亚名作《哈姆雷特》的猴子；或者他能接触到其他投资者无法得到的内幕消息。

　　在不承认巴菲特的同时，现代金融理论的热心支持者依然坚持认为，投资者最好的策略是，基于贝塔或扔飞镖方式的分散持股，并持续进行投资组合的重新配置。

　　对此，巴菲特报以讽刺和建议。他讽刺这种投资理念的支持者应该继续留在大学院校里，以利于永续传承有效市场的教条。他建议投资者不用理会现代投资理论，或其他类似的市场理论，而是埋头于投资本身的钻研。对于大多数投资者而言，最好的方式是长期投资于指数。或者，投资者可以利用自身在某方面的所长，对于相关企业进行深入分析。按照这个思路，风险并不是什么贝塔或波动，而是投资损失或伤害的可能性问题。

　　对于投资风险的评估和判断是很不容易的，因为其中涉及的因素包括公司管理层素质、产品情况、竞争对手、负债状况等多个方面。一项投资是否合算的衡量标准是，该项投资所取得的税后回报，能否至少不低于最初投资本金的购买力，加上一个合适的回报率。

　　在投资过程中，最为主要的一些相关因素，包括企业长期的竞争优势、管理者的能力与诚信、未来的税率以及通货膨胀水平等因素都是模糊的，并不十分明确，尤其与贝塔那迷人的精确度相比。但问题的关键在于这种判断是必需的、无法回避的，除了投资者的缺点之外。

巴菲特指出了贝塔方式的荒谬之处，比如贝塔认为，"如果相对于大势，一只股票的股价大幅下跌，……大跌之后的股价反而比先前股价高企之时，更具风险。"贝塔就是这样来测量风险的。

同时，贝塔方式无法区分企业特性的风险，例如"一家只卖宠物石或呼啦圈这种单一产品的玩具公司，其内在风险与另一家主打大富翁游戏或芭比娃娃的玩具公司相比，二者虽然同样是玩具公司，但风险内涵并不相同"。但是，普通投资者可以通过消费者行为和公司之间的竞争，来分辨它们的不同。同时，股价的大跌也可能是一个上佳买入机会的信号。

与现代金融理论相反，巴菲特的投资思想中没有规定多元化。这种思路也可以称为集中投资，如果没有在投资组合中出现，至少所有者也应默识于心。谈到集中投资这个问题，巴菲特以凯恩斯为例。凯恩斯不仅是杰出的经济学家，而且是精明的投资家，他认为投资资金应该重仓于两三家经过深入了解的、具有可信管理层的公司。

这种观点认为，投资和投资思维分布太分散反而会导致风险上升。有一种在财务上和心智上集中聚焦的策略可以降低风险：①提升投资者对目标公司的认知度；②提升投资者在买入前必须具备的、对其基本面属性的满意度。

根据巴菲特的观察，贝塔方式的流行忽略了"一个基本原理：模糊的正确胜过精确的错误"。长期的投资成功，并不来源于研究贝塔数值，并且保持一个分散化的投资组合，而是来源于投资者将自己视为企业所有者。为了达到理想贝塔数值而进行不断交易、重构组合的行为，实际上却让人远离长期的投资成功。

这种"在花朵间来回跳跃"的行为大大增加了价差、手续费、佣金等交易成本，更不要说还要牵涉到纳税问题。巴菲特拿那些频繁炒股的人开玩笑说，"这就像不断搞一夜情被称为浪漫一样"。相对于现代金融理论所坚持的"不要将所有的鸡蛋放在同一个篮子里"，我们更认同马克·吐温在其名作《傻瓜威尔逊的悲剧》中的建议："将你所有的鸡蛋放在同一个篮子里，然后，看好篮子。"

✧❦✧ ✧❦✧ ✧❦✧

在 20 世纪 50 年代，巴菲特作为哥伦比亚商学院的研究生，从他的伟大导师本·格雷厄姆那里学到了投资的艺术，然后，在格雷厄姆－纽曼投资公司工作。

在一些投资经典著作中，包括格雷厄姆的《聪明的投资者》（*The Intelligent Investor*）一书，介绍了很多历史上最有深度的投资智慧，驳斥了一些流行的错误心态，例如将价格等同于价值。格雷厄姆的观点是，价格是你所付出的，价值是你所得到的。这两样很少完全相等，但绝大多数人很少能区分它们的不同。

　　格雷厄姆最为深远的贡献是创造了一个住在华尔街的角色——市场先生。他是你的假想生意伙伴，你们两个共同持有一家公司的股份，搭伙做生意。他每天都想着买你在公司的股份，或者卖给你他自己持有的股份。

　　这位市场先生的脾气非常情绪化，从高兴到绝望极易变化。有时他出的价格高于价值，有时他出的价格低于价值。心情越是狂躁抑郁，价格与价值之间的价差就越大，其行为提供投资的机会也就越大。巴菲特再次介绍了市场先生，他强调尽管现代金融理论没有意识到"市场先生"的存在，但对于整个市场而言，格雷厄姆的这个寓言显示出自律的理性投资思维是多么重要。

　　另一项来自格雷厄姆的重要的遗产传承是"安全边际原理"。这项理论认为，在一个投资中，如果支付价格不能明显低于其所提供的价值，那么这项投资就不应该进行。

　　巴菲特忠实地遵循了这个原理。他曾提到格雷厄姆说过，如果将所有深刻的投资秘诀浓缩提炼为四个字的话，就应该是：安全边际。在初次读到这个原理40年之后，巴菲特对此依然深表赞同。尽管现代金融理论的热衷者认为市场是有效的，以至于价格（你所付出的）与价值（你所得到的）之间没有差距，巴菲特和格雷厄姆认为这种差距仍然普遍存在。

　　这种差距也表明"价值投资"这个术语是多余的。所有真正的投资必须建立在价格与价值的关系评估基础上。那些不将价格与价值进行对比的策略根本就不是投资，而是投机。投机仅仅是希望股价上升，而不是基于"所支付价格低于所得到价值"的理念。

巴菲特留意到很多专业人士犯的另一个错误，即把投资分为"成长投资"和"价值投资"两类。巴菲特认为"成长"和"价值"并非泾渭分明、水火不容，它们是不可分割的整体，因为成长就是价值的一个组成部分。

"相关投资"这个词与巴菲特也沾不上什么边。这个词在20世纪90年代中期变得流行，它描述了一种投资风格，为了减少股东所有权和经理人控制之间的间隔成本，强调股东参与和监控经理人。很多人认为巴菲特和伯克希尔可以作为"相关投资"这种风格的代表。的确，巴菲特买了几个公司大量的股份，并持有相当长的时间，他也的确只投资那些拥有忠诚经理人的公司。但二者的相似之处大约也就是这些了。如果用一个形容词来描述巴菲特的投资风格，应该是"专注"或"聪明"。即便这些词也是冗余的，质朴的"投资者"一词就是对巴菲特最好的形容。

其他被误读的术语包括被模糊了区别的，作为现金管理工具的投机和套利。对于伯克希尔这样的公司来说，套利是很重要的管理大量超额现金的工具。投机和套利都是处置公司现金的方式，而不仅仅是将公司多余的现金放在商业票据等短期现金等价物上。投机是将资金押在那些尚未公开的公司事件的传言上。而传统而言，巴菲特指出，套利是在为数不多的已公开的机会中，利用同一个对象在两个市场间的价差，进行短期持有。它利用的是同一对象在不同时间的价格差异。决定是否用这种方式使用公司现金，取决于四个常识问题，它们都基于信息而不是传言：事件发生的概率，资金占用的时间，机会成本，如果事件没有发生的下跌。

像市场先生、安全边际一样，能力圈原理也是格雷厄姆、巴菲特智慧投资思维的三大支柱之一。这个原理讲的是，投资者仅仅需要聚焦于自己看得懂的公司，聚焦于你自己了解的公司。正是这一条使得巴菲特避免了其他人不断重复的错误，对于那些几个世纪以来，被循环往复、滋生投机市场的科技风潮和新时代华丽辞藻弄得晕头转向的人们，尤其值得重视。

在所有投资思考中，投资者必须防备巴菲特所谓的"惯性驱使"。这是一种无处不在的力量，在这里，习惯的力量对抗着变化，耗尽公司的现金，下属们为了讨好上级而通过的并非最优的公司战略等。与商学院和法学院经常教授的课程不同，这种力量会影响到企业理性的决策。惯性驱使的最终结果是导致行业的跟风心态，山寨成风，而不是成为行业的领头羊。巴菲特称之为"旅鼠行军"。

相信本书的每一位读者都会乐在其中，并且乐与家人、朋友分享。巴菲特关于负债的观点尤为引人，对于个人、家庭和公司的财务都有仔细的解释，适当地关注"生活和负债"，可以明白债务的诱惑和危险。

投资替代品

在巴菲特那些关于投资机会的文章中，所有的投资原理都得以生动展现。在定义了什么是生产性资产，以及对其投资偏好的解释后，他用一系列的文章对一些替代性投资品种（例如垃圾债券、零息债券、优先股等）做出了说明。

华尔街以及学院派的流行观点认为，巨大的债务负担并不完全是坏事，反而会使得公司管理层更专注、更努力，对垃圾债券提供了多一层的保护，他们将其比喻为"匕首论"。所谓匕首论，指的是如果将一把匕首绑在汽车方向盘上，刀尖对着驾驶员，会令驾驶员在开车的时候注意力更加集中，因而可以避免发生灾难性后果。对于这个说法，巴菲特再次援引格雷厄姆的观点进行了驳斥。

巴菲特指出，20 世纪 90 年代早期的经济衰退中倒下的大量公司，都是由于债务负担过重。公司债务过重会导致无法偿还，无法偿还的高违约率，进而使垃圾债券必须以较高的利息吸引投资人。学院派的研究结论认为，垃圾债券的高利息可以补偿它们的高违约率。

巴菲特认为这些研究本身的前提假设都是伪命题，任何大学统计系的一年级学生都能分辨出来。这类假设的前提是：研究分析所涉及的、过去流行的历史条件，在未来会同样存在。但情况并非如此。更多有关垃圾债券愚蠢观点的评论，可参阅本书中芒格对于迈克尔·米尔肯（Michael Milken）财技的表述。

华尔街感兴趣的行为方式往往是以赚钱为导向，并不顾及什么财务意义。从这点出发，华尔街经常将好主意办成坏事。例如，在零息债券的历史上，巴菲特指出它们能够给购买者提供一个等同于普通债券、锁定的复合回报率，这是普通债券无法提供的。零息债券这一金融工具的使用，一度使得借款人在没有更多额外自由现金流支付利息的情况下，可以为企业筹集更多资金。然而，隐患渐渐暴露出来，由于发行零息债券的主体信用越来越差，以致无法应付日益增长的债务负担。对此，巴菲特感叹道："这就像华尔街上那些经常上演的游戏一样，聪明人玩开头，傻瓜玩结尾，先下手为强，后下手遭殃。"

导致 2008 年金融危机的罪魁祸首有很多，其中包括金融衍生品的广泛使用，而巴菲特早在数年之前就已经提出过警告。现代金融工程学将各种复杂金融工具称为金融衍生品，因为它们本身的价值是从合同指定的对标价格波动衍生而来的。

支持者相信这些衍生工具对于管理风险非常有用，实际上在巴菲特判断价格合适的情况下，伯克希尔也经常持有为数不多的衍生品合约。但当支持者认为衍生品的使用可以完全消除系统性风险的时候，巴菲特对此持有不同看法。以他的先见之明，他指出衍生品非但不能消除系统性风险，反而可能具有完全相反的效果。它们变动频繁，难以估值，而且在各个金融机构之间的交易合约盘根错节，相互关联。巴菲特警告，由于各种因素的相互交错，使得一旦某个环节出现一个问题，势必会引发多米诺骨牌式的连锁反应，带来一系列的破坏性后果。2008 年金融危机就是这样的情况。

巴菲特承认，他对于衍生品风险的看法源于对巨灾风险的厌恶，他不想让伯克希尔坚强的财务堡垒地位受到侵害。但这还不是主要原因，在收购了通用再保险公司之后，巴菲特忍受了数年衍生品管理所带来的煎熬。巴菲特解释说，这种痛苦不是即刻接手企业本身，而是源于接手之后意识到无法卖出去。他花费数年时间，才厘清了那些如同迷宫一般、数额巨大的长期衍生品带来的债务情况。巴菲特对此陷入沉思，其他人可以从伯克希尔的实验中受益。

在书中的各个章节，还对宏观经济学进行了论述，从美国政府的国际贸易赤字到引发 2008 年金融危机的房屋贷款政策。

普通股

巴菲特回忆 1988 年伯克希尔公司在纽约证券交易所挂牌的情形，他对公司的指定交易券商吉米·麦圭尔（Jimmy Maguire）说："如果买入股票之后，必须等到两年之后才能卖出，我认为你会取得巨大的成功。"尽管巴菲特开玩笑说麦圭尔"似乎对这个主意不够热情"，他强调自己买股票时的心态，"如果我们因为交易所关闭而不打算持有的股票，那么即便交易所开市我们也不会持有"。巴菲特和伯克希尔都是长期投资者，但股市上有太多的人是股票炒手，这就大大增加了交易成本。

企业盈利的很大一部分被耗费在与交易相关的摩擦成本上。所谓交易就是对股份所有权的重新分配。重新分配意味着支付佣金给经纪人，付费用给投资经理，支付现金给财务规划师和商业顾问，他们在此过程中会提出更多建议。再后来，这些摩擦成本升级形成一个行业，业内人士自称为对冲基金、股权投资公司等各式各样的名称。巴菲特估计整个成本约占全美国企业年度总利润的20%。

不像很多其他CEO们希望自己公司的股价在市场上越高越好，巴菲特希望伯克希尔的股价最好等同于其内在价值，或贴近其内在价值——既不高，也不低。如果能够这样，则就意味着，在同一时间段，公司的运营成果将惠及同一时间段的股票持有者。想要维持这种效果，就要求有一个长期的、以企业运营为导向的股东群体，而不是一个短期的、以股市变动为导向的群体。

巴菲特留意到其导师费雪的建议，那就是一个公司应当像一家餐馆一样，提供一份菜单以吸引某一类型口味的顾客。伯克希尔提供的长期"菜单"，强调了频繁交易活动的成本会损害长期投资结果。的确，巴菲特估计由券商佣金和做市商差价构成的交易成本，通常会吞噬10%或更多的利润。避免无谓的成本，或将这种成本最小化，对于长期投资成功具有重要意义，伯克希尔在纽约证券交易所挂牌有助于遏制这些成本。

公司分红政策是一项重要的资本分配问题，与投资人的利益息息相关，但很少有人向他们解释。巴菲特给股东的信件中，非常清楚地阐明了这个主题，强调"资本配置对于企业和投资管理都非常重要"。1998 年以来，伯克希尔普通股的股价每股超过 50 000 美元[⊖]，公司的账面值、盈利、内在价值等指标常年稳定地增长，超出行业年平均增长率。此外，公司从来没有分拆过股份，过去 30 年也没有派发过红利。

除了反映长期目标的"菜单"和交易成本最小化之外，伯克希尔的分红政策还反映了巴菲特的一个信念，公司利润到底应该进行分红还是留存，取决于一项测验结果：留存的每 1 美元利润能否创造出至少 1 美元的市值？如果可以，就应该留存利润；如果不可以，就应该分派红利。这就是著名的"1 美元原则"。"只有留存利润产生的增量收益等于或大于派发给投资人的收益"时，留存利润才是合理的。

就像巴菲特其他简单的准则一样，这一准则常常会被公司管理层忽视，当然除非他们为自己的子公司指定分红政策。利润留存往往出于非所有者的原因，例如为了企业帝国的扩张，或为了管理层提供运营的便利。

这样的事情在伯克希尔却是完全不同的景象，巴菲特在讨论会上说，经过测试，伯克希尔"可以派发超过 100% 的收益"。芒格插话说："太对了。"然而，这没有必要，因为通过巴菲特管家式的管理，伯克希尔提供资本超额回报的机会已经

⊖　2017 年 6 月，每股价格超过 250 000 美元。——译者注

得到了充分的展现。

回购那些股价偏低的股票是一种配置资本、提升价值的手段，虽然这看起来好像不那么容易理解。在20世纪80年代和90年代初期，公司股份回购并不常见。巴菲特对于那些能用1美元买回2美元价值的管理层赞誉有加，因为这是使用公司资金的明智之举。

随之，就如同经常发生的事情那样，大量跟风者蜂拥而来，所以你会经常看到不少公司会以2美元回购价值1美元的股份。这实际上是毁灭价值的股份回购行为，其目的是试图托起低迷的股价，或抵消同期发行的低价执行期权所带来的影响。

巴菲特列出了伯克希尔进行股份回购的理由和条件：只有当股价大幅低于其内在价值之时。这清楚地表明，尽管在伯克希尔以折价回购时，巴菲特对于内在价值可能只是一个大致的感觉，但应该让股票持有人清楚自己手中股票的价值。解决方案是：清晰的信息披露，让卖出股票的持有者在知晓充分信息的基础上进行决策。

股票分拆是很多美国公司在资本市场上的另一种常见手法，但巴菲特指出这有损股东利益。股票分拆有三个后果：

（1）分拆增加了交易成本，因为分拆之后的周转率提高。

（2）分拆会吸引那些短线客，他们过度关注短期的市场股价涨跌。

（3）由于上述原因的影响，分拆会导致股价严重偏离公司的内在价值。

巴菲特指出，如果没有其他益处，分拆伯克希尔的股票实在是愚蠢之举。不仅如此，这样做还可能毁掉公司过去 30 年的努力。在过去的岁月里，伯克希尔吸引了一批较之其他大型上市公司更专注长期投资的投资人队伍。

伯克希尔公司的高股价及其分红政策带来了两个后果：

首先，高高在上的伯克希尔股价，削弱了股东将其权益赠送给家人或朋友的能力，尽管巴菲特已经制定了一些可行的策略，例如可以折价出售给受赠者。

其次，伯克希尔高高在上的股价，令华尔街一些金融工程师们试图创造出一类证券品种，声称可以复制伯克希尔的表现，卖给那些对于伯克希尔业务和投资理念缺乏了解的人。

作为回应，伯克希尔公司实施资本结构重整，创造出来一种新型股票——伯克希尔 B 股，并在公开市场发售。B 股只有伯克希尔 A 股（即原有股份）1/30 的权益，其投票权只有 A 股的 1/200。这样，B 股的股价应该在 A 股的 1/30 附近。

伯克希尔的 A 股可以转为 B 股，这样就赋予公司股东自行决定的权力，如同股票的分拆一样，有利于他们进行赠予等行为。更为重要的是，这种资本重构使得市场上对于伯克希尔的克隆行为得到遏制，这些行为有悖于巴菲特所信奉的基本原则。这种克隆行为是成立专门买卖伯克希尔股票的投资信托，然后根据市场对信托的需求对股票进行交易，这样做增加了投资人的成本负担。如果伯克希尔的投资人并不明白公司的业务和理念，他们的行为会推高股价，造成价格与价值之间的巨大偏差。

伯克希尔 B 股的设计，是为了吸引那些认同巴菲特集中投资理念的投资人。例如，在发售 B 股之时，巴菲特和芒格都强调当下伯克希尔的股价没有被低估。他们说自己不会按照当时的市价买 A 股，也不会买 B 股。这样做，传递的信息很简单：除非你愿意长期持有股票，否则就不要买。这些为 B 股吸引长期投资者的努力，得到了很好的效果：股份的换手率远远低于大型上市公司的均值。

对于巴菲特和芒格做出"本公司没有被低估"的警示性声明，有人感到惊讶，因为通常公司管理层在发行新股时，都会告诉市场自己发售的股价非常合理。然而，你也不用对于巴菲特和芒格的声明感到担心，因为巴菲特认为，一家公司如果以低于价值的价格出售股票，对于它现有股东而言是一种犯罪。

兼并与收购

伯克希尔的投资政策通常采用双管齐下的方式进行：整体收购全部股份，或仅仅收购部分股份。前提是这些企业至少具备两点：

（1）具有优秀经济特征，即拥有所谓"护城河"的竞争优势。

（2）拥有巴菲特和芒格喜欢、信任、欣赏的管理团队。

　　与通常的做法相反，巴菲特认为在进行整体收购时，没有理由支付溢价。

　　有两类企业是极其稀缺的。

　　第一类是为数不多的具有护城河特征的企业——它们可以提高售价但不会使销售数量减少，或不会使市场份额降低，仅需内生性增量资本即可提高两者。即便管理层平庸，这类具有护城河的企业也能提供资本高回报。

　　第二类稀缺的企业是其高管具有出色的管理能力。他们善于挖掘运营不佳企业的潜力，完成常人难以完成的壮举，运用杰出的才能释放企业那些隐藏的价值。

　　上述两类公司是稀缺的，这也就无法解释为何每年市场上都有数以百计的高溢价收购。对于那些以高溢价并购普通企业的行为，巴菲特将主导收购的管理层的动机归为三类：收购的快感，扩大规模的快感，对于协同效应的过分乐观。

　　在支付收购的方式上，伯克希尔只有在物有所值的情况下，才会以发行新股的方式进行支付。但这种方式变得越来越难以施行，因为经过多年的发展，伯克希尔收购、培育了一大批优秀企业聚拢在旗下，就像拥有大批珍贵艺术品的法国卢浮宫。想通过增加一幅波提切利（Botticelli）的作品，而再次大幅提升整个艺术馆的价值是很难的。如果你打算通过放弃伦勃朗（Rembrandt）的作品而得到增值则更加困难。

　　让其他企业的高管遵循这一规则的确困难，但其实也不是那么难，因为他们自己旗下也拥有运营良好的公司。与他人不同的是，巴菲特注意到，以发行新股为手段的并购，卖家通常以股票市价作为依据，而不是以其内在价值作为依据。一个以发行新股作为支付手段的买家，如果其股价较低，比方说，只有内在价值的一半，那么，这就等于给对方支付了双倍的价格。这样做的公司，高管们会以合并后的协同效应或公司规模作为理性的辩护，但实际上是图一时之快，并将过分乐观置于股东利益之上。

此外，以发行新股的方式进行收购，通常被称为"买家去买卖家"或"买家收购卖家"。巴菲特对此有着清醒的认识，他认为这其实是"买家卖出自己的一部分去收购卖家"，诸如此类。无论如何，真实的情况就是：它能使人评估一下买家是放弃了什么进行收购。

另一种拿股票当现金使用的滥用是绿票讹诈（greenmail），也就是从狙击公司的手中以溢价回购股份，以阻止收购提议。尽管回购股份可以提升股东价值，但巴菲特谴责这种行为，因为这是另一种对公司的打劫。

芒格在本书第2章中指出，80年代盛行的杠杆收购（LBO）也应该受到谴责。法律的许可使得LBO获利巨大。但芒格告诉我们，LBO使企业变得脆弱，巨大的财务杠杆必须支付巨额的代价，并且提升了整个收购成本。

不用增加额外负担，同时能提升价值的收购，这样的机会非常难得。实际上，大多数收购都是贬值的。巴菲特说，发现最佳提升价值的收购机会，必须专注于机会成本，主要是以股市上优秀公司的股价作为衡量。这种专注不同于那些一心想着协同效应和扩张规模的公司高管们的行为，这也是伯克希尔双管齐下进行对外收购或投资的原因。

伯克希尔的收购还具有额外的优势：支付高含金量的股票，以及在收购之后，给予公司高管高度的自治权。巴菲特说，在收购行为中，这两样都不常见。

巴菲特很看重言行一致，他会提醒潜在卖家，伯克希尔以前从不少家族和他们相关者手中买了不少企业，他也会邀请买家与之前的卖家聚会，看看伯克希尔之前的承诺是否兑现。

简而言之，巴菲特希望，对于那些持有优秀企业的卖家而言，伯克希尔是个好的买家。这是巴菲特给人们上的重要一课，它解释了为什么巴菲特倾向于持有公司而不是卖出公司，即便在这些公司面临困境的时候，他也会这么做。

估值与会计

关于如何弄懂和使用财务信息，巴菲特的文章提供了一系列有趣和令人启发的教程。在剖析通用会计准则（GAAP）方面，巴菲特指出了 GAAP 在分析公司或投资估值时，既有重要性，也有局限性。巴菲特解开了其神秘面纱，揭示了一些关键点的重要区别，例如会计盈利和经济盈利，会计商誉和经济商誉，会计账面价值和内在价值。这些都是投资者或经理人工具箱中的重要工具。

《伊索寓言》之于古代就像巴菲特之于我们今天。《伊索寓言》说："一鸟在手，胜过两鸟在林。"这则寓言体现出估值方式穿越千年没有改变，只不过巴菲特将它延伸至金钱领域。估值事关金钱的数量，不是希望，不是梦想。

很多人一定记得 20 世纪 90 年代后期的科技泡沫，泡沫破裂之后，人们发现林中几乎没有鸟。是否每个人都从这一历史中得到教训，答案值得怀疑。但这样的例子从伊索时代至今不断重演，一次又一次。

巴菲特工具箱中的一件特殊工具是"内在价值"——一个企业在其存续期间创造的所有现金的折现值。虽然表述起来简单，但内在价值的计算既不容易，也具有主观性。内在价值的计算，取决于对于未来现金流的估算和未来利率变动的估算，但是它关乎企业的终极本质。

相较而言，账面价值很容易计算，但有其局限性。对于大多数公司而言，同样的情况也发生在市场股价上。内在价值、账面价值、股票价格三者之间的关系交织在一起，它们各有其道理，但并不是一回事。

巴菲特强调，有用的财务报表应该能让人回答关于企业的三个基本问题：

（1）一个公司大约价值几何。

（2）实现公司未来规划的能力。

（3）管理层的企业运营能力。

巴菲特感叹说，GAAP 使得进行这些判断变得困难。的确，对于任何企业的复杂性而言，几乎所有的会计系统都没有给出完整准确的回答。有感于发明一套优于 GAAP 的会计系统几乎是不可能完成的任务，巴菲特提出了一系列的概念，以帮助投资者和企业管理者更好地使用财务信息。

巴菲特提出的概念之一是"透视盈利"。根据 GAAP，投资会计要求控股投资使用合并报表法，将子公司合并入母公司财务报表。对于持股股权比例 20%～50% 的投资，GAAP 要求按比例报告。对于持股比例 20% 以下的，GAAP 要求只记录实际收到的分红，而不是记录按照比例相应的股东权益。

GAAP 的规则实际上掩盖了伯克希尔大量的经济价值，因为那些被投资却未分红的公司在伯克希尔集团中占有相当的比重，但如果采用 GAAP 方式制定财报，这些价值不会出现在伯克希尔的财务报表中。

意识到决定价值的因素并非投资权益的规模，而是盈利的如何分配，巴菲特采用了一个新概念来估算伯克希尔的经济表现——透视盈利。透视盈利是在伯克希尔净利润的基础上，加上各个被投资公司的未分配利润，减去内在增量税项得出的。

对于很多公司而言，透视盈利与 GAAP 盈利没有什么不同，但这个方法对于伯克希尔和很多个人投资者而言意义重大。与伯克希尔类似，个人投资者对待自己的投资组合，可以采取类似的方法，并设计出一个能够长期、最大可能提供透视盈利的投资组合。

关于会计商誉和经济商誉的异同已经众所周知，但巴菲特

的洞察力使得这个话题令人耳目一新。会计商誉是指收购一个
公司的价格超出其公允价值的部分（扣除负债后）。它作为一
项资产放在资产负债表中，然后作为年度成本每年摊销，通常
历时 40 年。因此，会计商誉这项资产，随着时间推移，作为
成本是递减的，数值越来越少。

与会计商誉不同，经济商誉是无形资产的集合。无形资产
指的是诸如品牌认知度，有形资产指的是诸如厂房和设备。企
业的无形资产能够使企业在有形资产之上产生超出平均的收益
率。经济商誉的数值就是这超出部分的资本化。

企业的经济商誉会随着时间的推移而上升，即便是普通的
企业，它的经济商誉至少也会与通货膨胀保持同步。对于那些
具有独特经济特征或特许权特征的企业，经济商誉的升值则更
为显著。的确，具有强大经济商誉的公司在通货膨胀的年代所
受到的伤害，远远小于那些没有经济商誉的公司。⊖

会计商誉和经济商誉的区别如下。

第一，除去负债、剔除商誉摊销后的净有形资产的回报能
力，是评估经济商誉的最佳考量指标。这样，当一个企业收购
另一个企业，收购反映在资产账目上被称为商誉，对于这家企
业的分析不应考虑摊销费用。

第二，由于经济商誉是在摊销之前，在整体的经济成本上
进行衡量，所以，在评估一项可能的企业收购时，也不用考虑

⊖ 也就是说，品牌公司比杂牌公司在通货膨胀中处于更为有利的位置。——译
者注

这些摊销。

　　然而，巴菲特强调对于折旧费用的处理不同于摊销，折旧是真实的成本，这一点不应该被忽视。巴菲特是在解释伯克希尔收购活动中阐明上述观点的。公司总是告诉股东们扣除 GAAP 要求调整之后的运营结果，以期更为真实地反映收购活动。

　　华尔街在进行企业评估时，常用的计算方法是：现金流等于（a）运营利润加上（b）折旧费用以及其他非现金费用。

　　但巴菲特认为这还不够完整，他认为应该在（a）运营利润加上（b）非现金费用之后，减去（c）必要的再投资。巴菲特将（c）定义为"企业未来维持其长期竞争力和产量，所必需的厂房和设备的平均资本化开支"。巴菲特将"（a）+（b）-（c）"的结果称为"股东盈利"。

　　如果（b）和（c）不同，那么，现金流分析和股东盈利分析也会不同。对于大多数公司而言，（c）会超过（b），所以，现金流分析通常会夸大经济的现实。在（c）不同于（b）的情况下，计算股东盈利比计算分析 GAAP 盈利更能准确地评估企业的表现，也比进行会计调整后的收购价格现金流分析更准确。这就是伯克希尔在收购之后，除了披露 GAAP 盈利数字或现金流数字之外，还要报告被收购公司股东盈利的原因。

会计诡计

　　理解会计方法的最终一点在于，会计是一种形式。既然是一种形式，它就是可以被操纵的。巴菲特借用其导师格雷厄姆20世纪30年代写的作品揭示了会计操纵有多么严重。

格雷厄姆虚构了一个美国钢铁公司，通过采用高级簿记方法，该公司在没有现金流出或没有改变运营费用，或没有改变销售的情况下，其盈利取得了"显著增长"。在这个案例中，除了讽刺精神之外，格雷厄姆这则故事中展现出来的会计欺骗，与美国公司中发生的实际情况相符。

GAAP的确存在问题，但有两个阵营的存在使问题变得更糟糕。一类人是试图通过扩展会计想象力以符合GAAP的要求，第二类人是存心利用GAAP的规则进行欺诈。

第一类人特别难以应付，就像巴菲特在之前例子中提到的关于股票期权的辩论，充分显示了很多公司高管和会计人员的本位主义。例如，在关于"授予的股票期权是不是成本"的辩论中，巴菲特的问题简单明确："如果股票期权不是一种形式的成本，请问它是什么？如果薪酬补偿不是成本，请问它是什么？如果在计算盈利时不考虑成本，请问将它们置于何处？"直到今天，巴菲特也没有得到答案。

对于财务报表诚信的追求是没有止境的，会计欺诈的手段也是与时俱进的，这种随时更新的欺诈手法困扰着美国各家公司的首席财务官（CFO）。这种手法的最近花样是"企业重组"，涉及范围很广，使得管理层可以运用比以前更为灵活的手段及更平滑的会计技巧。其他的例子，例如对于公司养老金的预估、出售资产的时机等等，这些都会对财务报表的损益产生影响。投资者要当心。

会计政策

主张财务报告应该恪守诚信的拥护者应该言行一致，身体力行，巴菲特在提交伯克希尔股东信息时就是这样做的。他设身处地地从投资人的角度出发，换位思考，一些股东应该看到的部分数据，即使 GAAP 没有要求披露，他也会披露。巴菲特这样做是正确的，这样做使得他即便在会计规则改变的情况下，也能从容应对。例如，会计规则现在要求记录退休人员的福利承诺，之前并没有这样的要求。

从巴菲特关于财务信息的观点讨论中，有一点是清晰的，那就是会计规则有其固有的局限性，尽管它绝对重要。尽管在捏造利润、潜在滥用上存在着很多管理上的漏洞，财务信息对于投资者而言依然有着巨大的用处。巴菲特每天都阅读财务报表，并据此配置数十亿计的资金。所以，一个投资者应该在尽可能多地了解信息的基础上，做出理由充分的重大投资决断。这种决断包括对于做出透视盈利、股东盈利、内在价值的调整。

税务问题

上述讨论忽略了在长期投资中的税务影响这个方面。人的一生中有两件事是确定的，在书的结尾记录了巴菲特常开的关于个人寿命的玩笑之一："如果能怡享天年，他将会威胁到玛土撒拉（Methuselah 据传活到 969 岁）的长寿纪录。"在这本文集的讨论会上，有人问及如果巴菲特去世对于股票的影响。另一个人答道："一定会有不利影响。"巴菲特顽皮地说："这个不利影响对我个人要大于对股东。"

劳伦斯 A. 坎宁安

第 1 章

公 司 治 理

对于股东和公司管理层而言，很多公司开年会是在浪费时间。有时候，公司管理层不愿意披露实际的经营情况。更多的时候，一场大会的毫无建树是由于参与股东们更在意自己在台上的表现，而不是关心公司运营的状况。一场本应讨论公司业务的大会，变成戏剧表演、发泄怨气和鼓吹己见的论坛。（这种情况无可避免，为了股价，你必须告诉痴迷的听众，你对于世界运行的看法。）在这种环境下，股东大会的质量经常是一年比一年糟糕，因为这些只关心一己私利的参与者，他们的行为伤了那些真正关心企业的股东们的心。

相比于千篇一律的股东年会，伯克希尔的股东年会是完全不同的景象。参与年会的人数一年比一年多，而且我们从未遇见过愚蠢的问题或自说自话的评论[2]。相反，我们遇见过各种各样有关商业的深思熟虑的真知灼见。股东年会给了大家一个讨论问题的时间和场合，芒格和我非常乐于回答这样的问题，无论它们多长。（然而，面对数以千计的股东们，我们无法在每年股东年会之外的其他时间里，回复来信或电话咨询。一对一、面对面的交流是对时间的滥用）。在股东年会上唯一不涉及的业务话题，是那些如果直言不讳就会让公司真正付出代价的话题，例如讨论我们的证券投资活动[3]。⊖

A. 完整公平的信息披露[4]

在伯克希尔公司，我们通常会换位思考，设想如果我们自己处于股东的位置，应该得到什么样的信息，我们会从这样的角度向股东披露完整的报告。芒格和我会公开当前状况下，公司的所有重要的运营状况，以及公司高管对于长期商业经济特征的坦诚看法。无论是很多财务细节，还是任何重大的运营数据的讨论，我们都希望给出解读。

当芒格和我阅读报告时，我们对人物、工厂、产品的照片不感兴趣，而引用EBITDA⊜的概念也会让我们不寒而栗——难道管理层认为公司的资本开支会由牙齿仙女（Tooth Fairy）承担吗？[5]我们对于模糊不清的会计技巧心存疑虑，因为太多时候，这样做意味着管理层希望隐瞒一些东西。我们不想阅读那些由公司公关部或财经公关顾问发出的信息，我们期待公司CEO能直接用他自己的语言解释所发生的事情。

⊖　简而言之，巴菲特的意思是，除股东年会外，没有其他时间可供私人交流；股东年会上，不会讨论具体的个股投资。——译者注

⊜　未计利息、税项、折旧及摊销前的利润。——译者注

对于我们而言，所谓"公平报告"意味着，我们的30万个"合伙人"⊖能够在同一时间或尽可能同时得到信息。为此，我们选择在周五股市收盘后，或次日的早晨，将公司的年度和季度财报发布在互联网上。通常这样的做法，可以让我们的股东或有兴趣的潜在投资者有充分的时间，在周一开盘之前，消化其中的信息。

我们要为美国证券交易委员会（SEC）主席小阿瑟·莱维特（Arthur Levitt, Jr.）进行的股市打假活动鼓掌。这种打假活动针对的目标是公司信息披露行为中的"选择性披露"，近些年来，这种选择性披露行为像癌症一样蔓延。的确，信息的选择性披露已经成为大型公司的一种标准化的行为，用于"指引"分析师或大股东对于盈利的预期，这种指引提供的数据会正好或略低于公司真实的预期。这种选择性的散布线索，这就像抛媚眼或点头一样，给那些满脑子投机思维的机构和顾问发出暗示。相对于那些以投资为导向的个人投资者，这些人得到了更多的信息优势。这实际上是一种贪污腐败行为，但却不幸地被华尔街和美国企业界奉为圭臬。

感谢莱维特主席代表投资人利益而进行的不屈不挠且卓有成效的努力。现在，所有公司都被要求平等地对待他们的股东。但这种变革，不是出于道德良心，而是出于强迫压力，这对于公司CEO们以及公司的投资者关系部门而言，并不是一件光彩的事。

⊖ 指伯克希尔的股东。——译者注

对此，我想大胆地表述一下更进一步的看法。芒格和我都认为，CEO 们预测公司增长速度，是骗人的和危险的。当然，他们是被分析师和公司自己的投资者关系部门怂恿裹挟着这么做。但他们应该拒绝，因为这样预测多了会招致麻烦。

我们认为 CEO 们有自己的内在目标是件好事。甚至，在明智谨慎的提示前提下，CEO 们向公众表述对于未来的一些希望，也是合适的。但是，对于一家大型公司而言，对公司未来长期的每股盈利增长率做出预测，例如年复合增长 15%，这样做只会招来麻烦。

只有非常少的大型公司能维持这样量级的增长率。不妨做个测试：假设从 1970 年到 1980 年选出 200 家盈利最高的公司，做一个表格，看看从那时起，有多少家公司可以保持 15% 的每股盈利增长率。你会发现，很少有公司可以满足这个标准。我敢打赌，2000 年最赚钱的 200 家公司中，能在未来 20 年中保持 15% 每股盈利增长的公司，将不超过 10 家。

这种好高骛远的预测，不仅散布了无用的乐观主义，更麻烦的是这腐蚀了 CEO 们的行为。多年以来，芒格和我观察到了很多案例，许多 CEO 们参与那些并不经济的企业运作，仅仅是为了追求他们曾经宣布的盈利目标。

更糟糕的是，在使出重重解数、筋疲力尽之后，他们有时甚至玩起了各种各样的会计游戏，以"制造数字"，达成目标。这些会计诡计会有一条滚雪球的路径：一旦公司将盈利从一个时期转移到另一个时期，运营的缺口将会随之在未来要求更多的会计操纵，更加肆无忌惮。这样，愚蠢就变成了欺诈。（据悉，更多的钱是被"笔"偷走的，而不是被"枪"劫走的。）

对于那些用美妙预测吸引投资者的 CEO 们，芒格和我持怀疑态度。他们中有一小部分人确有先见之明，但大部分是先天的乐观主义者，甚至就是喜欢吹牛。不幸的是，投资者要具有火眼金睛的分辨之能，却不是一件容易的事。

❧※ ❧※ ❧※

给投资者三个建议：

第一，小心那些展示弱会计的公司。如果一个公司没有费用选项，或养老金假设如天马行空，对于这样的公司要小心。当公司管理层在公开的方面使用低下的手段，那么他们在背后可能采用同样的手法。厨房里如果有蟑螂，绝不可能只有一只。

鼓吹 EBITDA 是一种有害的做法。考虑到折旧只是一种"非现金"成本，所以折旧并不是一项真实发生的费用。这样的计算毫无意义。事实上，折旧是一项特别没有吸引力的费用，因为现金在所获得的资产产生收益之前就已经支出了。

设想一下，今年伊始，有家公司一次性给员工发了未来十年的工资（这样，他们会编制一个十年的固定资产摊销表）。在接下来的九年里，这种预支的成本会是一种"非现金"成本——今年年初预付成本资产的减少。会有人在意，第二年到第十年的成本记录仅仅是一个简单的记账手续吗？

第二，不知所云的注脚往往意味着靠不住的管理层。如果你看不懂财务报告中的某个注释或其他管理解释，这通常是因为CEO们不想让你明白。在安然公司欺诈案例中，对于某些交易的描述依然困扰着我。

第三，对于那些大肆鼓吹盈利成长预测的公司保持警惕。企业很少能在波澜不惊、毫无意外的环境中一帆风顺地发展，所有盈利也不是简单顺利地可以预知。（当然，投资银行家们的招股说明书除外。）

芒格和我不仅不知道伯克希尔下一年的盈利水平，甚至不知道下一个季度的盈利如何。对于那些一贯声称能够预知未来的CEO们，我们抱怀疑态度。如果他们总是能达到他们预测的目标，我们对其会是彻头彻尾的怀疑。那些习惯于"制造数字"的公司高管们，在某种程度上是试图粉饰数字。

B. 董事会与公司高管 [6]

我们通常会远远地在一个安全距离上，观察其他公司很多CEO的表现，这与我们可以近距离观察的（我们自己投资的公司中，那些CEO的表现），有着明显的不同。有时候，这些CEO们显然不能胜任工作，然而，他们却尸位素餐，能牢牢地待在自己的位置上。最大的讽刺莫过于，一个能力不足的下属或许很容易丢掉饭碗，而一个能力不足的CEO却不是这样。

比如说，一个应聘的秘书，被要求具有一分钟能打 80 个字的能力，结果只能打 50 个字，她会立刻失去工作。这里，这个职位有清晰的标准，表现很容易测量，如果你不能达标，就会出局。类似的情况，例如新的销售人员不能达到销售目标，也会立刻被解聘。没有任何借口可以替代订单。

然而，一个碌碌无为的 CEO 却经常可以蒙混过关，因为衡量这个职位的标准几乎不存在。甚至，当公司运营败象毕露、反复恶化之时，他们还是含混其辞，推诿塞责。在很多公司里，这些人总是先射出管理目标之箭，然后，匆忙地将落箭之点圈为靶心。

另外，老板与基层下属之间，还有一个重要区别往往为人忽视，那就是，CEO 的业绩表现没有即刻的监督考察机制。如果一个销售经理所带领的销售队伍尽是庸碌之辈，会急得像热锅上的蚂蚁，因为这直接影响其本人利益，他会迅速修正这些错误，淘汰不胜任的手下。否则，他自己就会被淘汰。一个办公室主任如果聘请了无能的秘书，也会面临同样的命运。

但是充任公司 CEO 的老爷们通常也是董事会成员，在那里很少有衡量自己的标准，也不会对旗下公司的表现负责。如果董事会聘用了错误的人，并任由这种情况继续下去，又会怎样？即便公司由于这个错误而被收购接管，也会给离任的董事会成员以巨额利益。（职位越高，跌得越轻。）

最后一点，通常人们希望董事会与 CEO 之间可以和睦相处。在董事会议上，对于 CEO 成绩表现的批评就像打嗝一样，无关痛痒。而办公室里不称职的打字员可无法享受这种待遇。

上述这些观点，不应完全被解读为对 CEO 们以及董事们的谴责。他们中的大多数工作勤奋，有一些极其杰出。当芒格和我目睹了这么多管理上的失败，这让我们对永久持有的三家公司的管理层心怀感恩之情。他们热爱公司，他们具有股东导向精神，他们德才兼备。

✲✲✲　✲✲✲　✲✲✲

在我们的股东年会上，曾有人问我："如果你被卡车撞了，将会发生什么情况？"我很高兴他们还能以这种方式提问。说不定过不了多久，这个问题会变成："如果你没有被卡车撞，将会发生什么情况？"

类似这样的问题，在某种程度上，提醒我们关注公司治理这个话题，这是过去多年来的一个热门话题。总体而言，我相信董事们近来已经挺起了脊梁，同时，与并不太久的以前相比，（中小）股东们也越来越得到主人一样的对待。然而，研究公司治理的分析评论人士，很少区分三种存在于上市公司中的情形，这三种情形下，经理人与所有人情况存在着根本性不同。尽管董事们的法律责任完全相同，他们的能力影响的每个案例都有不同。人们通常会关注到第一种情形，因为这种情形普遍存在。伯克希尔公司属于第二种情形，然而，或许将来有一天会发展到第三种情形。我们将探讨这三种情形。

关键词：董事会里的三种情形

第一种情形最为常见，董事会里没有控股股东。在这种情况下，我认为董事们的行为应该像那些缺席的股东一样，想方设法着眼于公司的长期利益。

不幸的是，"长期"这个词给了很多董事们以灵活腾挪的空间。他们或是因缺乏诚信，或是因缺乏独立思考的能力，而做出有损股东重大利益的事情的时候，也会声称他们在从长期利益着眼。但是，假如董事会能恪尽职守，就应该与平庸或糟糕的公司管理层做斗争。董事们有责任更换那些不称职的管理层，就像一个聪明的主人当家做主一样。如果遇见那些贪婪的公司高管，伸出长手越界到股东们的口袋里掏钱，董事们必须打他们的手。

在通常的情况下，如果一位董事看见自己不喜欢的事情，他应该以自己的观点去说服其他董事。如果他能成功地这样做，整个董事会就有了积极变化的力量。反之，假如这位不愉快的董事未能取得其他董事的一致意见，他应开诚布公地让那些缺席的股东们了解自己的观点。当然，董事会里很少发生这种情况，很多董事的性格不太喜欢这种挑剔的行为。但我认为如果问题很严重，这样做并无不妥。当然，发出抱怨的董事可能会遭到未被说服的其他董事的强烈反驳，他们会阻止不同意见者对于细枝末节、非理性事务的追求。

就刚才讨论的董事会的情形，我认为董事会里成员的人数应该少些，比如说，十个或更少，而且多数应该来自公司外部。来自外部的董事们应该制定 CEO 业绩衡量标准，应该定期召开没有 CEO 参与的会议，这样才能以衡量标准评判他的业绩作为。

董事会成员应该精通业务，乐于本职，具有股东利益导向的精神。在很多情况下，董事会成员的组成往往基于其社会名声，或纯粹出于增加董事会的多元化因素的考量。这种做法是错误的。更有甚者，挑选董事的错误特别严重，因为董事任命一旦生效，就很难被解除，和和气气但无所事事的董事一旦被任命之后，再无丢失工作之虞。

第二种情形存在于伯克希尔公司中，在这里，控股股东同时也是公司高管。在一些公司中，这种安排可以通过发行两种具有不同投票权的股票来实现。在这种情况下，很明显，董事会无须扮演股东和管理层的中间人角色，并且董事们除了通过说服达成一致之外，别无他法实施影响或改变。因此，如果股东/公司高管是平庸或糟糕之辈，或越俎代庖，伸手过长，通常董事除了反对之外，无能为力。如果董事与股东或公司高管没有关系，但能达成一致的意见，也许会发挥一些作用，但更有可能的是毫无作用。

如果情况没有改观，那么问题十分严重，外部董事应该辞职。他们的辞职将会是对管理质疑的警示信号，会强调已经没有外部人士可以更正股东或公司高管的缺点。

第三种公司治理的情形发生在控股股东没有参与公司管理的情况下。这种情形发生在好时食品（Hershey Foods）和道琼斯（Dow Jones）等公司身上，将外部董事推到了一个潜在有用的位置。如果他们对公司高管的工作能力或诚信不满意，可以直接向大股东（可能也是董事会成员）通告他们的不满。这种情况对于外部董事有利，因为他只需要将意见反映给一个人，一个想必对其意见有兴趣的人。如果意见被接受，情况会立即改观。即便如此，不满意的董事也只有一条路可走，如果他仍然对严重的问题不满意，除了辞职之外，别无他选。

从逻辑上说，第三种情形对保证一流的管理最为有效。第二种情形中，大股东同时也是公司高管，老板当然不会解雇自己。在第一种情形中，董事们常常发现对付平庸之辈或过分之举，往往很棘手。除非对公司管理不满意的董事能赢得董事会的大多数支持，否则这将是一项尴尬的社会和后勤任务。特别是发生的问题如果仅仅是公司管理层的行为有点令人讨厌，而不是太过分，这样董事的行为也会束手束脚。在现实中，遇到这样的情况，董事们也只能睁一只眼闭一只眼，得过且过。与此同时，公司高管们继续无拘无束，为所欲为。

在第三种情形中，大股东既不用自我批评，也不用麻烦地面临争取多数董事同意的问题，而且大股东还可以保证，挑选的外部董事能给董事会带来积极有益的因素。这样的董事会，反过来，也知道他们提出的良好建议能被认真地倾听，而不是被冥顽不化的公司管理层置之不理。如果公司大股东聪明且自信，那么他会做出既尊重管理层又维护股东利益的英明决策。此外，更为重要的是，他会乐于纠正自己犯的错误。

在伯克希尔，我们目前处于第二种情形中，只要我还在，这种状况一直会保持下去。请允许我加上一句，我的健康状况很好。无论好坏，你们可能愿意让我继续股东/公司高管的角色。总而言之，我们正在为"大卡车"事件做准备。

❧ ❧ ❧

无论是公司经理人的能力还是忠诚，这两项因素都需要长期的监督。其实，大约 2000 年以前，耶稣基督就谈论过这个话题，他（在路加福音 16：2）赞许地提到，一个富人叫来他的经理管家，告诉他："请把管理的账户情况说清楚，因为你已不再是我的管家了。"

问责制和管家精神在过去十年里变得日益缺失，在大泡沫时代这些品质已经不再被认为是重要的。当股价大幅上升时，公司经理人的行为准则却在下降。但是，到了 20 世纪 90 年代后期，那些在高速公路上狂奔的 CEO 们并没有遇到严重的交通大拥堵。

应该注意的是，CEO 们本应该是这样的一些人，无论男女，他们应该是你所喜欢的，并且放心选之作为下一代或邻居的财产信托人。然而，这些年来，太多的 CEO 们，他们在办公室里行为不端、蒙混数字、报以平庸的业绩，却为自己支取着高额报酬。

为什么聪明又体面的董事会未能防止这样可悲的事情发生？这并不是因为法律不健全。事实上，法律非常清楚地规定，董事们负有维护股东利益的责任。造成这种现象的原因正是我所说过的"董事会氛围"。

关键词：能力与忠诚

例如，在一个由一群和事佬组成的董事会里，不太可能会有人提出更换 CEO 的提议。同样，也不可能对 CEO 提议的公司并购活动提出质疑，尤其是他的下属和外部顾问在场，并一致支持该项决策的情况下（如果这些人不支持，他们就不会出现在董事会的会议室里）。最后，当补偿委员会——董事会一般都配备高薪雇请的顾问团——给予 CEO 巨额股票期权时，即便某个董事提请委员会应该重新考虑的建议，也不过就像在晚餐桌旁打个嗝一样，无足轻重。

由外部董事定期召开没有 CEO 参与的董事会，这种形式是一种改革，我对此持热烈支持态度。虽然社会上对此存有非议，然而，我怀疑大多数其他可以带来好处的治理规则和建议，会相应地增加金钱或其他方面的成本。

当前对于"独立"董事的呼声很高。的确，能思考独立、观点独立的董事当然是再理想不过的人选。但是，这些独立董事必须精通商务，有兴趣并具有股东利益导向的特质（正如之前所提到的）。

在跨越 40 年的时间里，我担任了 19 家上市公司的董事（伯克希尔除外），并与大约 250 位董事进行过交流，他们中的大多数符合上文定义的"独立"的内涵。但是他们中的绝大多数至少缺乏我提到的三项特质中的一个。结果，他们对于股东利益的贡献非常小，甚至，经常是负数。

这些斯文又聪明的人，对于企业没有足够的了解，对于股东利益也没有足够的关心，他们对于那些愚蠢的企业并购和可恶的赔偿政策不会提出质疑之声。反观我自己的行为，我必须可悲地承认，我也经常犯这样的错误：当我判断管理层做出的决策并不利于股东利益时，我也保持沉默。在这些例子中，"配合"式的和谐显示出了独立的特质。

让我们看看更多的关于"独立"董事失败的案例，看看一个涵盖数千家公司，历时 62 年的案例研究。1942 年以来，联邦法律规定，投资公司（大多数是公募基金）的董事会有很大比例由独立董事构成。原先规定 40%，现在是 50%。在很多情况下，典型基金公司的长期运营均在由独立董事占大多数的董事会的领导下进行。

这些董事们以及整个董事会通常有很多不太明确的职责，但现实中，有两项职责最为重要：得到尽可能最佳的投资经理，以及通过谈判争取以最低的费用得到。当你自己寻求投资帮助时，这两项也是你所考虑的；当董事们替其他投资人做主时，也应该遵循同样的考虑。然而，在独立董事们完成上述任一目标时，他们的记录都绝对令人感到寒心。

数以千计的投资公司的董事会每年召开年会，执行一项重要的任务——选择由谁来管理他们所代表的，数以百万计的投资者的投资资金。年复一年，A 基金公司的董事们永远只会选择 A 经理，B 基金公司的董事们一直选择 B 经理，如此类推，就像一个僵化刻板的可笑流程。

虽然在非常偶然的情况下，董事会也会有所不同，但是更多时候，即便现任投资经理的业绩一直表现平庸，我想"独立"董事们愿意开始寻找其他的投资经理之前,恐怕连猴子都会用打字机打出一部莎士比亚的作品了。但是,当董事们处理自己的金钱时,他们会另辟蹊径,寻找其他投资顾问,行为谨慎小心,而在他们履行董事责任,肩负着其他投资人的托付时,心中却不这么想。

渗透在整个体系中的虚伪在一家基金公司——例如A公司被以高价卖给B经理时,得以生动的体现。这时,"独立"董事们终于开始自我反省,认为B经理才是能够找寻到的最佳人选,尽管此前数年B经理就在那儿(或者他被忽视了)。在B经理买下A公司之后,身价即刻飞涨,这并非偶然。因为B出了巨资去收购A,现在B需要补偿之前的成本,这些必须从A公司的股东口袋里捞回来。(关于公募基金行业内幕的精彩讨论,请见约翰·博格(John Bogle)的《公募基金的常识》(*Common Sense on Mutual Funds*)一书。)

投资公司的董事们在管理费的谈判中也经常是失败的。如果你或我被授权,我敢向你保证,我们能很容易地将目前大多数基金经理的管理费用降低。相信我,如果董事们承诺他们可以节省一部分费用,降费将不成问题。然而,在目前的体系下,费用的减少对于"独立"董事毫无意义,但对于基金经理影响重大。你认为这两个阵营,谁会赢得胜利?

一个合适的基金经理当然比一个低费率的基金更重要,这二者不是董事们的职责。但面对这些最为重要的任务时,在过去超过60年的时间里,数以千万计的"独立"董事们却可悲地失败了。（然而，他们在关照自己的利益方面却很成功，他们通常在一个"大集团"之下的多家董事会获得很可观的董事袍金，通常能达到六位数。）

对于基金管理费用问题，当基金经理非常关心，而董事们并不那么关心时，便需要一个强有力的反制力量存在，但这正是如今公司治理中所缺乏的元素。摆脱平庸的 CEO 以及消除过于雄心勃勃的扩张，这些都依赖于股东们的作为，尤其是大股东。这样做的背后逻辑并不复杂，因为在最近的数十年里，股权集中度有了显著的提高。今天，大机构的基金经理们很容易对存在的问题施加影响。只要为数不多的机构，比如说20家，甚至更少的大机构联手，就能够对一家上市公司进行有效的公司治理改革，仅仅通过手中的选票，他们就可以决定那些庸庸碌碌的董事们的命运。依我看来，这种协作行为是唯一可以使公司治理得到有意义改善的方法。

有几家机构投资人认定我担任可口可乐的董事缺乏"独立性"，其中有一个团体要求我退出该公司的董事会，另外一个好一点，只想把我赶出审计委员会。

对此，我的第一个反应是，或许该偷偷地捐款给第二个团体——我不知道到底有谁想要待在审计委员会。通常董事会被分配到各个委员会，但由于没有任何一位 CEO 希望我待在薪酬委员会，所以一般我都会被派到审计委员会。结果证明，这些团体的努力功败垂成，我还是被分到了审计任务（虽然我曾极力要求重新安排）。

有些团体因为伯克希尔旗下的子公司麦克莱恩和 DQ 公司（McLane and Dairy Queen）与可口可乐有生意上的往来，而质疑我的独立性。（难道为此我们就应该弃可口可乐而选择百事可乐吗？）根据《韦氏大辞典》关于"独立"的定义，指的是"不受他人所控制"。我实在搞不懂，怎么会有人认为，我会为了其间的蝇头小利，而牺牲伯克希尔在可口可乐高达 80 亿美元的股东权益。即便假设我稍微有些理性的话，就算是用小学生的算术也能算清楚，我的心和头脑应该站在可口可乐公司的股东一边，而不是管理层那一边。

我忍不住要说，连耶稣基督都比这些抗议团体还要了解独立性的真义，在马修 6:21 章节中，他提到："你的财富在哪里，你的心就在哪里。"我想即便对一个大型投资机构来说，相较于与可口可乐往来能赚取的蝇头小利，80 亿美元可以算得上是这样的"财富"。

以《圣经》的标准来衡量，伯克希尔公司的董事会堪称典范：（a）每位董事至少将 400 万美元以上的身家放在伯克希尔；（b）没有任何股份是靠股票期权或赠予获得；（c）董事们领取的酬劳相较于自身的年收入都极其有限；（d）虽然我们有一套公司赔偿机制，但我们并没有替董事们安排任何责任保险。在伯克希尔，董事们与所有股东待在同一条船上。

芒格和我已看过很多符合《圣经》所说的"财富"观点的种种行为。根据多年的董事会经验，我们看到，最不独立的董事当属那些依赖董事报酬生活的人。（还有那些期待被邀请加入董事会的人士，好让他们得以增加更多收入。）更可笑的是，恰恰正是这些人被归类为"独立"董事。

这类董事大多举止得体，工作一流，但人的天性使得他们会反对可能危及其生计的任何方案，他们中有一些会屈从于诱惑。

让我们看看周围现实的例子，关于最近刚传出的一宗并购案（与伯克希尔无关），我有第一手的资料。管理层相当看好这宗收购案，而投资银行也觉得相当不错，因为并购价格远高于目前股票的市价，此外许多董事也相当赞同，并准备提交到股东会表决。

然而就在此时，有几位董事会兄弟，每位每年平均都从董事会和委员会领取超过 10 万美元酬劳，却跳出来大加反对，最后使得这宗金额高达数十亿美元的并购案胎死腹中。这些未参与公司实际经营的外部董事，仅持有极少数的股权，且多数为公司所赠予。很奇怪的是，虽然目前的股价远低于并购的提案价格，却不见他们自己从市场买进多少股份。换言之，这些董事既不希望股东们提出 X 价格的报价，同时自己也不愿从市场上以 X 价格买进部分股权。

我不知道到底是哪几位董事反对让股东看到相关的提案，但我却很清楚这 10 万美元的董事袍金，对这些被外界视为独立的董事来说，至关紧要，绝对称得上《圣经》所说的"财富"。而万一这件并购案谈成了，他们每年固定可以领取的酬劳将因此泡汤。

我想无论是我还是该公司的股东，永远都不会知道是谁提出反对的议案，而基于一己私利，这群人也永远不知道要如何反省。我们确切地知道一件事，那就是就在拒绝这项收购案的同一次会议上，董事会却投票大幅提高董事们自己的酬劳。

◇◇◇ ◇◇◇ ◇◇◇

我们的董事会现在拥有 11 位董事，其中的每一位，包含其家族成员在内，加起来总共持有价值超过 400 万美元的伯克希尔股票，而且都已经持股很多年。其中六位，其家族持股量至少以数百万计，持有时间甚至长达 30 年以上。同时，所有董事的持股跟其他股东一样，都是从公开市场花钱买来的，我们从来没有发放过股票期权或是特别股，芒格和我喜欢这种问心无愧的持股方式。毕竟，没有人会喜欢去洗外面租来的车。

此外，伯克希尔的董事酬劳平平（我儿子霍华德就时常提醒我这件事），换句话说，伯克希尔全体 11 位董事的利益按比例与其他任何一位伯克希尔的股东完全一致，一直以来都是如此，并将会继续如此。

不过伯克希尔董事的不利一面，实际上远高于各位股东，因为我们没有投保任何的董事和高管责任险，因此如果有任何可能的灾难发生在董事们身上，他们面临的损失将远高于各位。

关键词：独立董事的三个案件

我们董事们的最后底线是，如果你们赢，他们就大赢，如果你们输，他们就大输。我们的方式或许可以被称之为所有者资本主义。除此之外，我们不知道有什么更好的方法可以维持真正的独立性。

除了要维持独立性，董事们也必须具备丰富的商业经验，以股东利益为导向，以及在公司拥有真正的利益。在这三样条件中，第一项尤为难得，如果缺乏这一项，其他两项的作用有限。社会上有许多聪明、有思想且受人景仰的知名人物，但他们对企业却没有充足的了解，这并不是他们的错，或许他们可以在别的领域发挥光芒，但他们并不适合待在企业的董事会内。

✦✧ ✦✧ ✦✧

芒格和我只做两项工作，其中一项，是如何吸引和留住杰出的经理人，管理我们不同类型的企业运营[7]。这个还不太困难。通常，这些经理人会随着我们收购的公司一起进入伯克希尔的体系。通常，在收购之前，他们就已是商界的管理明星，已经证明了自己在各自领域中的才华，我们的主要贡献就是让他们自由发挥天分，不给他们添乱。

这个方法似乎非常初级，并不复杂。如果我的工作是管理一支高尔夫球队，而且杰克·尼克劳斯（Jack Nicklans）和阿诺德·帕尔默（Arnold Palmer）这两位著名的职业高尔夫球手愿意为我的球队打球，他们两个人谁都无须得到我的挥杆指令，因为他们自己知道如何挥杆。

我们一些主要的经理人原本就很富有（我们希望所有的经理人都富有），但这对于他们持续的兴趣并不构成威胁。他们工作是出于热爱，并享受杰出成就带来的喜悦。他们始终坚持从股东利益出发的思维方式（这是我们给予经理人的最高评价），并能发现公司的各个方面都令人着迷。

（我们这种职业病的原型是一位信奉天主教的裁缝，他用自己多年微薄的积蓄做路费，前往梵蒂冈朝圣。他回来以后，他所在的教区专门召开一个特别会议，请他谈谈关于教皇的第一印象。"告诉我们，"热情的教徒说，"教皇是一个什么样的人？"我们的英雄精炼地回答道："他是个 44 岁的普通人。"）

芒格和我都知道，只要有优秀的队员，每个领队都会成绩斐然，就像奥美广告公司（Ogilvy & Mather）的天才创始人大卫·奥格威（David Ogilvy）的哲学："如果我们雇用的都是比我们矮的人，我们将成为一家侏儒公司；但如果我们雇用的都是比我们高的人，我们会成为一家巨人公司。"

作为一种副产品，我们的管理风格赋予我们一种能力，那就是我们可以较为容易地拓展伯克希尔的经营活动。我们曾读过一些管理学的研究成果，其中特别指出，在管理中，一位高管应该管理多少位下属才合适，但这对我们毫无意义。当你拥有的经理人都具有高度的工作热情，你可以与一打或更多的经理人打交道，并且与此同时，你还有午后小憩的时间。

反之，如果经理人缺乏诚信、愚蠢或无趣，即便只有一个，你处理起来也会力不从心。芒格和我可以将打交道的经理人数目再提升一倍，只要他们与目前的经理人具有同样的出类拔萃的品质。

我们只愿意与我们喜欢并尊重的人一起工作，这不仅仅将我们获得好结果的机会最大化，同时可以给我们带来非同一般的美好时光。与此相反，与大倒胃口的人一起工作就像为钱而结婚，这在任何情况下，都是个糟糕的主意，尤其是在你已经富有的情况下，如果这么做，你绝对是疯了。

在伯克希尔，我们认为，告诉杰出的CEO（例如盖可保险公司的托尼·奈斯利（Tony Nicely））如何管理他们的公司，简直愚蠢之极。如果前排的司机总是由坐在后排的人指挥驾驶，他们就不会为我们工作了。（一般而言，他们不必为任何人工作，因为大约75%的人在财务上都已自由而独立。）此外，他们都是企业界的马克·麦克基韦斯（Mark McGwives，美国棒球明星），他们无须我们指点如何控球及如何挥杆。

不仅如此，伯克希尔公司的所有制结构还可以使最优秀的经理人变得更有效率。首先，我们消除了通常令CEO们疲于奔命的所有烦冗的仪式和无效活动。我们的经理人可以完全专注于他们自己制定的时间表。其次，我们给每一位经理人一个简单的任务，就像如下三种情况一样运营公司。

（1）你拥有100%的股份；

（2）将公司视为你和你的家族在世界上拥有的唯一资产，并且一直拥有；

（3）至少在100年的时间里，不可以出售公司或与其他公司合并。

作为一种推论，我们告诉这些经理人，不要让任何会计因素影响他们的决策，哪怕是一丝一毫的影响。我们希望我们的经理人队伍考虑什么是重要的，而不是考虑什么被认为是重要的。

几乎没有哪家上市公司的CEO们在类似的授权下管理公司，主要是因为他们的老板专注于短期的发展前景和财报盈利。然而，伯克希尔所拥有的股东基础，使其在所有上市公司中具有最长期的投资时间预期，而且，这种股东基础还会在未来几十年继续存在。

的确，我们大多数股票的持有者打算持有至生命的终点，我们因此可以告诉我们的CEO们着眼于长期价值的最大化，而不是下一个季度的盈利。我们当然不会忽视当前的业务结果（在大多数情况下，它们也很重要），但我们永远不会以牺牲我们构建的日益强大的竞争力为代价，取得短期的业绩表现。

我相信盖可保险公司的故事很好地证明了伯克希尔方式的优势。芒格和我从来没有教托尼如何管理公司——永远也不会，但我们创造了一种环境，让他在重要的地方，能够将其天才般的能力尽情发挥。他无须将时间和精力花在董事会、媒体见面会、对投行的演示讲解或财经分析师等事务上。此外，他无须花时间考虑融资、信用评级或华尔街对于每股盈利的预期。因为我们具有独特的公司所有者结构，他也知道这种运营结果会持续数十年不变。在这个自由的环境中，无论是托尼本人，还是公司本身，都能将其蕴藏的无限潜能，转化为企业成就。

每一天，在千变万化的商业环境中，伯克希尔旗下每个公司所处的竞争地位也在变化，或是变弱，或是变强。如果我们能提升客户体验，削减不必要的成本，改进我们的产品和服务，我们就会变得更强。但是，如果我们漠视客户，膨胀自大，我们的公司就会日渐枯萎。我们的行为效果似乎每天都没有什么不同，但随着时光推移，日积月累，其结果却十分巨大。

我们长期竞争优势的日渐提升，恰恰源自于这些日常不起眼的坚持，我们将其描述为"加宽护城河"。如果我们打算在今后的10年、20年一直拥有公司，这样做是非常重要的。当然，我们也总是希望短期能赚钱。但是，短期如果与长期发生冲突，加宽护城河必须是我们的优先选项。

如果管理层为了追逐短期的盈利而做出了错误的决策，会导致公司各方面的处境恶化，包括成本、客户满意度或品牌美誉度等遭受损害，后续再做大量的工作也无法弥补。看看如今汽车行业和航空行业，这两个行业里经理人所面临的两难困境，他们正

关键词：加宽护城河

陷于前任留下的巨大麻烦之中，苦苦挣扎。

芒格非常喜欢本·富兰克林的一句话："一盎司⊖的预防，胜过一磅⊜的治愈。"但是，有时候，无论多少的治愈也无法弥补犯过的错误。

C. 企业变化的焦虑 [8]

7月，我们决定关闭我们的纺织业务。到年底，这项令人难过的工作的大部分已经结束。这项业务的历史非常有教育意义。

当巴菲特合伙企业——一家我曾经是一般合伙人的合伙企业，在21年前买下伯克希尔-哈撒韦公司的实际控制权时，公司的会计账面净资产为2 200万美元，而且全部投在纺织业务上。然而，公司的内在价值实际上远低于此，因为纺织资产无法产生与其会计价值相称的盈利回报。的确，在之前的九年里（也就是伯克希尔公司与哈撒韦公司合并在一起运营的期间），总计5.3亿美元的销售额产生了1 000万美元的亏损。在年复一年的财务报告中，最终的结果总是盈利状况进一步，退两步。

当年我们收购伯克希尔-哈撒韦的时候，人们普遍认为南部的纺织工厂（大部分没有工会组织）具有强大的竞争力。到目前为止，大部分纺织工厂都已经关闭了，很多人认为，现在也应该

⊖ 1盎司＝28.35克。
⊜ 1磅＝453.59克。

是我们清算自家的纺织工厂的时候了。

然而，我们当时认为纺织厂总裁肯·蔡斯（Ken Chace）先生可以管理得更好，他长期在伯克希尔工作，在我们收购后立刻被任命为总裁。在这一点上，我们百分之百地正确。肯和继任者加里·莫里森（Garry Morrison）先生都是杰出的经理人，他们的每一点都与我们其他盈利丰厚的公司的经理人一样。

1967 年初，我们用纺织业务产生的现金收购了国民保险公司（National Indemnity Company），进入了保险业。收购资金中，一部分来自公司盈利，一部分来自纺织业务库存、应收账款、固定资产再投资的减少。这种业务上的撤退事后被证明是明智的，尽管肯·蔡斯做了很多改进工作，但纺织业务的盈利状况却日渐衰退，即便在经济周期回暖的情况下也是如此。

随着伯克希尔的多元化发展，纺织业务在集团回报中所占的比重日渐缩小。我在 1978 年的年报中（在其他场合也曾总结过）提到过保留伯克希尔纺织厂的原因：

（1）我们的纺织工厂在当地是非常重要的就业雇主。

（2）纺织工厂高管在汇报问题时直截了当，在解决问题时干劲十足。

（3）面对共同的困难，工人们精诚合作，通情达理。

（4）相对于其他投资，这项业务还能产出适当的回报。

此外，我还说过："只要这些条件都还存在——我们希望如此，我们就会继续支持纺织业务的存在，即便有其他更为动人的投资方向。"

关键词：为什么要保留不赚钱的业务

事实的结果证明我在第 4 点上的认识非常错误。尽管 1979 年略有盈利，但在此之后，便一直大量消耗着现金。到了 1985 年年中，即便我本人也已经非常清楚，这种情况肯定会继续下去。如果能找到一个买家愿意继续纺织业务的运营，我当然会倾向于出售，而不是清盘，即便出售所得可能会更少。但是纺织业务的经济前景对于我显而易见，对于别人也是如此，所以，没人有兴趣接盘。

我不会关闭那些低于正常盈利水平的公司，以试图在整个集团回报率上增加小数点之后的一点点。然而，我同时也认为，不断资助一个一直亏损，没有盈利前景的公司是不合适的，即便它曾经非常盈利。亚当·斯密不会同意我的前一个观点，卡尔·马克思不会同意我的后一个观点。看来，只有保持中庸路线，能让我感到舒适些。

我应该再次强调一下，纺织业务的先后两位负责人——肯和加里，他们都是足智多谋、干劲十足、富于想象力的人，他们一直试图令我们的纺织厂走向成功。为了取得可持续的盈利，他们更新了生产线、机器配置和分销布局。为此，我们还进行了一项重大收购，收购了沃姆贝克纺织厂（Waumbec Mills），希望能产生协同效应（这是在业界被广泛使用的术语，用于解释收购行为，除此之外，毫无意义），但最终一无所获。没有更早些停止这些运作，这是我的错。

据近期的《商业周刊》杂志报道，自 1980 年以来，已经有 250 家纺织厂关闭。这些工厂老板们知道的信息，没有我不知道的，只是，他们处理得更加客观理性而已。我忽略了哲学家孔德的忠告："聪明才智应该是内心的仆人，而不应该是内心的奴隶。"在这件事情上，我选择相信了我愿意相信的东西，对此我应该进行反省。

美国国内的纺织行业在一个商品经济体系中运行，而整个世界的纺织业已经是一片生产过剩的竞争红海。我们所经历的麻烦，直接或间接地，主要来自国外，那里工人的工资只是美国最低工资的一小部分。但这并不是说，我们今天关闭工厂是由于工人的缘故。实际上，相较于美国平均的工人待遇，我们工人的薪资算是低的，整个纺织行业均如此。

在合同谈判中，无论是工会的领导人还是工会成员，他们都对不利的成本情况很敏感，他们从来不会提出不现实的提薪，或进行无效的生产活动。相反，他们像我们一样努力，试图保持工厂的竞争力。即便在清算期间，他们也表现出色。（但具有讽刺意义的是，如果工会前些年的行为没有这么友好的话，我们早就从财务上脱身纺织业务了，因为，我们会意识到面临的无望的未来，会迅速关闭工厂，以避免未来更大的亏损。）

多年以来，我们会收到意见，建议在纺织行业投入更多资本，这样能降低可变成本。每一个建议看起来都会有即刻的效果，使工厂成为迅速的赢家。如果按照投资回报的标准来衡量，这些建议给出的承诺回报率，甚至比我们旗下拥有的高利润率的糖果业务和新闻报纸业务还高。

但是，这些建议所承诺的，从纺织投资中产生的利润只是幻象。很多我们的竞争对手，无论国内的或国外的，都在进行同样的资本扩大再生产，一旦有足够多的公司这么做，它们降低的成本会成为整个行业杀低价格的新底线。单个来看，每一家公司的投资决策都是考虑成本效益和理性的；但总体来看，这些投资决策的结果因相互抵消而呈现出中和效应，呈现出非理性的状态。（就像挤在路边的人群中，争相观看游行队伍的人们，每个人都想踮起脚尖多看到一些，结果观看的效果与之前一样。）在每一轮扩大再投资过后，所有的参与者都投入了更多的资金，但回报依然毫无起色。

这种状况让我们面临一个痛苦的选择：巨大的投资能帮助我们的纺织工厂存活，但留给我们的是不停追加投资所带来的糟糕回报。然而，如果拒绝再投资，我们工厂的竞争力就会每况愈下，即便与国内同行相比也是如此。

我经常设身处地地想，导演伍迪·艾伦在他的一部电影中说过的话："历史上不止一次出现过这样的情况，人类面临十字路口的抉择。一条道路通往失望和彻底的绝望，另一条通往完全的灭绝。让我们祈祷我们有正确选择的智慧吧。"

为了搞清楚"投还是不投"这个两难困境在商品社会中的情况，看看伯灵顿工业公司（Burlington Industries）的例子很有教育意义。无论是 21 年前还是现在，伯灵顿公司都是美国最大的纺织公司。1964 年，当伯克希尔的纺织业务只有 5000 万美元销售额的时候，伯灵顿公司就已经达到了 12 亿美元。它具有的强大的分销和生产能力是我们无法企及的，而且，它的盈利也远超

关键词：修补漏船还是换船

我们的伯克希尔纺织厂。1964年底，伯灵顿的股价是60美元，而伯克希尔是13美元。

伯灵顿决定专注于纺织业务，1985年，它的销售额为28亿美元。从1964年到1985年，公司进行的再投资金额约30亿美元，远远超过美国任何一家纺织公司，平均摊到每股是200美元，而其股价却只有60美元/股。这些再投资的数目中，有很大一部分，我可以肯定，是用于改善成本和扩张规模。考虑到伯灵顿公司的基本战略是留在纺织业，我可以推断公司的资本投资决策是相当理性的。

尽管如此，如以真实美元价值计算，伯灵顿公司的销售额实际上是下降了，而且其销售利润率和净资产回报率都远远低于20年前。1965年公司进行过1拆2的分股⊖，目前股价是34美元/股——经过调整后计算，仅仅略高于1964年的60美元/股。同期，用于衡量通货膨胀的CPI指数上涨超过三倍。因此，每股的购买力仅仅相当于1964年年底的1/3左右。尽管公司坚持常规性分红，但购买力已大大下降。

伯灵顿公司的例子表明，当头脑和精力贡献于错误的前提下，股东们所能得到的就是这种灾难性后果。这让人联想起英国作家塞缪尔·约翰逊（Samuel Johnson）关于马的比喻："一匹能数到10的马是一匹非凡的马，但不是非凡的数学家。"与此类似，一家能聪明配置资本的纺织公司，是一家非凡的纺织公司，

⊖ 相当于A股的10股送10股。——译者注

但不是一家非凡的公司。

以我自己的经历和对其他很多公司的观察，一个良好的管理记录（以经济回报衡量）的产生，更多取决于你上了什么样的船，而不是你划船的效率。（当然，在任何企业中，无论好坏，聪明和努力都很有帮助）。如果你发现自己上了一艘长期漏水的船，那么，换一艘船所花费的精力可能比修补漏洞更富成效。

并非我们所有的公司都注定能提升利润。当一个行业的经济环境恶化时，具有才能的管理层固然可以减缓公司财务状况恶化的程度，但最终英雄还要靠时势，管理技能的杰出依然敌不过大环境基本面的恶化。（我的一个智者朋友很久以前告诉我："作为一个商人，如果你想得到一个好名声，一定要从事一个好行业。"）新闻报纸行业的基本面情况已经全面恶化，这个趋势是引发我们旗下报纸《水牛城新闻报》（*Buffalo News*）利润下滑的原因。这种恶化的趋势几乎肯定会继续下去。

在芒格和我年轻的时候，新闻报纸行业在美国是个非常容易获得高回报的行业。就像一个并不太聪明的出版商的著名说法："我将我的财富归功于两类伟大的美国机构：垄断和裙带关系。"在那些"一城一报"的城市里，无论报纸的质量如何糟糕，无论报纸的管理层如何无能，都无法阻挡报业的利润喷涌而出。

关键词：时代变迁中的报业兴衰

报业的这种难以置信的回报也很容易解释。在 20 世纪的大多数时间里，报纸是美国公众获取信息的主要途径。无论是什么样的主题，体育、财经或政治，报纸都居于信息获得来源的统治地位。由此，同样重要的是，报纸上的广告栏是最容易找到受众的地方，或是知道你附近超市货品价格的地方。

因此，大多数家庭每天都需要报纸，但可以理解的是，他们中的大多数不希望同时为两份报纸付费。广告商们喜欢发行量最大的报纸，读者们喜欢广告最多、新闻最多的报纸。这种循环催生了报纸行业的丛林法则：大者生存。

因此，当一个大城市中有两家或三家报纸存在（一个世纪前，基本上都是这种情况），那家领先的报纸经常会通过并购成为独存的赢家。当竞争消失后，报纸的广告价格和发行价格都得到释放。典型的情况下，广告价格和报纸售价每年都会调升，利润随之滚滚而来。对于这些报纸的所有者而言，这是金钱的天堂。（有趣的是，尽管报纸经常以不满的方式报道一些行业——如汽车或钢铁行业——盈利能力低下的问题，它们却从未启发读者思考它们自身所拥有的点石成金的本领。呵呵……）

早在 1993 年我给股东们的信中，我已经断言这个隔绝的世界正在变化："媒体行业……将被证明大不如前，不再像我或同行仅仅几年前还在想的那样了。"一些出版商对这样的看法和我所发出的警告感到不快。报业资产继续畅销，就像坚不可摧的自动贩卖机一样。实际上，很多聪明的报业高管们，他们不断记录和分析世界范围内发生的重要事件，但对于发生在他们鼻子底下的事，不是视而不见，就是漠不关心。

然而，现在，几乎所有的报纸业主已经意识到，他们在不断争夺眼球的战斗中正在失去立足之地。简单地说，如果光纤、卫星电视以及互联网率先进入，那么我们应该知道，报纸几乎肯定无法存在。在伯克希尔的体系里，《水牛城新闻报》的负责人斯坦·利普西（Stan Lipsey）干得非常好，该报的编辑玛格丽特·沙利文（Margaret Sullivan）也令我感到非常骄傲。在全美大型报纸中，《水牛城新闻报》的市场渗透率是最高的。我们比大多数的都市报纸拥有更好的财务状况，尽管水牛城的人口和商业趋势都并不理想。

然而，即便如此，《水牛城新闻报》也面临着无情的压力，导致利润率的下滑。的确，真实的情况是，我们在水牛城的网上新闻领域也是领先的，而且会不断吸引更多的受众和广告。然而，考虑到其他很多可替代的信息和娱乐资源都是免费的，而且仅仅是点击一下即可便捷获取，我们互联网新闻业务的盈利潜力，最多也仅仅是过去没有竞争对手的纸质报纸时代的一小部分而已。

对于当地居民而言，拥有一个城市自己的报纸，就像拥有一支自己的运动队，会有即时的荣誉感。很典型的感觉是，拥有了一份当地的报纸，能让人拥有力量感和影响力。这也就是为什么它能够吸引有钱人的原因。除此之外，在市民心中，富裕的人们认为一个地方拥有自己的报纸，可以更好地服务当地。这就是彼得·基威特公司（Peter Kiewit）四十多年前购买奥马哈（Omaha）

报纸的原因。⊖

因此，在报纸行业的合并中，我们愿意看到不以经济利益为唯一考虑的买家，就像发生在大型体育特许经营权的并购一样。然而，拥有新闻抱负的人们必须小心谨慎，没有什么规定可以保证一家报纸的收入不能滑落到成本之下，到那时，亏损就像雨后的蘑菇一样疯长。在新闻报纸行业，固定成本非常高，当单位发行量下降时，这更是一个坏消息。当报纸的重要性消失之后，拥有报纸所带来的"超级"优越感也随之消失。而体育特许权可能依然如故。

除非面临无法逆转的现金流失，否则我们会继续保留我们的新闻报纸行业，就像我们曾经声明的那样。芒格和我热爱报纸，我们每天读五份。我们相信一个免费并充满能量的媒体，是维持现今社会的关键要素。我们希望印刷版本和线上版本的某种结合可以避免报纸业经济上的末日，我们会努力在《水牛城新闻报》探索出一个可持续发展的商业模式。我认为我们会成功的。但是，报纸业曾经财源滚滚的时代一去不复返了。

D. 社会契约 9

我们体系中有两个非常大的公司——BNSF⊖和中美能源公司

⊖ 该公司总部位于奥马哈的大型建筑企业，《财富》500强公司，创立于1884年。——译者注

⊖ Burlington Northern Santa Fe Railroad Corporation，伯灵顿北方圣达菲铁路公司。——译者注

（Mid-American Energy），它们所具有的共同特征，可以将其与其他公司区分开来。两家公司的重要特征是，它们都有巨大的由长期负债形成的受管制的长期资产，而对于这些负债，伯克希尔并没有提供担保。无须动用我们的信用，这两家公司自己有足够的盈利能力，即便在极端不利的经济环境中，也足以覆盖它们负担的利息要求。

这两家公司都受到政府的严格管制，都需要在工厂和设备上不断大量投资。两家公司都需要提供有效的、令客户满意的服务，以赢得当地民众和管理当局的尊重。作为反馈，两家公司都需要得到保证，以允许它们未来获得合理的资本投资回报。

铁路对我们国家的未来至为重要。以"吨位-英里⊖"为单位衡量，铁路承担了42%的美国城际间的运输。BNSF的运量超过所有同行，达到了整个行业的28%。稍微计算一下，这个结果告诉你，BNSF提供的全美所有城际间吨位-英里运输量超过11%。考虑到西部的人口流动，我们的市场份额应该会再提高一些。

所有这些加在一起，意味着我们背负着巨大的责任。我们是美国经济流通系统的主要和重要的部分，我们有责任不断维护并改善我们23 000英里铁路，及其辅助的桥梁、隧道、发动机和车辆。为了完成这项工作，我们必须预见社会的需求，而不是仅

⊖　1英里＝1609.344米。

仅进行反馈。为了完成我们的社会责任，我们会定期花费更多的折旧用于维护和改进，这些数字在 2011 年超过了 20 亿美元。我有信心在这些巨大的增量投资中，我们将获得合理的回报。智慧的监管和智慧的投资是同一枚硬币的两面。

在中美能源公司，我们参与了类似的"社会契约"活动。我们将会提供更多服务以满足我们客户未来增长的需求。同时，如果我们的运营可靠且有效，我相信我们会得到合理的投资回报。

中美能源公司向 240 万个美国客户提供电力供应，是爱荷华州、怀俄明州和犹他州最大的电力供应商；在其他的一些州，它也是重要的供应商；我们的管道提供全美 8% 的天然气。很明显，数以百万计的美国民众每天都需要我们。

中美能源公司向股东和客户都提供了杰出的回馈（伯克希尔持有 89.8% 的股份）。2002 年，中美能源公司收购了北方天然气公司（Northern Natural Gas），后者作为一家天然气管道公司，当时被业内权威评级为倒数第一——一份报告显示，它处于同业 43 家公司中的第 43 名。在最近出版的一份报告中，北方天然气已经名列第二位。第一名是我们旗下的另一家管道公司——克恩河公司（Kern River）。

在电力行业，中美能源具有良好的可比记录。自从 1999 年，我们在爱荷华州进行收购以来，从来没有涨过价。同期，爱荷华州的其他大型电力公司提价超过 70%，目前它们的电价远远高出我们。在一些大都市里，我们的电厂常常与其他的电厂比肩而立，但我们客户的电费远远低于我们的邻居。我被告知，如果其他电厂取代我们的位置，它们会卖更高的电价。

到2011年底，中美能源会产出2909兆瓦的风电，超过国内其他接受管制的任何电厂。中美能源公司投资或承诺投在风能上的资金总额达到令人震惊的54亿美元。之所以可以做到这样，是因为中美能源公司保留了全部盈利，不像其他公司将大多数盈利用于分红。

❀❀❀

中美能源公司持续地保持着对社会提供低价供应，社会反过来也是投桃报李，几乎毫无例外，我们的监管者允许我们的每一笔新增投资资本均可以取得合理的回报。展望未来，我们会以当地所希望的方式去服务他们。反之，我们也相信，我们会被允许得到应得的投资回报。

我们明白在社会公众与我们的铁路业务之间存在一种社会契约，就像我们的公用事业一样。如果任何一方未能履行其职责，那么双方都会不可避免地遭受痛苦。因此，契约的双方应该愿意以能够鼓励对方良好行为的方式行动。不可想象，如果我们的国家没有第一流的电力和铁路系统，如何实现其巨大的经济潜力。我们将为了实现这个目标而扮演好自己的角色，做出应有的贡献。

E. 由股东决策的公司捐赠方法[10]

近期的一个调查报告显示，50% 的美国大型公司进行的匹配慈善捐款是由董事们做出的（有时匹配系数为 3：1）。实际上，这些股东代表直接将善款捐给了他们喜欢的慈善机构，从不询问股东们的慈善偏好。（我很好奇，如果位置颠倒一下，股东们未经董事们的许可，而将他们口袋里的钱捐赠给自己喜欢的机构，那么董事们会做何感想？）

如果 A 拿着 B 的钱给 C，而 A 又是立法者，这个过程应该叫作纳税。但当 A 是公司的高管或董事时，这叫作慈善。我们坚持认为，除了那些明显对公司有利的捐赠外，公司的慈善行为应该反映股东的偏好，而不是公司高管或董事的偏好。

❧❧❧ ❧❧❧ ❧❧❧

1981 年 9 月 30 日，伯克希尔收到了美国财政部发来的税务裁定。在大多数年份里，这项裁定应该可以为你们所选的慈善机构带来很大的益处。

伯克希尔的每一位股东，按照其持股的大小比例，都可以向公司提出指定的慈善捐款的接受者。你指定慈善机构，伯克希尔来写支票付款。我们的股东在做出指定捐款后，上述的税务裁定会免除股东们此项捐款所牵涉的个人所得税。

这样，我们的股东们可以行使一种特权，这种特权通常只有那些牢牢把控公司的股东才有权行使。在那些股权广泛分散的公司里，这种特权通常被公司高管所把持。

在股权广泛分散的公司里，公司管理层会安排所有的慈善捐款，不会让普通的小股东参与，通常会有两种情形：

（1）使公司直接受益的捐赠，其受益数量与捐赠数量大体相当。

（2）使公司间接受益的捐赠，其过程通过多种途径，难以衡量，反馈滞后。

无论在过去还是将来，我以及伯克希尔的管理层都会按第一种类型安排公司的慈善捐助活动。然而这类捐赠的总额相当低，而且在将来也可能保持相当低的水平，因为，很多捐赠无法显示出与伯克希尔大体相当的直接利益。

关于第二类的捐赠，伯克希尔几乎从来没有参与过，因为我不习惯于普通公司的通常做法，却又没有找到好的替代方法。令我感到困惑的是，普通公司给予捐赠的方法一般基于谁来申请，以及公司同行们的反应，而不是基于客观理性的评估。这一点可以说是，习惯战胜了理性。

这样做的一个后果是，用公司股东们的钱去满足公司管理层的慈善偏好，而这些管理层通常也会受到巨大社会压力的影响。此外，往往还存在一种额外的不协调，很多公司管理层谴责政府分配纳税人的钱财不恰当，但他们却热烈拥抱自己拥有分配股东钱财的权力。

关键词：直接受益或间接受益的捐赠

对于伯克希尔来说，有一种不同的模式看起来更合适。就像我不喜欢你从我的银行账户里开出一张支票，付给你选的慈善机构一样，我同样认为从你们（股东）的公司银行账户里开一张支票，付给我选择的慈善机构，同样是不合适的。你们的慈善偏好和我的偏好应该得到同样的尊重，以抵扣纳税方式而进行捐赠的资金多少，取决于公司层面，而不是我们个人的层面。

在这种情形下，我相信伯克希尔更像一家非上市公司，而不是一家大型公众公司。假想一下，如果你和我各自拥有一家公司的50%股份，我们慈善捐助的决策就简单多了。如果公司有可用于慈善的钱，应该首先捐给那些与公司运营相关的慈善事业。如果此外还有剩余，那么剩余的部分将依据我们各自的持股比例进行分割，按照我们各自的偏好进行捐助。如果公司有职业经理人，我们可以认真听取他们的建议，但是最终的决策权是我们的（也就是股东的）。所以，尽管伯克希尔目前是股份公司的形式，但我们的行为方式会像一家合伙公司那样。

尽管伯克希尔是一家大型的、持股广泛分散的上市公司，但我相信我们在心中将其当作一家合伙公司是可行的。我们得到的财政部的税务裁定也允许这种类似合伙公司的做法。

我很高兴，伯克希尔的捐赠能有股东主导。具有讽刺意味但可以理解的情况是，越来越多的公司配套捐赠政策由公司的雇员主导（而且，请你有心理准备，甚至很多配套捐赠由董事们指定），但据我所知，没有捐赠是按照股东意愿做出的。

我之所以说"可以理解",因为很多大型公司的股票被一些机构持有,而这些机构只着眼于短期,缺乏长远的股东远景规划,它们拥有这些股票的方式就像通过一个"旋转门"一样,不停地进进出出。

我们公司的股东与其他公司不同。在每一个年末,超过98%的股票依然被年初的股东所持有。这种长期对于企业的支持反映出的是真正所有者的心态。作为你们的经理人,我要通过各种可行的方式感谢你们,这种指定捐赠政策就是一个例子。

❧ ❧ ❧

我们推出的"由股东自己指定受赠人"的计划受到了非常热烈的欢迎。在有资格参与的932 206股中(在我们的股东名册中是有真实姓名记录的),有95.6%的股份持有者做出了回应。即便在剔除了与巴菲特相关的股份之后,回应率依然高达90%。

此外,超过3%的股东自发地写来信件或便条,完全赞同这个计划。无论是在参与度上,还是在评论的反馈上,股东们的反应都是我们前所未见的,即便以前由公司员工和支付高薪聘请职业代理机构进行意见征求,也没有如此热烈的反应。此外,你们的超乎寻常的反应是在没有伯克希尔公司提供回邮信封的情况下发生的。这种自发的行为是对这项计划的赞扬,也是对于我们股东的赞扬。

很明显，我们公司的股东喜欢拥有和行使资金的决定权，决定其捐赠资金的去向。某些教授公司治理的学校会惊奇地发现，我们的股东中没有人，会将决定慈善捐助的表格委托给伯克希尔的高管代办，以期利用他们卓越的智商代做决定。没有哪一个股东建议他的那份捐助，被用于跟随公司董事们决定捐赠的慈善机构（这在很多大公司里，是一种流行的、广泛的、非公开宣扬的政策）。

总计有 1 783 655 美元由股东指定的捐赠被分派给 675 个慈善机构。此外，伯克希尔及其子公司还会根据各地情况，由公司管理层决定做出一些捐赠。

通常有些年份，大约十年中会有两三年，伯克希尔提供的捐助无法产生足够的税务抵扣额度，或许根本就没有。在这样的年度里，不会影响股东指定慈善捐赠计划。在其他的年度，我们会在 10 月 10 日左右通知股东每股可以指定捐赠的额度，与通知一起，会附上一份回复的表格，你们有三周的时间进行回复。

这个"指定捐赠"的主意，就像很多其他令我们受益的主意一样，是由伯克希尔的副董事长芒格孕育而成的。无论头衔如何，芒格和我作为合伙人一起管理所掌控的公司，我们如此痴迷于自己的工作，以至于到了有点儿"走火入魔"的地步。我们也很高兴有你们作为我们的财务合伙人。

❧❧ ❧❧ ❧❧

除了伯克希尔股东的"指定捐赠"计划之外,公司管理层也进行捐赠,包括商品,平均每年 150 万～250 万美元。这些捐赠支持了当地的慈善机构,例如联合之路(United Way)慈善会,这些活动对公司也产生了相应的有益影响。

但是,无论是伯克希尔集团中各个子公司的管理层,还是母公司的高管,都不可以用公司的资金输送给各种政府计划,或与其个人有特殊利益的慈善机构,除非他们动用的是自己作为股东所获得的相应的"股东指定捐赠"计划的额度。如果你们的雇员,包括你们的 CEO,希望给自己的母校或者其他什么个人眷恋的机构进行捐赠,我们认为他们应该用自己的钱,而不应该用股东的钱。

让我再多说一句,我们的计划非常易于管理。去年秋天,我们从国民保险公司借来一个人,帮助我们执行来自 7500 个登记股东的指令。我猜测平均下来,包括公司员工捐赠在内的公司捐赠计划的金额远远大于公司行政成本。的确,实际上,我们整个公司的管理费用还不到慈善捐助的金额的一半。(然而,芒格坚持让我告诉你们,在我们 490 万美元的行政管理费用中,有 140 万美元用于购买公司的喷气飞机,这架飞机的名字是"不可原谅号"。[11]

下面是股东指定捐赠计划中,捐赠去向的几个大类:

(1)347 个教堂和犹太教堂收到 569 笔;

(2)238 个学院和大学收到 670 笔;

(3)244 个 K-12 学校(包括 2/3 的非教会学校和 1/3 的教会

学校）收到 525 笔；

（4）288 家专注于艺术、文化、人文科学的机构收到 447 笔；

（5）180 个宗教服务机构（平均分配给基督教和犹太教）收到 411 笔；

（6）445 个非教会社会服务机构（大约 40% 与青年有关）收到 759 笔；

（7）153 个医院收到 261 笔；

（8）186 个与健康有关的机构（美国心脏协会、美国癌症协会等）收到 320 笔。

上述清单中有三点尤其令我感兴趣。

第一，在某种程度上，它表明了在自愿状态下，人们如何选择捐赠方向。

第二，上市公司的捐赠计划中，几乎从来没有向教堂或犹太教堂捐赠，但很明显，很多股东个人愿意支持这些机构。

第三，我们股东的捐赠显示出相互矛盾的人生哲学：130 笔捐赠给了支持妇女堕胎的机构，而 30 笔给了不支持或反对妇女堕胎的机构（不包括教堂）。

去年，我告诉过你们，我正在考虑提升伯克希尔股东指定捐赠计划的额度，并征求你们的意见。我们收到了几封写得非常好的信，反对这个计划，反对的理由是我们的工作是运营公司，而不是迫使股东们进行捐赠。然而，大多数股东留意到了该项计划的税务效率，并敦促我们提升额度。几位已将股票留给他们的孩子或孙子们的股东告诉我，他们认为这是一项很好的计划，令年轻人可以趁早思考捐赠的话题。换而言之，这些人意识到这不仅仅一种慈善方式，更是一种教育方式。1993 年我们的确提升了额度底线，从每股 8 美元升到 10 美元。

❧ ❧ ❧

2003 年，我们不情愿地终止了"股东指定捐赠计划"，原因是妇女堕胎问题引发的争议。多年以来，关于这个问题，支持和反对的正反双方都有很多机构，我们股东中也各有自己的支持，并捐赠于不同的机构。结果，我们持续收到一些反对意见，反对支持流产合法化。他们中的一些人和机构甚至联合起来抵制我们旗下公司的产品。

伯克希尔旗下的宠厨（Pampered Chef）厨具公司采取加盟商经营模式，2003 年该公司的很多独立加盟商开始感受到了这种联合抵制行为的影响。这种发展态势意味着，很多信任我们的人遭受了严重的收入损失。这些受损失的人，既不是我们的员工，也没有在伯克希尔的决策中发过言。

对于我们的股东而言，由伯克希尔公司做出捐赠比他们自己直接捐赠，会有更多一些的税务效应。此外，这个计划与我们的"合伙"方式相一致。但是，与对我们忠诚的加盟伙伴所造成的伤害相比，这些优势显得苍白无力，因为那些加盟商都是通过辛勤努力构建了他们自己的生意。的确，芒格和我认为，仅仅为了我们和其他股东得到一些可怜的税务效应，而伤害那些正直善良、努力工作的人们，实在没有仁慈可言。

现在，在伯克希尔的母公司层面已经不再做任何捐赠。我们旗下的各个公司延续着它们在并入伯克希尔之前的各项慈善政策，没有什么改变，除非以前用公司的钱进行的个人捐赠行为，现在改为由他们自己掏钱。[12]

F. 公司高管的报酬原则 [13]

当资本回报率平平的时候，一项"投的越多、赚的越多"的投资记录并不是什么了不起的管理成就，因为即便你是躺在摇椅里管理运营，也可以得到同样的结果。例如，将你的储蓄账户的本金增加到原来的四倍，那么，你所得的利息也会同比例增加到原来的四倍。你不会因为多赚三倍而获得赞美。然而，在 CEO 退休的通告中，通常会赞美他们在职期间将自己管理的小机械公司的盈利提高到原先的四倍，没有人测算这样的盈利增长是否仅仅来源于公司多年留存利润的增加，也没有人进行过复利的计算。

如果这个小机械公司在 CEO 主持期间获得了持续而超常的资本回报，或同期所动用的资本仅仅增加了一倍，那么这样的赞美是值得的。如果资本回报乏善可陈，所动用的资本数量与盈利的增长保持相同比例，这没有什么可值得鼓掌的。在一个银行储蓄账户中，如果利息不取出滚存为本金，它就可以年复一年地以同样的利率获得利息，即便以 8% 的利率，经过 18 年也能令本金规模增长到原先的四倍。

这种简单的数学常常被公司所忽视，以至于对股东造成伤害。很多公司的高管报酬计划仅仅慷慨地以盈利增长为考量指标，而这种增长在很大程度上，要归功于公司的留存利润，也就是截留本应属于股东的利润。例如，授予公司高管的为期十年，固定行使价格的股票期权，而这类公司的分红仅仅是盈利的一小部分。

可以用一个例子来演示在这种环境下形成的不公正。让我们假设，你账户里有 10 万美元存款，利率为 8%，有一个受托人来"管理"这个账户，并且他有权力决定每年拿出利息（盈利）的多少比例付给你现金。利息中没有取出的部分作为"留存盈利"继续滚存在账户里作为本金，可以继续获得同样的利率。让我们假设你的受托人，以其超常的智慧，设定分给你的"派息率"为每年盈利的 25%。

在这种假设情况下，你的账户数值在第十年年末，将达到 179 084 美元。此外，在富有灵感的管理之下，你的每年盈利从最初的 8 000 美元上升到 13 515 美元。最终，你所得到的"分红"也会相应地提高，从第一年的 2 000 美元稳步提高到第十年年底的 3 378 美元。每一年，你的管理人公司会向你呈递年度报告，其中所有的图表都配有直刺天穹的线条，看起来非常棒。

现在，开个玩笑，让我们将这个情景再往前推进一下，就你的生意（例如，你的储蓄账户）给你的受托管理人一个十年期固定行使价格的期权，以第一年的价值作为公允价值基础进行计算。有了这个期权，你的管理人每年可以获得可观的利润，他的利润提现为你的成本——来源于你留存的那大部分盈利。如果他还有一些马基雅维里的权谋和数学家的底子，一旦你的管理人大权在握、地位稳固，他还有可能削减派息率。

这个情景假设并不是你想象的那么牵强附会。很多公司的股票期权就是以这样的方式设立的。他们所取得的成就仅仅是因为留存利润的自然增长，而不是高效地运用了手中的资金。

对于股票期权的态度，公司管理层往往采取双重标准。抛开认股权证（它会给发行公司带来即刻和后续的补偿）不谈，在企业的世界里，没有什么东西值得公司将一个为期十年、固定行使价格的期权授予外人，我认为这是一个公平的观点。在现实中，为期十个月的期权已经是极限。在公司资本不断增加的情况下，授予管理层长期期权，这是一件极其不可思议的事情。任何想得到这种期权的外部人士，都应该为行权期间所增加的资本支付全额的补偿。

但是，公司管理层的这种对于外人的不情愿，在同样的情况发生在自己身上时，却换了一种想法。（与自己谈判很少会引发酒吧里的斗殴。）那些为自己及其同僚设计了为期十年、固定行使价格期权的管理层，第一，他们完全漠视了留存利润可以自行增值的事实；第二，他们漠视资本的成本。结果，这些管理层所获得的收益，就像在储蓄账户上设置的期权一样，而这些账户里的盈利本来就可以自动增值。

当然，股票期权常常是被授予那些天赋聪明、创造价值的管

关键词：对于期权的双重态度

理层，并且有时给他们带来了相称的应有报偿。(的确，那些真正杰出的管理者所得到的，远远少于他们应该得到的。)但假如结果每个人都一样，那一定是个意外。一旦期权被授予，那么就与个人日后的工作表现不再相关，因为它是无条件、不可撤销的(只要这个人继续待在公司里)，懒汉从期权中获得的可能与公司明星一样多。像小说中沉睡不醒的瑞普·凡·温克尔(Rip Van Winkle)一样，管理层如果准备瞌睡十年，恐怕就没有比这更好的"激励"机制了。

(我忍不住还要再评论一下给外部人士发放长期期权的问题。在克莱斯勒汽车公司遭遇危机的时候，由美国政府出面担保，公司获得了贷款。作为获得这种救命贷款的部分条件，克莱斯勒公司授予美国政府股票期权。之后，当这些期权为政府带来可观收益时，克莱斯勒公司曾试图修改支付方式，辩称政府所得到的远远大于预期，而且与政府在克莱斯勒复苏的过程中所做出的贡献并不相称。公司对于代价和表现之间不平衡的苦恼成为国内的大新闻。这种苦恼可能是独一无二的，据我所知，无论任何地方，从来没有什么高管因为自己或自己的同事，得到了未经授权的期权而感到苦恼。)

具有讽刺意味的是，期权在修辞学上常常被描述为值得拥有的理想东西，其理由是，从财务角度说，期权将管理层和股东(主人)放在了同一条船上。但在现实中，这完全是不同的船。没有哪个股东(主人)可以逃得掉资本的成本负担，但那些持有固定行使价格期权的人却可以没有资本成本。公司股东(主人)

必须权衡公司上升的潜力和下跌的风险，而期权持有人没有下跌风险。实际上，你希望得到期权的公司，恰恰是你不想作为股东（主人）的那一个。（我会很高兴收到一个乐透彩票作为礼物，但我永远不会去买。）

在公司的分红政策中也是这样，一项政策可能是期权持有人的最佳利益选择，但却可能伤害股东利益。让我们回想一下前面的储蓄账户的例子，如果不分红，持有期权的受托人将会受益更多。反过来，账户的主人倾向于分红数量，这样他就能防止期权持有人从账户留存收益中再多分一杯羹。[14]

尽管期权存在缺点，在一些情况下，它还是有其合理性的。我所批评的只是不加分辨地滥用期权。在这些关系中，我想强调三点：

第一，股票期权理所应当与公司的整体表现相关。

从这个逻辑上讲，期权应该授予那些负整体责任的公司管理层。那些仅负有局部责任的管理人员所获得的报酬应与其所负责的部分相关。一个0.350的优秀击球手希望——也值得——因其上佳表现而得到丰厚的报偿，即便他所服务的球队整体水平不佳。而一个水平一般的0.150的击球手不应该得到任何奖励，即便他为一支获得大奖的球队打球。只有那些负起整体责任的人才应该得到与其结果相称的奖励报偿。

第二，期权的结构应该精心设计。

除了特殊因素外，期权的设计应该考虑公司留存利润和资本附带成本两个因素。同样重要的是，它们应当依据现实而定价。

关键词：我对期权的三点看法

当一个公司的管理层面对其他公司的收购报价时，可以准确地指出，相对于公司的真正价值，这个报价是如何的不真实。但为什么，当他们自己公司卖给自己期权的时候，可以接受同样的压价行为呢？

（他们或许会走得更远，公司高管和董事们有时会参考税法以决定用最低价格，将公司的部分股份卖给内部人士。当他们这么做时，他们经常选择的是对公司最为不利的税务计划。）除了在极度特殊的情况下，股东（主人）不可能从低价出售部分公司权益⊖中获益，无论是卖给外部人士，还是卖给内部人士。一个显而易见的结论就是：期权应该以真实价值定价。

第三，我想强调的是，一些我非常敬佩的经理人——他们的管理运营记录远远好过我——不同意我对固定价格期权的看法。他们已经建立了公司文化，在那里，期权已经成为一种有用的工具。通过他们的领导力和榜样力量，以期权作为一种激励工具，这些经理人认为他们的同事也具备了股东（主人）的思维方式。

这种公司文化极为少见，当它存在的时候应该被保留，尽管其中的低效率和不公平可能会侵蚀期权计划。就像俗话说的"直到用破了再修理"总要好过"为了纯洁不惜任何代价"。⊜

⊖　意指定价不合理的期权。——译者注
⊜　此语相当于中文语境中的"水至清则无鱼，水稍微浑一些总好过没有一条鱼"。——译者注

举一个例子用以说明，为期十年的固定行使价格期权是如何侵蚀公司的。比如说弗莱德·徒劳先生是停滞公司的 CEO，他收到了一大把期权，足以相当于 1% 的公司股权，符合他自身利益的路径非常清楚：他应该让公司所有盈利都不用于分红，并且回购股份。

让我们假设一下，在弗莱德的领导下，停滞公司过的日子就像它的名字一样停滞不前。在期权授予之后十年的每一年，该公司都以 100 亿美元的净资产盈利 10 亿美元，期初总股本为 1 亿股，每股净利润 10 美元。

弗莱德将全部盈利全部用来回购股份，不派发一分钱的股息。假如股价始终维持在十倍市盈率的水平，在期权期限的第十年年末，股价将上升 158%。这是因为回购股份减少了股本总数，那时总股本已经降至 3870 万股，因此，每股盈利上升至 25.80 美元。

仅仅通过留存股东的利润、回购股份和减少总股本，弗莱德已经变得非常富有，他自己持股所占的比例越来越大，此时的身家达到 1.58 亿美元，尽管公司业务本身没有任何改变。更令人震惊的是，如果停滞公司在这十年期间利润下滑 20% 的话，弗莱德依然可以获利超过 1 亿美元。

弗莱德可以不派息，可以利用公司留存利润发展令人失望的项目和收购，通过这样的手段，他也可以获取惊人的利益。即便这些项目只能提供微不足道的 5% 的回报，弗莱德依然可以大把获利。尤其，当停滞公司的 PE（市盈率）维持在 10 倍的水平，弗莱德的期权将为其带来 630 万美元的财富。而与此同时，公司股东们想知道的是，当初授予期权时说好的"利益联盟"在哪里？

一个"正常"的分红政策——例如，盈利的 1/3 用于分红——当然会减缓这种极端的结果，但是仍然会给那些毫无作为的管理层提供丰厚的回报。

CEO 们深谙此道，并知道每派发一分钱的股息，就会降低他们手中期权的价值。然而，在要求批准固定价格期权计划的代理人资料中，我从来没有看到过这种管理层和股东之间的利益冲突。尽管这些 CEO 们总是在内部宣扬资本是有成本的，但在授予自己固定价格期权时，他们却忘了告诉股东，期权带给他们的资本是没有成本的。

公司留存利润会自动增值，创造新增价值，董事会在设计激励管理层的期权时，应该考虑到这个因素，这并不难，就像同儿童游戏一般容易。但是，令人吃惊、令人吃惊⊖的是，这种具有自动调整因素的期权从来没有发行过。的确，这种行使价格随留存利润进行调整的期权，对于那些报酬设计"专家"而言，好像外来生物一样陌生，但同样是这些专家，他们在设计对管理层有利的期权计划时可是百科全书啊。（谚语有言："吃谁的面包，唱谁的歌。"）

对于一个 CEO 而言，被炒掉的那天是一个大赚特赚的日子。

⊖ "surprise"这个词巴菲特在原文中连用了两次。——译者注

的确，在那一天中，为了清理出他的一张办公桌，他"赚"的钱比一个清理卫生间的美国工人一辈子赚得还多。忘掉老旧的"一事成功事事成功"的格言吧，今天，在商界最为风行的是"一事失败事事成功"。

✵ ✵ ✵

　　然而，在伯克希尔，我们使用一种激励补偿机制，以回馈那些在其职责范围内达到经营目标的关键管理层。如果禧诗糖果（See's）干得不错，我们不会奖励新闻公司，反之亦然。我们也不会在写奖金支票的时候，看看伯克希尔的股价表现如何。我们相信工作的优良表现应该得到奖励，无论伯克希尔的股价是升是跌，还是平盘。同理，我们认为平庸的工作表现不应该得到特别的奖励，即便我们公司的股价飙升。关于"工作表现"的定义，我们也不会视同行业的经济情况而定：一些经理人享受着并非自己创造的顺风顺水，而另一些经理人正与不可避免的逆风搏斗。

　　伴随着这个激励机制的回馈可以非常巨大。在我们各种类型的企业中，顶尖的经理人可以获得的奖金数量是基本工资的五倍或者更多，所以，1986年可能是出现了一位奖金达到200万美元的管理者（我希望如此）。我们的奖金上不封顶，也不分等级。即便一个小单位的经理人，也有可能得到比大单位经理人更多的奖金，只要理所应当。此外，我们相信工作资历和年龄大小，应该作为激励补偿计划的影响因素（尽管有时这些会影响基本的报

关键词：建立与业绩相匹配的奖励机制

酬)。一个 20 岁可以打出 0.300 的优秀击球手,与一个 40 岁同样表现的击球手,对我们而言,具有同样的价值。

很明显,所有伯克希尔的经理人可以用他们的奖金(包括其他资金,甚至可以借钱),到公开市场上购买伯克希尔的股票。他们中很多人已经这么做了,并且还买了相当多。通过愿意接受风险和承担直接购买的成本,这些经理人用实际行动表明他们与股东穿的是同一双鞋。

在伯克希尔,我们试图将报酬机制安排得像资产配置一样具有逻辑性。例如,我们会根据斯科特·费泽公司(Scott Fetzer)的业绩决定拉尔夫(Ralph)的报酬,而不是根据伯克希尔公司的业绩。因为他只是负责这个子公司的运营,与集团的其他部分无关。还有比这样的报酬计划更合理的吗?如果给他的报酬,无论是现金奖金还是伯克希尔的股票期权,这样的奖励会给拉尔夫完全的不确定性。例如,当他在思考如果带领斯科特·费泽公司进行完美的本垒打的时候,芒格和我在伯克希尔的集团层面犯了错误,使他的努力和时间付诸东流。反过来,如果伯克希尔其他公司都干得很不错,而斯科特·费泽公司拖了后腿,那么拉尔夫凭什么要分享他人的成功呢?

在设定报酬机制时,我们希望遵守诺言,给出丰厚的大胡萝卜式的奖励。但我们同时希望确定的是,这些报酬直接与一个经理人肩负的责任挂钩。如果在一个公司中投入资本巨大,当他们动用资金时,我们要收取利息成本;当他们释出资金时,我们以同样的利率计算贡献。

关键词:*资本不免费*

这种"资本不免费"的做法在斯科特·费泽公司是显而易见的。如果拉尔夫动用的增量资本回报良好，那么他的报酬也将是丰厚的。如果增量资本的回报超过一定的费用成本之后，他的奖金也将随之增加。但是，我们奖金的计算是对称的：如果新增投资资本的回报低于标准，那么差价部分将记在拉尔夫头上，如同记在伯克希尔头上一样。这样双向安排的结果是，如果他有回报良好的投资项目，他将获得可观的报酬；如果资金留在子公司没有良好去向，就将其交由奥马哈总部安排。

在上市公司的层面，将几乎每一个报酬计划都描述为公司管理层与股东利益的联盟，这似乎已将成为流行。但是在我们的字典里，"联盟"意味着成为双向合伙人，即无论涨跌，而不仅仅是上涨的时候。很多所谓的报酬联盟计划无法成功通过这项测试，它们仅仅是抛硬币游戏中的"正面我赢，反面你输"的巧妙版本而已。

在安排股票期权时，会发生一个常见的错误，那就是期权的价格没有随着公司留存利润带来的价值增加而增高。的确，一个为期十年的期权、低派息率、复利增长，这些因素综合在一起可以给经理人带来巨大收益，即便他在工作中碌碌无为，随便扑腾，也能获益丰厚。对此愤愤不平的人或许会发现，当付给股东的越少，持有期权的经理人获得的就越多。我必须指出，这一矛盾，在恳请股东批准期权计划时的代理人文件中尤为显而易见。

我禁不住提一下，我们与拉尔夫安排报酬计划时只用了5分钟，在我们完成收购斯科特·费泽公司之后即刻生效，中间没有律师或薪酬顾问的"帮助"。这个计划包含了一些非常简单的概念——这些简单的术语都不是专家们所喜欢的,他们不会轻易发出一个大账单,除非他们证实你有了大问题(当然,这样的问题还需要年度复审)。

我们与拉尔夫的安排一直没有改变,这对于我们双方都感觉良好。在 1986 年设定计划的时候如此,现在也是如此。我们在集团其他子公司层面的报酬计划安排也简单类似,尽管一些术语会因为各个企业所在行业的不同而各具特点,以及有些公司的经理人拥有部分股权等情况而稍有变化。

在任何情况下,我们都追求理性。那些变幻不定的报酬方式,或者与管理层个人贡献无关的报酬方式,或许会受到一些公司高管的欢迎。毕竟,谁会拒绝免费的彩票呢?但这样的报酬安排对于公司而言是浪费,对于管理层而言,也令他们丧失了对于应该关心的事的专注。此外,母公司的非理性行为还可能引发子公司的模仿。

在伯克希尔,肩负整体责任的只有芒格和我。因此,从逻辑上讲,只有我们两个人应该是从集团母公司层面,作为伯克希尔整体业绩考量而获得报酬的当事人。即便可以如此,这也不是我们的愿望。我们已经认真设计了我们的公司运作模式和我们的工作方式,以确保我们能与喜欢的人一起,做喜欢的事。

当然,同样重要的是,我们偶尔也会被迫做些无聊的、不喜欢的任务。每天有源源不断的丰富的物质和精神奖励涌向公司总部,我们都是受益者,在这田园诗般的氛围中工作,已经是我们平生最大的享受，我们不愿意让股东为那些不需要的报酬计划再增加负担。

实际上，即便芒格和我没有工资可拿，我们也会很高兴我们的工作。实质上，我们赞同罗纳德·里根（Ronald Reagan）的话："繁重的工作不可能压垮一个人，但我必须明白为何要抓住机会。"

～♦～ ～♦～ ～♦～

1991年，我们进行了一次大规模的收购——收购了H. H. 布朗鞋业公司（H. H. Brown Shoe Co.），它是北美最大的工作鞋和靴子的制造商，它拥有非同寻常的历史盈利纪录，无论从利润率还是资产回报率来看都是如此。制鞋业是一门艰难的生意，美国每年会购买数十亿双鞋子，大约85%是进口的，这个行业中的大部分企业很糟糕。厂家的各种款式和尺寸的鞋子库存积压严重，大量的资产处于应收账款状态。

H. H. 布朗鞋业公司有一个突出的特点，它的报酬机制是我所遇见的最不寻常的一个，这种方法让我心动。很多高管的年薪为7800美元，外加公司利润扣除资本成本之后的数目。这样，这些经理人与股东穿的是同一双鞋子，处于同一立场上。相反，大部分管理层总是说一套做一套，他们会选择奖励多而处罚少的报酬方式（并且，他们对待资本的态度似乎是免费的一样）。布朗鞋业的这种安排，从各方面来看都不错，无论是对公司还是对管理层。这并不奇怪：渴望发挥才能的管理层通常是具有才能的管理层。

❧❧❧ ❧❧❧ ❧❧❧

　　CEO 是如何失去控制的，这事并不难理解。当公司管理层雇用员工，或者公司与卖家进行谈判，谈判桌的两边，双方的利益权重是平等的。一方的获利就是另一方的损失，其中涉及的金钱利益具有现实的意义，这样的结果是一场真诚面对上帝（honest-to-God）的谈判。

　　但是，当 CEO 们（或他们的代表）与薪酬委员会开会的时候，常常会比谈判对方更加看重利益。例如，一个 CEO 会非常看重是收到 10 万股期权还是 50 万股期权作为纪念。对于另一方——薪酬委员会而言，这个不同似乎不那么重要，特别是在很多公司，无论哪一种期权授予方案，对于财务报告的盈利都看不出来有什么不同影响。在这种情况下，谈判经常就是一种"玩钱"的性质。

　　在 20 世纪 90 年代，由于竞争激烈，CEO 们得到最为贪婪的补偿方案，这种现象迅速地遍地开花，到处被复制。这种贪婪流行的传递通常是通过顾问和人力关系部门，他们非常明白谁在供养他们，正如一位薪酬顾问评价的那样："有两类客户你是不会想要冒犯的：现实的和潜在的。"

❧❧❧ ❧❧❧ ❧❧❧

近年来，薪酬委员会就像处于滑雪道高速大转弯处的小狗，乖乖跟着顾问们的推荐。他们不知道应该忠诚于股东，实际上，那些不露面的股东才是他们的衣食父母。（如果你无法分辨一些人的立场，通常他们就不是站在你这一边的人。）实际情况是，美国证监会要求每个委员会对于支付进行说明。但是，文件中的措辞通常是公司律师或其人力关系部门起草的官样文章。

这种昂贵的游戏应该停止了。董事不应该参与薪酬委员会，除非他们自己可以代表股东参与谈判。他们应该做出两方面的说明解释：如何考虑薪酬，以及如何衡量工作表现。此外，他们应该像对待自己的钱一样对待股东的钱。

19世纪90年代，工会领导人塞缪尔·甘波斯（Samuel Gompers）提出工会的目标就是要求"更多"！20世纪90年代，美国的CEO们也采用了他的战斗口号。结果是，CEO们经常积累了丰厚的财富，而同时，他们的股东们却经历了财务的不幸。

公司的董事们应该停止这样的抢劫行为。给那些工作表现杰出的管理层以丰厚奖励，这没有错。但是，如果没有杰出工作表现，那么，应该是董事们大声喊出"减少薪酬"的时候了。如果近年来膨胀的薪酬成为未来报酬的底线，这将是一场悲剧。薪酬委员会应该回到画板前，重新进行规划。

G. 风险、声誉和失察 [15]

芒格和我相信 CEO 不能转移风险控制责任。这简直太重要了。例如，在伯克希尔，我负责起草和监控每一个衍生品合约，除了少数几个与运营有关的合约，例如中美能源公司和再保险的一些小型的分保合约。如果伯克希尔遇到麻烦，这将是我的错，不能推诿于风控委员会或首席风险官。

以我的观点看，在大型的金融机构里，如果董事会不能坚持其 CEO 对风险控制负有全责，那么这样的董事会可以说是玩忽职守的。如果这个 CEO 未能胜任此项工作——由此引发需求政府的资金或担保介入其中——这样的财务后果对他以及他的董事会都应该说是严峻的。

我们国家一些最大的金融机构搞得一塌糊涂，这并不是股东造成的问题。然而，股东们却承担了损失，在很多失败的案例中，他们的持股损失了 90% 或更多，价值就这样被抹去。在过去的两年中，仅仅四个最大金融机构的惨败就令股东们损失了总共 5000 亿美元的财富。如果用"解围"一词形容这些股东们的处境，或许也是对"解围"一词的嘲讽。

然而，那些损失巨大的公司的 CEO 们却毫发无损。虽然他们的财富由于他们失察引发的灾难而受损，但他们依然过得不错。这些 CEO 和董事们的行为应该有所改变，如果其机构和国家由于他们的鲁莽而遭受损失，他们本身也同样应该付出巨大代价——不能由受他们损害的公司补偿，也不能由保险公司补偿。

关键词：四大金融机构损失 5000 亿美元

在很多例子中，CEO 和董事们长期享受了超级胡萝卜的好处。现在，在如此糟糕的经济情况下，他们也应该在其职业生涯中尝尝大棒的滋味。

（2010 年的年报包括了 2010 年 7 月 26 日写给伯克希尔经理人的信。）这是我在两年一度的信件中，再次强调伯克希尔的最高优先原则，那就是我们所有人都应该积极热烈地捍卫伯克希尔的名声。我们并非完美，但我们一直在努力。在超过 25 年的时间里，我一直在说："我们可以承受金钱的损失，甚至损失大笔金钱，但我们无法承受名誉的损失，甚至一丝一毫也不可以。"我们必须继续衡量每一个行为，不仅仅是这些行为是否合法，还要考虑到如果这些行为被一个不友好却聪明的记者撰写，并刊出在国家报纸的头版上，我们是否还能愉快面对。

有时候，你的同伴们或许会说："每个人都在这么干。"如果这个说法是为一个商业行为辩解的话，这条原则几乎一定是有问题的。当去评估一个道德决策时，这是完全不能接受的。无论任何时候，当一些人使用这句话作为"原则"时，实际上，他们是想不出合适的理由。如果有人给出这样的辩解，让他们把这句话说给记者或法官听，看看会发生什么。

如果你看到任何人的规矩或合法性引起你的担忧，请给我打电话。然而，如果一个特定的行动引发了这样的担忧，这可能

关键词：名誉胜过金钱

已经迫近底线，应该放弃。有很多钱是诉诸法院，通过打官司赚的。如果对于是否迫近底线心存疑虑，就假设这钱不是属于你的，忘了它吧。

作为一个推论，如果有任何重大的坏消息，请立刻告诉我，我可以处理坏消息，但我不喜欢在它蔓延之后再与之打交道。由于不情愿迅速直面坏消息，所罗门证券公司的问题本来可以轻易解决，后来却不断恶化，几乎导致了一个拥有 8000 名员工的公司消亡。

今天，伯克希尔一些人的行为，如果我们知道的话，也会令你我不愉快。这是不可避免的：我们现在拥有超过 25 万名员工，这么多的人每天不出任何差错的机会是零。但是，在哪怕最为细微的不好的气息出现时，我们都可以立即采取行动，利用巨大的影响力，将大事化小，小事化了，将问题消灭在萌芽状态。你通过行为和语言所表露出来的对于这些事情的态度，将会是你企业文化形成的最重要因素。是文化，而不是文件，更能决定一个企业的行为。

在其他方面，无论多少，告诉我你的愿望。你们中的每一个人在以自己的个人风格管理公司时都是第一流的人才，你们不需要我的帮助。你们需要从我这里了解的事情，只是退休后的待遇和非常的资本支出或收购。

审计委员会没有能力胜任稽核任务，只有公司外部的审计师能决定管理层披露的盈利数据是否值得信赖。那些忽视现实，只知道关注审计委员会的架构和章程的改革将一事无成。审计委员会的关键工作很简单，就是让审计师披露他们所知道的。

为了完成这个工作，审计委员会必须清楚，审计师应该担心的是误导性的数字，而非担心冒犯管理层。近些年来，审计师并没有搞清这一点。他们通常视 CEO 为客户，而不是股东或董事，这是日复一日的工作关系导致的结果。而且审计师们明白，无论文件怎么说，是 CEO 和 CFO 付他们费用，并且决定他们是否留下继续审计工作和其他工作。

最近生效的新规定（要求委员会成员必须有财务专家）并未使这个现象得到根本改观。能够打破这种舒适关系的做法是，审计委员会应该明确地向审计师指出，让他们明白，如果他们不如实披露所知道的或所质疑的情况，将被处以巨额罚金。

依我的意见，审计委员会可以通过询问审计师四个问题达到这个目标，对于这些问题的回答将被记录在案，并呈报给股东。这四个问题是：

（1）如果审计师是准备公司财务报表的唯一负责人，那么他们的做法会不会与为目前管理层准备的报表有所不同？这个问题涵盖了重要和不重要的方面，必须答复。如果审计师有不同的处理方案，那么，管理层和审计师都必须做出信息披露。审计委员会应该对事实进行评估。

（2）如果审计师是投资者，那么他是否收到过什么重要信息，帮助他了解在报告期内的公司财务表现？

（3）如果审计师本人是 CEO，公司是否遵循了本应遵守的内部审计流程？如果没有，有何不同？为什么？

（4）审计师有没有观察到任何行为——会计方面的或运营方面的——达到将营业收入或成本从一个报告期转移到另一个报告期的目的和影响。

如果审计委员会能提出这些问题，那么它的组织结构（这是大部分改革计划关注的重点）倒是次要的。此外，这样的流程会节省时间和成本。当审计师身在其位的时候，他们会尽其职责。如果他们不是这样……呵呵，我们走着瞧。

我们提出的这四个问题，其主要目的是起到预防作用。一旦审计师们知道，审计委员会要求他们为公司管理层的行为背书，而不是默默姑息时，他们会在这个过程一开始就拒绝做坏事，这样可以防患于未然，防止假账的发生。对于牢狱之灾的畏惧将会发生作用。

| 第 2 章 |

财务与投资

1973年年中，我们以每股不到企业价值1/4的价格买下了我们在《华盛顿邮报》（WPC）的持股。计算价格/价值的比率并不要求具有非凡的洞察力，大多数证券分析师、媒体经纪人、媒体行政管理人员本应该与我们一样，可以估计到《华盛顿邮报》的内在价值介于4亿到5亿美元之间，而且每个人都能在市场上看到，它当时在股市上的市值仅有1亿美元，价格明显低于价值。我们的优势是我们的态度，我们从格雷厄姆那里学到，成功投资的关键是，在好公司的市场价格远远低于其价值时出手。

另一方面，在20世纪70年代早期，大多数机构投资者在决定交易价格时，认为企业价值与价格的关系不大。现在看来，这简直是难以置信。然而，这些机构都中了名牌商学院的学术魔法，他们鼓吹一种新型时尚的理论，认为股票市场是完全有效的，因此，企业的价值计算——甚至计算本身，在投资活动中无足轻重。（我们非常感激这些学者，在一场理智的竞赛中——无论是打牌、下棋还是选股，如果你的对手被教育说"思考纯属浪

费精力"，还有什么比这能使你更具优势呢？ [16]

A. 市场先生 [17]

每当芒格和我为伯克希尔保险公司购买普通股的时候（套利行为留待下一节讨论），我们遵循的交易方法与我们收购未上市公司是一样的。我们着眼于公司的经济前景，负责管理的人，我们支付的价格。我们心中没有想过什么时间和以什么价格去出售。的确，我们愿意无限期地持有一只股票，只要我们预期公司能以令人满意的速度提升内在价值。当投资的时候，我们将自己视为企业分析师——而不是市场分析师，不是宏观经济分析师，甚至不是证券分析师。

我们的方法在交易活跃的市场相当管用，因为它会周期性地给我们提供令人垂涎三尺的机会。股市是否存在并不重要，我们持有的股票如果长期停止交易，就像我们持有的世界百科全书公司（World Book）和范奇海默公司（Fechheimer），即便没有股票报价，也不会令我们感到不安。最终，我们的命运将取决于我们所持有的公司的命运，无论我们持有的是部分还是全部股份。

我的朋友和老师本·格雷厄姆很久以前就描述过市场波动的心理状态，我认为对于投资成功很有教导意义。他说你应该将市场报价想象为一个名叫"市场先生"的人，他是你的私人公司⊖的

⊖ 即非上市公司。——译者注

合伙人，是一个乐于助人的热心人。他每天都来给你一个报价，从不落空。在这个价格上，他既可以买你手中持有的股份，你也可以买他手中的股份。

即便你们俩拥有的这家公司运营良好，市场先生的报价也不一定稳定，悲观地说，这个可怜的家伙有着无法治愈的精神病症。在他感觉愉快的时候，只会看到企业的有利影响因素。在这种心情中，他会报出很高的买卖价格，因为他怕你抢夺他的利益，掠走他近在眼前的利润。在他情绪低落的时候，他只会看到企业和世界的负面因素。在这种悲观心情中，他会报一个很低的价格，因为他害怕你会将你的股权甩给他。

市场先生还有一个可爱的特点：他不介意被忽视。如果你今天对他的报价不感兴趣，他明天还会给你带来一个新报价。是否交易，完全由你抉择。在这种情况下，他的行为越是狂躁抑郁，越是对你有利。

但是，就像参加舞会的灰姑娘一样，你必须留意午夜钟声的示警，否则，一切都会变回南瓜和老鼠。市场先生在那里服务于你，而不是指导你。你会发现他的钱袋更有用，而不是智慧。如果他哪天出现了特别愚蠢的情绪，你的选择是，可以视而不见，也可以利用这样的机会。但是，如果你受到他情绪的影响，将会是一场灾难。的确，如果你不懂得你的公司，不能比市场先生更准确地评估你的公司，你就不要参与这场游戏。就像人们打牌时说的："如果玩了30分钟，你还不知道谁是倒霉蛋，有可能就是你。"

　　格雷厄姆创造的这个市场先生寓言，在如今的投资世界看来似乎已经过时，今天很多专家、学者谈论的是有效市场、动态对冲套利、贝塔等等。他们对于这些东西兴趣盎然是可以理解的，因为，很显然，被神秘笼罩的技巧对于投资建议的传播者是有价值的。

　　毕竟，如果一个巫医只是对病人简单建议"回去吃两片阿司匹林就会好的"，这样的话，他如何获得名声和财富呢？

　　对于投资建议的客户而言，市场秘籍的价值完全是不同的故事。在我看来，投资成功不可能是神秘公式、电脑程序或股票及市场价格变动引起的闪烁信号的产物。一个投资者如果想成功，必须将两种能力结合在一起，一是判断优秀企业的能力，一是将自己的思维和行为与市场中弥漫的极易传染的情绪隔离开来的能力。在我自己保持这种隔绝的努力中，我发现将格雷厄姆有关市场先生的概念放在心中，非常有用。

　　遵循格雷厄姆的教诲，芒格和我希望我们持有的可流通的股票，用它们的企业运营结果，而不是它们每天的价格，甚至也不是每年的价格告诉我们，这些投资是否成功。市场或许会有一段时间对于企业的实际运营成果视而不见，但最终将会肯定它。正如格雷厄姆所言："短期而言，市场是一台投票机；但长期而言，市场是一台称重机。"企业成功被市场确认的速度并不重要，只要公司能以令人满意的速度提升内在价值。实际上，被认可的滞后性也有一个好处：它会给我们以便宜的价格购买更多股票的机会。

当然，有时候，市场会高估一个公司，在这种情况下，我们会卖出我们的持股。甚至也有时候，我们会以平价或低于价值的价格卖出一些持有的股票，因为，我们需要资金抓住低估更多的投资机会，或买入我们认为更为了解的股票。

然而，需要强调的是，我们不会因为股票的价格上升而卖掉它们，或因为持有太久而卖掉。（华尔街格言中，有一条最愚蠢的格言是："只要能赚钱，就不会破产。"）我们非常愿意持有任何股票，持有的期限是永远，只要公司的资产回报前景令人满意，管理层能力优秀且为人诚实，以及市场没有高估。

但是，我们的保险公司拥有的三只可流通的普通股股票，即便在股价过于高估的状态下，我们也不会出售。实际上，我们将这些股票投资视为与我们成功控制的公司一样，是伯克希尔永远的一部分，而不是一旦市场先生给我们开出一个足够高的价格，就可以出售的商品。对此，我将加上一个限定条件，这些股票由我们的保险公司持有，如果在绝对必要的情况下，我们会卖出部分，以弥补异常发生时的保险损失。然而，我们打算做好管理工作，以避免发生这样的抛售行为。

芒格和我共同做出"买入并持有"的决定，很明显，这里面有个人和财务因素的综合考虑。在一些人看来，我们的立场似乎很古怪。（芒格和我一直推崇广告大师大卫·奥格威的观点："在你年轻的时候尽情发挥你的特异风格，这样，当你年老的时候，人们才不会认为你疯疯癫癫。"）当然，近年来，在交易频繁的华尔街，我们的态度被认为很怪异。在那个圈子里，公司和股票只不过被看作交易的原材料而已。

　　然而，我们的态度是，选择适合我们的个性以及我们想要的方式度过一生。英国前首相丘吉尔曾说："你塑造你的房子，然后，房子塑造你。"我们知道何种方式是我们所希望被塑造的。为了这个原因，我们宁愿与我们喜欢与尊重的人合作，获得 100% 的回报，也不愿意与那些无趣或不喜欢的人合作，获得 110% 的回报。

　　一个小测验：如果你计划终身吃汉堡包，自己又不生产牛肉，那么你希望牛肉的价格更高还是更低？同样，如果你时不时需要买车，自己又不是汽车生产商，你希望车的价格更高还是更低？很显然，这些问题的答案不言自明。

　　现在，进入最终的测验：如果未来的五年，你预期成为一个"净储蓄者"[⊖]，你希望股市在这段期间是高还是低？很多投资者在这个问题上犯了错。即便他们在未来的很多年都是股票的净买家，但股价上升的时候，他们会兴高采烈；股价下跌的时候，他们会垂头丧气。实际上，他们为即将购买的"汉堡包"的价格上涨而高兴。这种反应令人匪夷所思。只有那些打算近期卖出股票的人，才应该看到股价上涨而高兴，未来的潜在买家应该更喜欢

　　⊖　意指净买家。——译者注

股价的下跌才对。

对于那些没有打算卖出伯克希尔股票的股东而言，选择更为明确。首先，我们的股东们都在自动储蓄，即他们将自己挣的每一分钱都花掉，因为伯克希尔通过留存利润的方式，在替他们"储蓄"，用这些没有分配的资金购买更多的企业和证券。很清楚，我们买的越便宜，股东的这个间接储蓄计划就越赚钱。

此外，通过伯克希尔的投资，你们在那些一直在回购的公司中拥有了重要的位置。这些回购带给我们的益处随着股价的下跌而上升，当股价低迷时，用于回购的同等数量的资金，比之股价高昂时，可以回购更多股份，提升我们在公司内的所有权比例。例如，我们在可口可乐、《华盛顿邮报》、富国银行等公司股价非常低迷时进行的回购，与今天股价高昂时候的回购相比，令伯克希尔获益更多。

因为，在每年的年末，几乎所有伯克希尔股票的持有人与年初无异，伯克希尔的股东们是"储蓄者"。因此，他们应该为股市下跌而高兴，这样可以让我们和我们的投资者更好地运用资金。

所以，当你读到类似"投资者因股市大跌而亏损"的新闻头条时，应该感到高兴。你们应该在心里将其重新编辑为："撤资者因股市大跌而亏损，但投资者在获益。"记者们常常会忘记这条常识：每一个买家都对应着一个卖家，一个人受到的伤害往往成就另一个人。（就像在高尔夫球赛中，人们常说的"每一次进洞都令一些人高兴"。）

20 世纪 70 年代和 80 年代，我们从低价投资于很多股票和企业中获利甚丰。那时的市场，对短期炒家持有敌意，而对长期投资者却很友好。近些年来，我们在过去数十年中采取的行为被证实有效，但我们发现的新机会不多。作为扮演公司"储蓄者"的角色，伯克希尔会继续寻找合理使用资本的方式，但在我们发现令人真正兴奋的机会之前，可能需要一些时间。

B. 套利 [18]

我们集团旗下的保险子公司有时会参与套利活动，作为手中短期现金等价物的替代方式（既保持很高流动性，又能获得一定的收益）。当然，我们的偏好是长期投资，但经常会遇到"现金多过好主意"的情况。这个时候，套利能提供比国债高得多的回报。除此之外，同样重要的是，这样做可以令我们面对放松长期投资标准的诱惑时冷静下来。（每当我们谈论完套利后，芒格常会总结道："OK，至少，它让你离开了酒吧。"）

1988 年，我们从套利活动中获利巨大，无论是以绝对额还是以回报率来衡量。我们平均投资金额为 1.47 亿美元，税前获利 0.78 亿美元。

这样的活动成绩值得进行一些套利细节的讨论，而且我们的方法是合适的。套利（arbitrage）这个词，曾经仅仅用于证券或外汇，指在两个不同市场上同时买卖的行为，目的是为抓住不同市场间的微小差价。例如荷兰皇家石油公司的股票，以荷兰盾计价在阿姆斯特丹交易，以英镑计价在伦敦交易，以美元计价在纽约交易。在不同市场间，经过汇率的折算，股价并非完全相等。有些人会在不同市场间倒手，意图赚取差价。你不必感到惊讶，从业者为此选了一个法语词汇：套利。

自第一次世界大战以来，套利的定义——或者，现在称之为"风险套利"——已经扩展了很多，包括从一个宣布的公司事件中追逐利润，例如公司出售、合并、重组、改制、清算、自我收购等。在很多情况下，套利所期待的利润与股市行为无关，其面临的主要风险是宣布的事件没有发生。

在套利界，偶尔会出现一些超乎寻常的机会。在我24岁时，曾经参与了一次这样的事情。当时我在纽约为格雷厄姆·纽曼公司工作。位于纽约布鲁克林地区的巧克力生产商洛克伍德公司（Rockwood & Co.）的盈利能力很有限，1941年，这家公司对于库存计价采用的是LIFO（后进先出）的会计方法。那时，可可的市价是每磅5美分。到了1954年，可可的暂时短缺引起价格飙升，超过每磅60美分。因此，洛克伍德公司打算在价格回落之前，迅速地抛售它那些值钱的库存。但是，如果仅仅是直接出售可可，公司为此缴纳的税款接近收益的50%。

这时，1954年税务法成了大救星。它有一条不可思议的条款，该条款规定，如果将库存分配给股东，作为减少公司经营范围计划的一部分，那么由LIFO会计方法所导致的利润可以豁免税务。洛克伍德公司因此决定终结公司的一项业务——销售可可奶油，并发布消息，有1300万磅的库存可可豆可供股东分配。

与此同时，公司用它不再需要的可可豆，以 80 磅换 1 股的价格，回购公司股份。

在接下来的几个星期里，我整天忙着买股票、卖豆子，并时常跑去施罗德信托公司（Schroeder Trust）将公司股票证书换成仓库单据。利润非常可观，而我的成本仅仅是几张地铁车票而已。

洛克伍德公司的这次公司重组的设计师是当时默默无闻，但才能杰出的芝加哥人杰伊·普利兹克（Jay Pritzker），他当时只有 32 岁。如果你熟悉杰伊之后的记录，便不会感到惊讶。听说这项行动给洛克伍德的后续股东带来的成果也不错。在宣布报价前后的短短时间里，洛克伍德公司的股价从 15 美元飙升至 100 美元，尽管公司有着巨大的经营损失。有时候，在股票估值中，有比 PE（市盈率）更有价值的东西。

近些年来，大多数套利行为涉及到公司的收购接管，有友好的，也有敌意的。随着反垄断挑战几乎不存在，以及出价越来越高，并购热潮愈加繁荣蔓延，套利行为极为昌盛。他们不需要具有特别的天赋就能干得很好，窍门只不过就像演员彼得·塞勒（Peter Sellers）在电影中所说的："恰逢其时"。[⊖]在华尔街，有条不断重复的古老谚语："授人以鱼，只能养活他一天；教他如何套利，能养活他一辈子。"（然而，如果他是在伊万·博伊斯基[⊜]的套利学校学习，最后可能养活他的是州监狱的牢饭了。）

⊖　也就是"风口上的猪"。——译者注

⊜　伊万·博伊斯基（Ivan Boesky），美国金融家、大投机家，以垃圾债券、套利闻名业界，后涉嫌内幕交易，被证明有罪。1986 年，被判史无前例的 1 亿美元罚款，监禁三年半，以及终生禁止从事证券业。——译者注在评估套利条件时，你必须回答四个问题：

（1）承诺的事情发生的概率有多大？

（2）你用于套利的资金能挺多长时间？

（3）出现更好事情的可能性有多大？例如，有人提出更具竞争力的收购报价。

（4）如果一些预期中的事情没有发生，会怎么样？这些事情包括反垄断、财务差错等等。

阿克塔公司（Arcata Corp.）是我们偶然经历的套利机会，这个案例证明了这种业务的曲折性。1981年9月28日，阿克塔公司的董事原则上同意将公司出售给KKR公司。KKR在当时以及现在都是一家大型的长于杠杆收购的企业。

阿克塔公司主营印刷和森林木材生产业务。此外还有一件事情：1978年美国政府买下阿克塔公司的17 000英亩⊖林场，主要是树龄长久的红杉树，以拓展红杉树国家公园。美国政府以分期付款的方式，为这个林场共支付了0.979亿美元，但阿克塔公司辩称这笔钱可能不够。当事双方就从资产转移开始到最后一期付款之间的利率问题，也没有达成一致。法律规定使用6%的单利，但阿克塔公司要求更高的利率，以及使用复利计算。

购买一家具有高投机性，牵涉大规模赔偿诉讼的公司，引发了谈判问题——诉讼对公司有利还是不利？为了解决这个问题，

⊖　1英亩=4046.856平方米（1亩=666.7平方米）。

KKR 向阿克塔公司提出的买价是 37.50 美元 / 股，外加政府支付红杉树林地价额外金额的 2/3。

评估这个套利机会，我们必须问自己，KKR 能否完成此项交易。因为在其他因素中，KKR 的报价是以获得"满意资金"为条件的。这类条款一般而言，对于卖家具有危险性，因为它为一个求婚者在求婚到结婚之间，提供了一个易于退出的出口。然而，我们并不特别担心这种可能，因为 KKR 过去的记录显示它总能干得很漂亮。

我们也还要问自己，如果 KKR 的交易的确失败了，事情会怎样？考虑之后，我们仍然感到这不是问题，因为阿克塔公司的高管和董事寻找买家已经不是一天两天的事了，可以很肯定，他们的确是要出售公司。如果 KKR 离开，阿克塔会找到另一个买家，当然，出价或许会低些。

最后，我们必须问一下自己，那块红杉林土地索赔价值几何？你们的董事长⊖虽然分不清榆树和橡树的区别，但在这个问题上还是很清楚的：他能冷静地估计出索赔的价值在零到全部之间。

9 月 30 日，在 33.50 美元左右，我们开始买入阿克塔公司的股票。在八周时间里，我们买了 40 万股，或说是相当于公司 5% 的总股本。最早宣布的新闻说，收购价 37.00 美元 / 股，于 1982 年 1 月付清。于是，如果一切都顺利的话，我们将会获得

⊖　意指巴菲特本人。——译者注

大约年化 40% 的回报，这还不包括处于冻结状态的红杉林索赔金额。

但一切并不都尽如人意。到了 12 月，整个案子的结束期限稍微向后推迟了一些。尽管如此，将在次年 1 月 4 日签署最终的合同。受到这个消息的鼓舞，我们提高了持股，大约以 38.00 美元买入更多，直至持有 65 万股，或超过公司总股本的 7%。尽管结案时间被推迟，我们愿意全部付清，这反映了我们对红杉林索赔事件秉持"全体"的判断倾向，而不是"零"。

到了 2 月 25 日，贷款人以财务术语说，"考虑到房屋行业的严重衰退，及其对于阿克塔公司前景的影响"，他们正"再次审视"本次交易。股东大会再次推迟到 4 月份。阿克塔公司的发言人说，他"不认为此次收购的命运陷于困境"。当套利者听到这样的再次保证时，他们的心中闪现出一句老话："他在撒谎，就像一个贬值前夕的财政部长。"

3 月 12 日，KKR 说它的最初方案作废，将其出价削减至33.50 美元，两天之后，又提升至 35.00 美元。然而，3 月 15 日，阿克塔公司董事拒绝了这个报价，转而接受了另一家公司的报价：37.50 美元加一半将来额外所得的红杉林索赔。股东们接受了这笔交易，并于 6 月 4 日收到了 37.50 美元。

相比我们 2290 万美元的成本，我们共收到了 2460 万美元，平均持股期限为 6 个月。考虑到这项交易遇到的麻烦，我们15% 的年化回报率——还不包括红杉林的索赔价值——令人喜出望外。

但是好戏还在后面。主审法官指定了两个委员会，一个负责评估红杉林的价值，一个负责评估利率问题。1987 年 1 月，第一个委员会认定红杉林价值 2.757 亿美元，第二个委员会推荐的利率是复利、混合的利率，约为 14%。

1987 年 8 月，法官支持了这个结论，这意味着阿克塔公司大约净得 6 亿美元。政府随后进行了上诉。1988 年，在聆听政府的上诉之前，索赔款项已经以 5.19 亿美元了结。我们因此获得了 29.48 美元 / 股的额外收益，总数大约 1930 万美元。我们还将在 1989 年获得另外的 80 万美元。

伯克希尔进行的套利活动与很多其他套利者不同。首先，我们每年参与的套利活动很少，但通常规模很大。业内很多其他参与者，通常进行次数很多，也许有 50 次，甚至更多。如果需要同时做很多事情，就像同时将很多烙铁放在火中，人们就必须花大量的时间，既要监控交易的过程，又要监控市场股价的波动。这不是芒格和我所想的生活模式。（如果只是为了赚钱而整天盯着股票行情，这种生活有什么意义可言？）

由于我们多元化投资非常有限，一个特别赚钱或不赚钱的套利交易，对我们年度业绩的影响将远远超过对于一般套利者的影响。截至目前，伯克希尔还没有遇见过真正糟糕的经历，但是终将遇到，如果这样的事情发生，我们会将悲惨的细节报告给你。

我们与其他套利交易者的另一个不同之处在于，我们只根据公开的信息进行交易，不会根据谣言进行买卖，也不会试图猜测谁是接管的下家。我们只是阅读新闻报纸，思考少数几个大的主意，根据我们自己感觉的概率行事。

年底时，我们的主要套利仓位只是持有RJR·纳贝斯克公司的3 342 000股，成本为281.80美元/股，市值为3.045亿美元。1月份，我们增持到了大约400万股，2月份，全部清仓。当我们将持股出价给收购RJR·纳贝斯克的KKR时，KKR接受了大约300万股。余下的股份，在股市上被迅速沽清。我们的税前利润是6400万美元，好于预期。

早些时候，另一张熟悉的面孔出现在RJR的投标集团里——杰伊·普利兹克，他是第一波士顿集团的成员，该集团的报价以税务考虑为导向。引用棒球界名人尤吉·贝拉（Yogi Berra）的话说："似曾相识，好似昨日重现。"

在很多时候，我们本可以收购RJR公司，但我们的购股行为受到制约，因为所罗门公司参与了报价集团。通常，由于芒格和我都是所罗门的董事，反而被与这些关于收购兼并的消息隔绝开来。我们曾说过：这些消息对我们并无益处，实际上，反而约束了伯克希尔的套利活动。

然而，在收购RJR的交易中，所罗门公司建议所有董事都可以获得全部信息并参与其间。因此，伯克希尔购买RJR的行为进行了两次：第一次是在紧随管理层宣布收购计划之后，在所罗门参与之前。第二次相当晚，在RJR董事会决定接受KKR的方案之后。因为，我们不可以在其他时间买入该股，所以，我们的董事身份（非但没有额外好处，反而）大幅增加了伯克希尔的成本。

　　考虑到 1988 年伯克希尔的优良业绩，你们可能会期盼我们在 1989 年从事更多的套利活动。但是，我们希望冷眼旁观，置身事外。

　　一个令人高兴的原因是，我们手中持有的现金下降，因为我们打算长期持有的股票仓位大幅上升。经常阅读我们报告的读者应该明白，我们的努力并非是为了预测股市短期走势，而是反映了我们对于某些特定公司长期前景的看法。从现在到未来一年的时间，对于股市、利率或商业活动会如何变化，我们不会，过去不会、未来也不会发表任何评论。

　　即便我们有大量现金在手，在 1989 年也几乎不会进行套利交易。由套利活动引发的公司收购接管活动有些过于泛滥。就像电影中，多萝西对她的小狗说："图图，我感觉我们再也回不去堪萨斯了。"

　　我们不知道这种过剩的情况会持续多久，也不知道政府、贷款人、买家的态度会如何变化。但是，我们知道，别人处理他们的事情越不谨慎，我们处理自己的事情就要越谨慎。我们不愿意看到，套利交易反映的是贷款和买家双方放纵的乐观主义，以我们的观点而言，这常常是不需要的。我们在投资中，将牢记经济学家赫伯·斯坦（Herb Stein）的智慧："如果一些事情注定不能长久，那么终将会覆灭。"

关键词：只在胜券在握时才出手

去年，我们告诉过你们，我们几乎不期待在 1989 年进行套利活动，结果也的确如此。套利仓位本来是安排短期现金等价物的一个替代方式，在过去一段时期，我们持有的现金处于较低水平。在另一些时候，虽然持有较大规模的现金仓位，我们也没有参与套利活动。主要原因是，我们认为交易对我们而言没有经济上的意义，这种套利交易接近于玩"谁是更傻的傻瓜"的游戏。正如华尔街人士雷·迪福（Ray DeVoe）所说的那样："天使都害怕交易的地方，傻瓜却蜂拥而入。"我们仍将会时不时地参与套利活动，有时规模还会很大，但仅仅在我们认为胜券在握的时候才会出手。

C. 戳穿标准教条 [19]

之前有关套利的讨论中，稍微涉及到了看似相关的"市场有效理论"（efficient market theory, EMT）。20 世纪 70 年代，这种教条在学术圈子里十分流行，实际上几乎被奉为"圣经"。从本质上而言，这种理论认为，股票分析毫无用处，因为所有的与股票相关的公开信息，都已经相应地反映在股价中。换而言之，市场总是无所不知。由是推之，传授市场有效理论的教授会说，一个人往股票清单上随意扔飞镖选出的股票组合，完全可以与一个最聪明、最努力的证券分析师选出的股票组合的表现相媲美。令人惊讶的是，接受市场有效理论的不仅有学者，还有很多投资专家和公司管理层。他们能正确地观察到市场运行"通常"是有效的，却不正确地得出市场"总是"有效的结论。这些观点的差异是如此巨大，就像白天不懂夜的黑。

我的观点认为，以格雷厄姆－纽曼公司、巴菲特合伙公司、伯克希尔公司连续 63 年的套利经历而言，可以证明市场有效理论是多么愚蠢。（当然还有很多其他证明。）在格雷厄姆－纽曼公司，我研究了公司整个在 1926～1956 年期间，从套利中获利的记录，去掉杠杆后平均年化回报为 20%。自 1956 年开始，我运用格雷厄姆的套利原则，开始是在巴菲特合伙公司，后来延续到伯克希尔公司。尽管没有做过精确的计算，但我还是知道，1956～1988 年平均回报超过 20%。（当然，我的运营环境远远好于当年格雷厄姆的时代，他曾陷入 1929～1932 年经济大危机的苦苦煎熬之中。）

对投资组合进行公平的测试要求一些条件：

（1）在过去 63 年中，上述三个机构交易了数以百计不同类型的证券。

（2）最终的结果没有被少数几次幸运的经历所扭曲。

（3）我们只是简单地依据公开事件进行套利行为。对于产品或管理层，我们不会费尽心思去挖掘模糊的事实，或培养明察秋毫的洞察力。

（4）我们的套利仓位有清晰明确的范围，它们不是以事后诸葛亮的方式挑选出来的。

在长达 63 年的过程中，市场一般年化回报率略低于 10%，包括分红在内。这意味着，1000 美元在 63 年中，以复利再投资的形式，可以增长到40.5万美元。然而，如果回报率为20%，最终的结果将会达到9700万美元。这样的结果，如此巨大的统计差别，毫无疑问会激起人们的好奇心。

然而，市场有效理论的支持者似乎对于这些不支持的证据从不感兴趣。的确，今天市场有效理论似乎已经不像曾经的那么流行，但是，据我所知，这些人中没有人承认自己错了，无论他曾经误导了多少学生。(时至今日)，在很多大学的商学院里，市场有效理论仍然作为投资学课程必不可少的组成部分。很明显，这种不情愿放弃的心理，就像对于神职人员的去神秘化，并不只局限于神学家。

于是很自然地，那些受到市场有效理论伤害的学生和受骗上当的投资者，实际上为我们以及其他格雷厄姆的追随者提供了非同一般的服务。无论是哪一种形式的竞赛，无论是财务上、心理上还是体力上，面对一群被灌输了"努力也会徒劳无益"的对手，我们于是拥有了巨大的优势。从利己主义的观点出发，格雷厄姆的信徒们应该捐助大学里的教学职位，以确保市场有效理论的教学能一直持续下去。

对于所有这些，有必要发出一个警告。近来，套利看似很容易，但这并不意味着它是一种永远能保证每年20%回报的投资方式。正如所观察到的那样，在很多时候，市场是有效的，在过去63年中，除了我们所抓住的套利机会外，其他很多机会都被放弃了，因为它们看起来价格已经到位了。

一个投资者不可能因为简单地掌握了一种特定的投资方法或

关键词：获得超额利润的方法

投资风格，而获得超额利润。他只能通过认真地评估事实，并且持续执行纪律，而获得这种利润。在套利环境中的投资，本质上讲，并不优于扔飞镖选组合的投资策略。

当我们拥有具备杰出管理层的杰出企业的股份时，我们喜欢的持有时间是永远。有些人在持有的公司表现稍好之时，就会匆忙卖出变现利润，但他们却坚定地持有那些表现不佳的公司，我们与这些人截然相反。彼得·林奇（Peter Lynch）将这种行为恰当地比喻为"剪除鲜花，浇灌杂草"。

　　　　　　　　✿✿✿✿✿✿

我们依然认为，如果一家公司既业务明晰，又持续保持优秀，那么出售这家公司的权益显然是愚蠢的行为。因为，这种类型的公司简直难以取代。

有趣的是，作为公司管理层，当他们专注于企业本身的运营时，并不难发现这一点：在完全忽视股价的情况下，一家拥有子公司的母公司，如果子公司长期表现优异，母公司是不可能出售子公司的。"为什么要卖出？"CEO 会问，"难道要我卖出皇冠上的宝石吗？"

然而，当同样的事情变成他个人的投资时，他会在经纪人一知半解的鼓动下，冲动地——甚至鲁莽地不停买卖，从一个公司的股票切换到另一个公司的股票。最为糟糕的，可能是这句谚语："如果有利润的话，你就不可能破产。"但是，你想过没

关键词：不要卖出皇冠上的宝石

有，一个 CEO 会用同样的理由敦促董事会出售他们下属的明星公司吗？

在我们看来，对待企业的方法同样适用于股票。一个投资者，哪怕他持有的股票仅仅是一家杰出公司的一小部分，他也应该同样具有坚忍不拔的精神，就像一个企业家拥有整个公司一样。

之前，我曾经提到过，如果有人 1919 年投资 40 美元在可口可乐公司[20]上，可以取得同样的财务结果。1938 年，在可口可乐问世五十多年后，并且在它已经坚定地成为可以代表美国的标志之后，《财富》杂志刊登了一篇关于公司非凡故事的文章。在文章的第二段，记者写道："每一年，都有认真、严肃的投资者怀着深深的敬意，研究可口可乐长长的历史记录，然后，得出遗憾的结论，他发现得太晚了。软饮料的市场饱和度以及市场竞争的激烈如同幽灵一样出现在他眼前。"

是的，1938 年和 1993 年一样，都存在竞争。但值得注意的是，1938 年，可口可乐售出了 2.07 亿箱软饮料（如果按加仑⊖计，可以换算成今天的单位，每箱合 192 盎司⊜）。1993 年，可口可乐售出了 107 亿箱。一个在 1938 年就被认为是已经占据了行业主导地位的公司，以物理体量计算，依然整整增长了 50 倍。

尽管一个 1919 年投资了 40 美元的投资者，到 1938 年时已

⊖　1 美加仑＝3.785 41dm³。
⊜　1 美盎司＝29.573 53cm³。

经达到了 3 277 美元（以分红再投资的形式），但是他不必急着开庆功会，因为，即使 1938 年才投资 40 美元给可口可乐，到 1993 年，可以变成 25 000 美元。

我必须再次引用 1938 年《财富》杂志的故事："很难找到能与可口可乐在规模和销售上相匹敌，并且保持十年产品没有变化的公司。"至今，已经 55 年过去，可口可乐的生产线扩大了很多倍，但这句话依然是对该公司很好的描述。

很久以前，芒格和我认为，在一生的投资生涯中，很难做出数以百计的明智决策。随着伯克希尔的资本规模急剧增长，决断的压力变得愈加巨大，而且，能影响我们业绩的投资空间急剧缩小。因此，我们采取的策略是，对自己仅仅要求次数有限的聪明，而不是过分聪明。的确，我们现在每年只落实一个好主意。（芒格说，现在该轮到我了。）

我们采取的策略，排除了我们陷入标准多元化的教条。很多专家会说，这种策略比之采用传统投资方法的投资者具有更大的风险性。我们不同意这种观点。我们认为，如果它能提高投资者了解公司的程度，以及在购买之前对于公司状况的满意水平，那么，集中投资法能够很好地降低风险。在阐述这个观点时，我们使用字典上的术语，将风险定义为："损失或受伤的可能性。"

然而，学者们喜欢将"风险"进行不同的定义，他们断言，风险是一个股票或股票组合的相对波动，即它们的波动相对于股市整体的波动程度。利用数据基础和统计技巧，这些学者们精确

关键词：模糊的正确胜过精确的错误

地计算出每只股票的"贝塔"数值——过去的相对波动，然后，围绕着这些计算，建立起神秘的投资和资本配置的理论。但是，在他们渴望以单一的统计数字来衡量风险时，却忘记了一条基本原理：模糊的正确胜过精确的错误。

对于公司的所有者而言——这也是我们考虑股东的方式——"风险"的学术定义远远偏离了标的，以至于产生了荒谬。例如，基于贝塔理论，一只相对于股市大跌的股票——就像我们在1973年买入《华盛顿邮报》时的情况——在股价更低之时，反而比股价更高时"风险更大"。对于一个能以巨大折扣价格买入整个公司的人而言，这种描述定义有什么意义呢？

实际上，真正的投资者对波动应该持欢迎态度。格雷厄姆在他的著作《聪明的投资者》一书的第8章解释了其中的原因。在那里，他介绍了"市场先生"这一角色，他是一个乐于助人的家伙（参见之前的内容），他会每天出现，给你一个报价，按照这个报价，或者他买你持有的股票，或者卖给你他持有的股票，只要你愿意。这个家伙越是躁郁疯狂，对于投资者而言，机会越大。事实真的是这样，因为市场的大幅波动意味着，稳健的公司常常也会跌到非理性的低价。对于一个完全忽略市场波动或利用其愚蠢的投资者而言，不可能将这种低价视为风险的增大。

在评估风险的时候，一个追求贝塔的纯粹主义者会不屑于调查公司的产品、竞争力如何或公司的负债情况，他甚至没有动力去了解公司的名字。他所重视的不过是该公司股票的历史价格。与此相反，我们很高兴无视股票的历史股价情况，取而代之的是，我们关心有什么信息能令我们对公司更加了解。在我们购买股票之后，即便股市关闭一两年，也不会令我们烦恼。就像我们拥有 100% 股权的禧诗糖果公司或 H. H. 布朗鞋业公司一样，我们不需要每天有个股票报价来验证我们的安全程度。那么，对于我们拥有 7% 权益的可口可乐，为什么要每天报价呢？

以我们的观点看，一个投资者真正的风险衡量在于，应该评估是否在其预期的持股期间，其投资的税后收益总和（包括他卖出所得）会带给他至少在投资开始之初同等的购买力，加上合理的利率因素。尽管，这种风险无法如同工程计算一样精确，但在一些例子中，可以用一些有用的精确度来判断。与这种评估有关的主要因素有：

（1）评估公司长期保持经济特征的确定性。

（2）评估公司管理层能力的确定性，这些能力既包括充分实现企业潜力的能力，也包括明智运用企业现金流的能力。

（3）公司管理层回报股东而不是回报自己的确定性。

（4）购买公司的价格。

（5）将会遇到的通货膨胀和税务水平，这些将会影响投资者购买力的缩减程度。

这些因素可能会使很多分析师们晕头转向，因为他们无法从任何一组数据中提取这些信息。虽然存在无法精确量化这些因素的困难，但并不能否定它们的重要性，也不能说明它们无法克服。正如斯图尔特（Stewart）大法官发现，何谓"淫秽下流"的确难以用公式精确衡量，但是，他断言："当我看见，我就知道。"因此，投资者也可以"看见"某些特定投资中固有的风险，即便是以模糊但有用的方式，无须参考什么复杂的公式或历史股价。

相比其他电脑公司或零售商，真的很难计算可口可乐和吉列公司的长期商业风险会低多少？[21]在世界范围内，可口可乐的销售占据44%的软饮料市场份额，吉列占有超过60%（按价值计算）的刀片市场份额。谈到口香糖，如果剔除主导商家——箭牌公司，我还真不知道在这个行业有什么其他的领先公司享有这样的全球影响力。

此外，近年来在世界范围内，可口可乐和吉列的市场份额实际上还在提升。它们的品牌力，它们的产品属性，它们分销系统的实力，这些都赋予它们巨大的竞争优势，在其经济城堡外围建立了一条护城河。与此相反，一般的公司则必须在没有这样的保护的情况下，天天奋战。就像彼得·林奇说的那样：那些出售普通商品的公司，其股票应该贴上提醒标签："竞争有害财富。"

可口可乐和吉列的竞争力是显而易见的，即便对于那些非正式的商业观察家而言也是如此。但是，其股票的贝塔值与其他很多竞争力低下或没有竞争力的一般公司相差不多。我们能否就此得出结论说，在衡量商业风险时，这种差不多的情况就意味着，可口可乐和吉列的竞争力并没有给它们带来什么？或者，我们能否得出结论，说拥有一部分权益（即股票）的风险，可以在一定程度上从公司运营固有的长期风险中分离出来？我们认为这两种结论都毫无意义，而且，将贝塔等同于投资风险的做法也毫无意义。

　　由贝塔孕育出来的理论家，没有办法区分不同公司之间的内在风险。例如，一家销售宠物石头或呼啦圈的玩具公司的内在固有风险，和另外一家拥有单一大富翁游戏或芭比娃娃的玩具公司的内在风险，二者有何不同？但是，对于普通投资者而言，只要对消费行为和长期竞争力优劣具有适度的理解能力，区分它们的不同毫无难度。很明显，每个投资者都会犯错误。但是，如果将自己限制在一个相对有限且容易明白的行业，一个智力正常、见多识广、勤奋努力的人就能够以相当的精确度判断投资风险。

　　当然，在很多行业里，芒格和我不能确定是否我们在与宠物石头或芭比娃娃打交道。即便我们花了数年的时间深入研究这些公司，还是无法解决这个问题。有时候，我们自身智力的短板阻碍了我们的理解，但有时，这些行业的特性本身就是拦路石。例如，一家必须不断面临科技快速变化的公司，让人无法进行可靠的长期经济前景的评估。我们当中，有谁能在 30 年前，预见到电视制造业或电脑行业所发生的变化？当然没有。（大多数热衷于该行业的投资者和公司管理层也没有预见到。）那么，芒格和我又怎么能认为我们能够预见那些迅速变化的公司的未来呢？我们会坚守在那些易于理解的行业。一个视力平平的人，没有必要在干草堆里寻找绣花针。

　　当然，有些投资策略——例如，我们多年以来的套利活动——要求广泛的多元化。如果单个交易蕴藏巨大的风险，那么，通过进行多个相互独立的交易，可以降低整体风险。这样，如果你认为权衡概率之后，你的获利大大超过你的损失，而且，

关键词：多元化投资 vs. 集中投资

如果你能抓住一系列类似的，却相互不关联的机会时，就可以进行有意识的风险投资，实际上这很有可能引起损失或伤害。大多数风险投资运用这样的策略。如果你选择走这条路，你应该采取那些拥有轮盘赌的赌场的观点，他们喜欢客人多次下注，而会拒绝接受单次巨额的赌注，因为他们相信概率论。

另一种要求多元化的情况是，当一个投资者并不了解特定公司的经济状况，仅凭兴之所至，相信自己可以成为某个美国公司的长期股东。这样的投资者应该拥有大量股票，并且分开多次买入。例如，通过定期投资指数的方式，一个知之甚少的投资者实际上能够战胜大多数投资专家。有意思的是，当"傻"钱承认自己的局限，它就不再傻了。

另一方面，如果你是一个有一定知识储备的投资者，懂得经济，并能找到五到十家价格合理的、具有长期竞争优势的公司，那么，传统的多元化投资策略对你而言并无意义，它只会拉低你的投资收益率，并提高你的风险。我无法明白，如果一个投资者有一列喜欢的公司名单，为什么要将资金投到排在第 20 名的公司，而不是投资在首选前列的公司里，它们才应该是最了解、风险最低的标的，具有最大的利润回报潜力。引用预言家梅伊·韦斯特（Mae west）的话说："太多好事过了头反而成了坏事，这可能才是最精彩的地方。"

我们要声明，我们希望永久持有三只股票：大都会/ABC 公司、盖可保险公司和《华盛顿邮报》[22]。即便这些公司的股价上升到不可思议的高点，我们也不打算卖掉，就像我们全资拥有的禧诗糖果和《水牛城新闻报》一样，无论什么人出什么价，哪怕远远高于我们认为的商业价值，我们都不会出售这些公司。

在活跃的交易行为已经蔚然成风的今天，我们的这种态度似乎已经不合潮流。现今的投资经理谈到他的"投资组合"时，所指的意思都已被华尔街偏好、运营状况或一个新的公司"概念"所支配，它们全都是"公司重组"的候选对象。（但是，重组这个概念被狭隘地定义了，它延伸到仅仅唾弃作孽的公司，而没有唾弃当初买下这些公司的高管和董事。"痛恨罪恶，但爱罪人。"这是流行于《财富》500 强中的神学，就像流行于基督教救世军中的一样。）

投资经理们甚至患上了多动症，相比于他们在交易时间的行为，善于旋转的托钵僧倒是显得稳重得多。的确，"机构投资者"这个词已经成为自我矛盾的修辞术语之一，可与"巨型小虾""泥地女子摔跤手""廉价律师"相比肩。

尽管活跃的热情已经席卷全美商界和金融界，我们仍然坚持自己至死不渝的策略。这是唯一令芒格和我感到舒适的策略，它产生了相当好的结果，并让我们的管理层以及投资对象能专心于管理自己的业务，不必分心他顾。

☙ ☙ ☙

我们一直坚持不动如山的原则，这种行为表达了我们的一个观点：股市是一个不断重新定位的地方，在这里，钱会从活跃者手中流向耐心者手中。(根据在有限范围内进行的调查，我认为近来发生的事件表明，那些饱受诟病的"有钱有闲的富人"已经遭到了负面评价：他们维持或提升了财富水平，而同时那些"精力旺盛的富人"——进取的不动产运作商、公司并购者、石油钻探商等——则眼看着自己的财富消失。)

我们继续寻找那些业务易懂，可持续经营，具有令人垂涎的经济特征，拥有杰出才能和股东利益导向的管理层的大型公司。我们既必须以合理价格购买，又需要让企业的表现证明符合我们的预期。仅仅关注于这些并不能保证结果，但是，这个投资方法——寻找超级明星——为我们提供了真正成功的唯一机会。考虑到我们打交道的资金数量巨大，芒格和我还没有聪明到，可以通过熟练地买进、卖出平庸公司获得高额利润的程度。我们也不认为，会有其他很多人，可以通过在不同花朵之间跳来跳去的方式，取得长期的投资成功。实际上，我们认为将那些频繁买卖的机构称为"投资者"，就像将那些喜欢一夜情的家伙称为浪漫主义者一样可笑。

如果我所接触的商业机会和范围非常有限，比如说，局限于奥马哈的非上市公司里，那么，首先，我会尝试对每一家公司的长期经济特征进行评估；其次，对于负责公司运营的管理人员的素质进行评估；第三，以合理的价格买入几家运营最为良好的公司。

我当然没有打算在奥马哈每一家公司中持有同等数量的股份，以此类推，在伯克希尔面对股市数量众多的上市公司时，有什么必要采取不同的方式呢？另外，因为发现伟大的公司和杰出的管理人才都是十分不容易的事，为何我们要抛弃已被证明的成功呢？（我想说的是"真正的成功"。）我们的座右铭是："如果你一开始就取得了成功，那么，不必再做测试。"

约翰·梅纳德·凯恩斯（John Maynard Keynes）是一位杰出的经济学家，与其杰出经济思想相匹配的，他也是一个杰出的投资实践家。1934 年 8 月 15 日，在写给商业合伙人 F. C. 斯考特（F. C. Scott）的信中，他说："随着时光的流逝，我越来越感到确信，投资的正确方式是将相当分量的资金，投资于你了解并拥有令人充分信任的管理层的公司。"那种认为通过广泛投资于知之甚少的不同公司，自信可以降低风险的想法是盲目且错误的。一个人的知识和经验注定是有限的，在某些特定的时间段，使我感受到充分信心的公司很少超过两或三家。

❧❧　❧❧　❧❧

1987 年，整个股市经历了激动人心的剧情之后，最终几乎原地踏步。道琼斯指数最终上升 2.3%。当然，你可能注意到了，导致看似指数变化不大的原因是过山车行情。市场先生在经历了疯狂牛市的横冲直撞后，到 10 月份，遭遇了突然的巨幅大跌。

对于这样的股市风暴，我们握有数以 10 亿计美元的"职业"投资者应该心怀感谢才是。很多大名鼎鼎的基金管理人现在关注的是其他基金管理人未来几天干什么，而不是关注企业未来几年干什么。对于他们而言，股票仅仅是游戏中的筹码，就像大富翁游戏中，如同顶针和熨斗一样的道具。

他们这种态度导致的一个极端例子是"投资组合保险"，这是一种流行于1986～1987年，很多主流投资顾问奉行的基金管理策略。这种策略只不过是为小投机者止损单贴上了新奇标签的版本而已，当股价下跌之时，它会发出指令，不断抛售那些股票投资组合，或它们对应的指数期货等价物，越跌越卖。这种策略只说明一件重要的事：巨大幅度的下跌会自动触发巨量卖单。根据《布雷迪报告》（Brady Report），1987年10月中，约有600亿～900亿美元的股票处于这种一触即发的状态。

如果你认为投资顾问是被雇来帮你进行投资的，那么，你可能会被各种技术术语弄得晕头转向。在买下一个农场后，作为一个理性的农场主，当隔壁的农场被低价贱卖的时候，会要求他的地产经纪人将自己的农场也以低价出售吗？或者，如果某天早上9：30，一个与你家相似的房屋以低于前一天的价格标售，你会仅仅因此而急于在9：31，出售你自己的房屋吗？不计价格？

然而，类似上述的愚蠢举动，却发生在所谓投资组合保险中。他们告诉养老基金或大学基金这样做，当这些基金持有福特或通用等的股票时。根据这种理论的说法，这些股票价格越低，越是应该被强烈卖出。作为一种"逻辑"推论，一旦股价大幅反弹，这种理论会指令机构投资者重新买回。我并没有捏造事实。考虑到这些基金经理掌控的资金数额巨大，加之他们的行为方式

关键词：谁会被股市波动所伤害？

有如爱丽丝漫游仙境一般，那么，市场上有时流行精神错乱的风尚，又有什么好令人吃惊的呢？

然而，很多市场评论人士就近期观察到的事件，所得出的结论是不正确的。他们喜欢说，在当前大机构飘忽不定的行为主导的市场中，小投资者已经没有赚钱的机会。这个结论是相当错误的。这种市场无论对任何投资者都是理想的，无论大小，只要他坚守自己的投资系统。由那些握有巨资的基金经理所导致的市场波动，恰恰为真正的投资者提供了更多的明智投资的机会。只有在市场艰难的时候，投资者被迫卖出——无论是来自财务压力，还是心理压力——他才会被股市波动所伤害。

D．"价值"投资：多余的两个字 23

是买下具有控制权的公司股份，还是买入上市公司在市场上可流通的部分股票，在这两者之间，我们真的没发现有什么不同。但无论在哪种情况下，我们都试图买入那些具有良好经济前景的公司。我们的目标是发现那些价格合理的杰出公司，而不是价格便宜的平庸公司。芒格和我发现，给我们丝绸，让我们织出丝绸钱包，我们可以干得很好，但巧妇难为无米之炊。

（你们必须注意到，你们总是可以快速学习的董事长⊖，仅仅用了 20 年的时间就已经意识到，购买好的企业是多么重要。但

⊖ 巴菲特调侃自己。——译者注

是，与此同时，我寻找那些"便宜货"，而且不幸的是，竟然还真找到了一些。我买过短线农具生产厂、三流的百货公司、新英格兰地区的纺织厂，这些经历让我遭受了惩罚，受到了教育。）

当然，芒格和我也会误读一个企业的情况。每当这种错误发生，我们都会遭遇到麻烦，无论这个企业是我们拥有全部股权的子公司，还是持有市场上可流通的股票，尽管后者非常容易退出。（的确，公司也可能被误读、误解。我们曾经见过一个欧洲记者被派到美国报道企业家安德鲁·卡内基（Carnegie），他给编辑发回的电报中写道："天啊，你无法相信，可以说，在这里开图书馆也能赚钱！"）

在买入控制权类的企业投资和非控制权的股票类投资中，我们不仅仅是买好公司，而且希望它具备德才兼备的、令人喜爱的管理层。如果我们遇上了志不同、道不合的管理层，那么，控制权类的投资赋予我们更多优势，因为我们可以用权力进行改变。然而，在实践中，这个优势是有点虚幻的，管理层的改变，就像婚姻的改变一样，是痛苦的、耗时漫长的、具有风险的。在任何情况下，我们持有可流通的、但却永久持有的三家公司，这一点对于我们毫无意义。例如，大都会公司的汤姆·墨菲（Tom Murphy）和丹·伯克（Dan Burke），盖可保险公司的比尔·斯奈德（Bill Snydet）和卢·辛普森（Lou Simpson），《华盛顿邮报》的凯·格雷厄姆（Kay Graham）和迪克·西蒙斯（Dick Simmons），他们都是最优秀的管理者，没有他们，我们不可能干得更好。

我想说，控制类投资有两个主要优势。

第一，如果我们控制了一家公司，我们就能支配该公司的资产配置；而当我们仅仅是投资了一些可流通股票，我们对于公司资产的配置则毫无话语权。这一点可能非常重要，因为，很多公司的领导人并不擅长资产配置。大多数老板获得今天的领导地位，往往由于他们在某一领域的优秀，或是市场，或是生产，或是工厂，或是行政，甚至机构政治。

一旦他们成为 CEO，他们将面临新的责任。他们必须做出资产配置的决策，这是一项他们从来没有做过、非常重要、但并不容易掌握的工作。推而言之，就像一位杰出的音乐家，他正准备在卡内基音乐厅完美呈现音乐生涯的最后一步，却忽然被任命为联邦储备委员会主席，这个跨度有点儿大。

很多 CEO 缺乏资产配置的能力，这不是一件小事。如果一家公司每年留存的利润相当于净资产的 10%，那么十年之后，该公司 CEO 的责任是运用公司 60% 以上的资本，令其充分发挥作用。

那些意识到自己缺乏资产配置能力的 CEO 们（并非所有 CEO 都能意识到），经常会向他们的工作人员、管理顾问或投资银行寻求帮助，以弥补这个短板。芒格和我经常看到这种"帮助"的后果。整体而言，我们感觉更应该说他们是重视资产配置问题，而不是解决了这个问题。

最终的结果是，美国企业界发生了很多不明智的资产配置案例。（这就是为什么经常听到"公司重组"消息的原因。）但是，伯克希尔在这方面非常幸运，在那些我们投资的主要非控股公司中，资本常常会被明智地运用，在一个例子中，应该说是被出色地运用。

通过投资可流通证券进而控股公司的第二个优势是税务方面。作为一个公司的持有者，伯克希尔通过持有部分股票的形式，吸收了相当分量的税务成本，而这点在持有超过80%股份的情况下是不存在的。税务的不利一直伴随着我们，但是在1986年，新税务法规的变动，令这种影响大大增加。新税法导致的结果是，那些持股超过80%的子公司相对于那些持股比例更少的公司，可以输送给伯克希尔的利润可以多达50%或更多。

持有可流通证券的劣势有时会被巨大的优势所抵消，股票市场经常会提供给我们机会，能以低得非常可笑的价格购买杰出公司的非控制部分权益，股价会明显低于转移控制权谈判中要求的价格。例如，我们在1973年以5.63美元/股的价格，购买《华盛顿邮报》的股票，到了1987年每股运营利润为10.30美元（税后）。类似的例子，也发生在盖可保险公司身上，我们分别在1976年、1979年和1980年以平均6.67美元的价格买入，去年的每股税后运营利润为9.01美元。在这些例子中，市场先生看来是一个不错的朋友。

我们的权益类投资策略与1977年年报中所阐述的没有什么

变化："我们挑选可流通证券的方法，与我们评估企业、进而收购全部股权的方法并无二致。我们要求这家公司具有以下几个特征：①我们能够理解；②具有良好的长期前景；③具有诚实且能干的管理层；④能以非常有吸引力的价格买到。"我们已经看到了这些信条的内容有些改变，主要是由于市场原因和我们的规模变化。现在，我们用"有吸引力的价格"取代之前的"非常有吸引力的价格"。

　　但是，你或许会问：如何确定什么是"有吸引力的价格"？在回答这个问题上，很多分析师认为他们必须在两个通常相互对立的风格上做出抉择："价值"和"成长"。的确，实际上，很多投资专家将二者的结合视为一种聪明的混搭，就像服装的搭配一样。

　　我们将其视为一种模糊化思维（必须承认，前些年，我也是这样认为的）。我们认为，这两种观点时时交汇在一起，在计算价值时，成长其实就是价值的组成部分，它构成一个变量，这个变量的影响范围可以从微小到巨大，可以是消极负面因素，也可以是积极正面因素。

　　此外，我们认为"价值投资"这个术语是非常多余的。在投资过程中，我们采取的行动都是寻找价值的行动，至少是物有所值，否则，什么是"投资"呢？有意识地为一只股票支付高价，然后希望以更高的价格迅速卖出，这种行为应该被贴上投机的标签。以我们的观点，这样做，虽然不违反法规与道德，也不能赚大钱。

关键词：成长是价值的组成部分

无论是否合适，价值投资这个术语都被广泛使用着。通常，它会与一些典型的特征联系在一起，例如低市净率、低市盈率或高分红等。不幸的是，这些特征，即便它们合在一起，也不能表明一个投资者的确就买到了物有所值的东西，并且在他的投资中正确运用了获得价值的原则。相应地，与此相反的一些特征，例如高市净率、高市盈率低分红等，这些并不与"价值"购买相矛盾。

与此相类似，公司的成长本质上没有告诉我们什么有关价值的事。的确，成长通常对于价值有着积极的影响，有时达到惊人的比例。但是，这种影响难以确定。例如，投资者经常将金钱投入到国内航空公司，去资助毫无利润可言（甚至更糟）的成长。对于这些投资者而言，如果当初飞机的发明者奥维尔·莱特在基蒂·霍克镇（Kiffy Hawk）的首次试飞没有成功，事情原本可能会好很多。这个行业成长得越多，股东的灾难就越大。

只有在某一个点上，当公司的投资带来可观的边际增量回报时，成长才对投资者有利。换言之，只有当资助成长的每一美元长期而言，能创造出大于一美元的市场价值时，成长才对投资者有利。在那些边际回报率低下的公司里，成长有损于投资者利益⊖。

50 年前，约翰·伯尔·威廉姆斯（Tohn Burr Williams）在其著作《价值投资理论》（*The Theory of Investment Value*）一书中提

⊖ 因为这些所谓的成长，通常会要求更多的融资支持。——译者注

出了价值方程式，我们在此精简如下：

任何股票、债券或公司今天的价值取决于，在可以预期的资产存续期间，以合适利率进行贴现的现金流入和流出。

注意，这个公式对于股票和债券通用。即便如此，对于两者而言，这里有一个重要但难以处理的地方：债券有明确的票息和到期日，能够确定未来的现金流；而对于权益资产，投资分析师必须自行分析估计未来的"票息"。此外，公司管理层的品质对于债券票息的影响较小，他们的无能或不诚信可能主要表现为暂停付息。相比之下，公司管理层的能力却能极大地影响权益的"票息"。

以现金流贴现的方式计算所得出的最便宜的对象，是投资者应该买入的投资标的——无论公司是否成长，无论公司的盈利是波动还是平稳，无论相对于当前盈利和账面值其股价的高低。此外，尽管这个价值方程式显示权益较债券便宜，但结果绝非必然。当债券经过计算显示出更具吸引力时，投资者应该买债券。

将价格问题先放在一边，最值得拥有的公司是，那些在一个一直延伸的时期周期里，可以不断利用增量资本获得很高回报率的公司。与此相反，最糟糕的公司是那些，必须或将会，要求不断的大量资本投入，但回报率低下的公司。不幸的是，第一类好公司很难发现。大多数高回报的公司只需要相对少的资本，如果这类公司支付股息或回购股份，那么，股东们将会从中受益。

尽管评估权益所要求的数学计算并不困难，一个分析师（即便他有经验又聪明）也可能在评估未来"票息"时犯错。在伯克

关键词：*价值方程式*

希尔，我们试图从两个方面处理这个问题。

第一，我们努力坚守我们认为自己了解的东西。这意味着，它们必须相当简单，并且经济特征稳定。如果一家公司的情况太复杂，或一直不断变化，那么，我们无法聪明到可以预测其未来现金流的程度。顺便说一句，这一缺点并未令我们感到困扰。对于投资中的大多数人而言，他们懂什么并不重要，更重要的是，他们知道自己不懂什么。一个投资者只要做出为数有限的正确的事，就可以避免犯重大错误。

第二，同样重要的是，我们坚持在买入时的安全边际。如果我们计算一只股票的价值仅是略微高于其价格，我们没有兴趣购买。我们相信，格雷厄姆强烈主张的安全边际原则是投资成功的基石。

一个聪明的股票投资者，相对于参与 IPO 新股投资，会在股票二级市场上干得更好。理性在每一种情形下都需要与价格确定的方式打交道。二级市场经常周期性地被大量傻瓜所主导，会持续设定一个"清算"价格。无论这个价格多么愚蠢，它是股票或债券持有者需要或希望卖出的价格，总是有这样的机会出现。在很多案例中，价值 X 的股票在二级市场上往往以半价卖出。

另一方面，新股发行市场被控股股东和公司掌控，他们会选择发行时机，如果市况不佳，他们会选择避免发行新股。可以理解的是，这些新股卖家不会打折发行，无论是以 IPO 方式，还是以谈判方式，你都不会发现价值 X 的股票会以半价出售。实际上，在新股发行中，只有当他们认为市场被高估时，大股东才会有动力开仓卸货。(当然，这些卖家总会有不同的说法，为他们在市场低估时拒绝售股寻找各种借口。)

就在年底过后，伯克希尔以 172.50 美元 / 股的价格购买了 300 万股大都会 /ABC 公司的股票，与 1985 年 3 月初的市场价格相同。关于大都会公司的管理层，我已经有了很多年的记录，我认为在美国所有上市公司中，大都会公司的管理层是最优秀的。汤姆·墨菲和丹·伯克这对搭档，不但是杰出的经理人，他们也是那种你愿意将女儿嫁给他的对象。与他们合作是一种幸运的特权，而且妙趣横生，正如你们当中任何了解他们的人所知道的那样。

我们的认购帮助大都会公司筹集了 35 亿美元，用于收购 ABC 公司 (美国广播公司)。对于大都会公司而言，ABC 公司是一家大公司，它未来几年的经济状况并不激动人心。然而，这一点并没有令我们不安，我们具有足够的耐心。(无论什么样的天才或努力，有些事情总是需要时间。即便你能让九个女人同时怀孕，也不可能让她们在一个月的时间里生出小宝宝。)

为了证明我们的信心，我们做出了一项特别的安排：只要汤姆 (或丹) 是大都会公司的 CEO，他们可以代为行使我们所持股票的投票权。提出这项特别安排的是芒格和我，不是汤姆。我们还在出售股份方面对自己设置了多种限制。这些限制的目的在于，如果没有公司管理层的许可，我们不能将持股出售给任何大买家（或有意成为大股东的持股人）。这样的安排限制，与数年前，我们在盖可保险公司和《华盛顿邮报》公司的安排相仿。

因为，大宗股权的交易通常会有溢价，一些人会认为我们的这些安排限制，从财务方面会有损于伯克希尔公司的利益。但恰恰相反，我们认为这些公司（由我们做股东）的经济前景依赖于管理层的提升。有了这样的现实安排，与我们密切合作的一流的管理层会全心放在公司运营上，并着眼于股东长期利益的最大化。可以肯定的是，比之那些受到"旋转门式的资本家"用完即弃的"赌博"方式，这样的方式更令管理层安心，效果好很多。（当然，有些公司高管将自己的利益置于公司股东利益之上，所以活该被搞得晕头转向。在投资中，我们会尽力避开这种类型的公司管理层。）

今天，公司的不稳定是由于持股者投票权的分布过于分散所导致的必然结果。在某些时候，公司大股东会抛头露面，说着冠冕堂皇的修饰辞令，但却常怀不良之企图。像我们这样对自己的持股做出限制性安排，就是为了提高所投资公司的稳定性。这种将优秀管理层与优秀公司结合在一起的做法，为丰厚的财务收获提供了良好的土壤，增加了成功确定性。这是我们的安排在经济方面的情况。

在人性的方面，也同样重要。我们不想让我们喜欢并尊重的公司管理层——以及那些接受我们重大财务委托的人，因为我们持有控股权而导致什么意外发生，以至于夜不能寐。我已经告诉他们，不会有什么意外发生，对于这些限制性的安排，伯克希尔和我都会信守诺言。这意味着，管理层有公司的承诺，也不必担心我个人发生了什么万一（我用这个词的意思是，万一我活不到三位数的年纪）。

我们以市场价格（没有折扣）购买大都会公司股票的行为，反映了近年来市场对于媒体类股票和媒体类资产抱以极大的热情（对于一些资产的抢购已经达到癫狂的状态），这种购买没有折扣可言。然而，我们对大都会的投资将我们和杰出的资产和杰出的人结合在一起，我们喜欢这样能大规模参与的投资机会。

你们的董事长 ⊖ 在聪明才智大爆发的情况下，于 1978～1980 年以 43 美元 / 股的价格出售了伯克希尔持有的全部大都会的股票。当然，你们中会有人质疑，为什么我们现在以 172.50 美元 / 股的价格重新买进这家公司。我已经预见到你们会有这样的问题，我已经在 1985 年花了大量的时间，试图找到漂亮的借口以抹平这些看似前后矛盾的行为。

请再给我一点时间吧。

E. 聪明的投资 24

不动如山令我们像一个智者。无论是我们，还是大多数公司的管理层，都不会因为预期美联储些微的利率变动，或华尔街某

⊖ 意指巴菲特本人。——译者注

些专家观点的改变，而狂热地出售那些盈利颇佳的公司。那么，对于我们持有的二级市场股票，虽然可能仅是小股东的位置，有何必要采取不同的策略呢？成功投资于上市公司股票的艺术，与成功收购全部公司股权的艺术，并无二致。在这两者中，无论哪一类，你应该考虑的仅仅是，标价合理、质地优良的公司，以及具有能干且诚实的管理层。在此之后，你需要做的只是观察这些品质是否能够得以保持。

当一个投资者执行这类投资策略时，常常会导致他集中持有的几只股票占据了其投资组合的大部分。这个投资者面临的结果，将会类似于购买一支杰出的大学篮球队 20% 的权益，这些篮球选手中的少数会取得 NBA 的醒目地位。这样，投资者从这些明星身上获得的收入将占据其大部分收益。至于建议投资者将其最为成功的投资卖掉，仅仅因为它们带来的收益占据了投资组合的大部分，这样的建议就像让公牛队卖掉大明星迈克尔·乔丹一样，原因竟然是他的得分实在太多了，这当然是愚蠢的，因为他对于整个球队而言，实在太重要了。

通过研究我们无论是对于子公司的投资，还是对于普通股的投资，你会发现我们喜欢的公司和行业，不大可能经历重大的变化。这样做的原因很简单：无论哪一种投资，我们寻找那些我们相信在未来 10 年、20 年几乎可以肯定依然具有竞争优势的公司。一个环境迅速变化的行业或许会提供巨大的胜利机会，但是它不具备我们寻找的确定性。

应该强调的是，作为一个公民，芒格和我欢迎变化，新鲜的

关键词：变与不变

想法、新颖的产品、创新的过程，以及那些提升我们国家生活水平的东西，这些当然很好。然而，作为投资者，对那些处于发酵中而迅速膨胀、变化的行业，我们的态度就像我们对于太空探索的态度一样：我们会鼓掌欢迎，但不会参与其中。

显然，所有的企业在某种程度上都会变化。今天，禧诗糖果在很多方面与 1972 年我们购买它的时候不一样，它提供不同类型的糖果，使用不同的机器，通过不同的分销渠道销售。但是，今天人们为何购买盒装巧克力，人们为何从我们这里购买而不从别处购买，这些自 1920 年禧诗糖果创立以来，并没有什么改变。更有甚者，这些因素在未来的 20 年甚至 50 年也不会改变。

在可流通证券投资方面，我们寻找同样的可预测性。以可口可乐为例，与可乐产品的销售维系在一起的热情与想象力，已经在 CEO 罗伯特·古兹维塔（Roberto Goizueta）的领导下，显得风生水起，他以杰出惊人的贡献为股东创造了非凡的价值。在协助下，罗伯特重新思考并改进了公司的各个方面。但可口可乐公司的基本面因素——可乐的竞争优势和出色的经济特质所带来的品质，多年以来一直保持稳定。

我最近在研究可口可乐 1896 年的年报。（你还以为自己读晚了！）在那个时候，可口可乐问世仅仅十年时间，就已经是软饮料行业的领导者。但它已经绘出了未来 100 年的发展蓝图。报告称当年销售额为 14.8 万美元，公司总裁阿萨·坎德勒（Asa Candler）说："我们从未停止过努力，我们向世界宣告，可口可乐对于所有人而言，是一种卓越的健康产品以及美好的感觉。"

或许这里的"健康"在今天已经有了新的界定，但我所欣赏的是，坎德勒的基本主题在一个世纪之后的今天，依然是可口可乐赖以存在的基础。坎德勒继续说，就像今天的CEO罗伯特一样："从来没有一种产品能在公众的热爱中牢牢树立自己的地位。"那一年可口可乐汽水的销量达到了116 492加仑，相比之下，在1996年，可口可乐销量达到3.2亿加仑。

我禁不住要引用坎德勒的话："从今年3月1日开始，……我们雇用了十名外勤销售员，他们会与办公室系统保持对应联系，通过这种方式，我们几乎覆盖了合众国的全部领土。"这正是我所乐见的销售力。

像可口可乐和吉列这样的公司，它们或许被贴上了"注定如此成功"的标签。对于未来的10年或20年，可口可乐公司具体能卖出多少软饮料，或吉列公司能卖多少剃须设备，预测者的看法或许略有不同。我们对于必然性的讨论，并不意味着这些公司继续执行在制造、分销、包装、生产创新方面的工作不重要。然而，最终，就投资寿命而言，没有哪位敏锐的观察家——甚至没有哪一个最为强劲的竞争对手，假设他们能以诚实的态度进行评估的话——会质疑可口可乐和吉列公司在各自行业中，会继续其世界范围内的主导地位。这两家公司在过去十年中已经占有了巨大的市场份额，并在继续扩展之中，而且所有的信号都显示出，它们在未来数十年会重演先前的成功表现。

很显然，很多高科技公司或处于萌芽期的公司会以突飞猛进的方式发展，如果以百分比衡量，它们会比上述"注定如此成

功"的公司成长更迅速。但我更喜欢一个确定的良好结果，而不
是一个期望的伟大结果。

当然，芒格和我，终其一生也只能鉴别发现为数不多的"注
定如此成功"的伟大公司。领导能力本身无法提供确定性。回顾
这些年，看看通用汽车、IBM 和西尔斯百货，这些公司在很长
时期内，似乎也曾具有所向无敌的特质。尽管某些行业或某些类
型的公司展示了一些不凡的特征，它们无形中赋予领导者看似无
可逾越的优势，似乎建立了如同自然法则一样的"赢家通吃"法
则，但看看大多数公司发展的结局，事后证明事实并非如此。

所以，对于寻找每一家"注定如此成功"的公司，都要警惕
存在江湖骗子的可能，那些公司现在看似高高在上，但却脆弱无
力，无法抵御外部竞争的攻击。考虑到成为"注定如此成功"的
伟大公司所经历的种种磨难与考验，芒格和我承认，我们无法搞
出一个"漂亮 50"或甚至是"闪亮 20"的名单出来。因此，在
我们的投资组合里，相对于"注定如此"的公司，我们只能标出
几个"极高可能性"的公司。

当然，你可以为最好的公司支付很高代价。但以我们的观
点，支付过高的价格所带来的风险在周期之后会显露出来。而
且，现在实际上所有的股票价格都已经相当高，包括那些"注定
如此成功"的伟大公司在内。当市场过热时，投资者必须意识
到，即便对于一家杰出的公司（如果支付了高价），常常可能需
要很长的时间，才能产出与支付价格相匹配的价值。

当一家杰出公司的管理层改弦易辙，忽视其完美的基础业

关键词：追高的代价

务，去收购一家业务平平或平庸的公司时，一个更为严重的问题出现了。如果发生了这种事情，投资者的痛苦将是漫长的。不幸的是，这样的事情多年前在可口可乐和吉列身上都发生过。（你相信吗？可口可乐养过虾，吉列搞过油。）当芒格和我考虑对哪些通常看起来杰出的公司的投资时，失去专注是最令人担心的。一次又一次，当傲慢存在时，或当管理层出离正道无聊时，这个时候，我们看到价值变得停滞不前。然而，在可口可乐和吉列不会再发生这种事情——在不考虑现任和未来管理层的情况下。

让我来谈谈关于你们自己投资的一些想法。大多数投资者，包括机构和个人，会发现投资股票最好的方法是持有指数基金，指数基金的管理费很少。采取这种方法的人肯定会战胜绝大多数投资专家的净回报（扣除费用和成本之后）。

但是，如果你打算构建自己的投资组合，这里有些想法值得记住。聪明的投资并不复杂，尽管远不能说容易。一个投资者所需要的是，能够正确地评估所选择企业的能力。注意"选择"这个词，你不必成为懂得任何公司的专家，或者，你也不必成为懂得很多公司的专家。你需要的仅仅是，能够正确地评估在你能力圈内的公司。这个圈子的大小并不特别重要，然而，知道这个圈子的边际非常关键。

为了投资的成功，你不需要懂得贝塔、有效市场、现代投资组合理论或新兴市场。实际上，你最好根本不知道这些东西。当然，我的这种观点并不是在多数商学院里盛行的观点，在那里，它们的财务金融课程都被这些主题所主导。尽管，我们的观点认为，学习投资的学生只需要学好两门功课就足够了——如何评估一家公司的价值，以及如何对待市场价格。

作为一个投资者，你的目标很简单，就是以理性的价格，购买一家容易明白的，它的盈利从今天到未来的 5 年、10 年、20 年确定能大幅增长的企业。随着时光流逝，你会发现符合这样标准的企业并不多。所以，当发现符合条件的企业时，你应该大幅买入（而不是小赌怡情）。

你还必须忍受那些让你背离原则的诱惑，如果你不打算持有一只股票 10 年，那就不必考虑甚至持有 10 分钟。当你持有一个盈利总额不断增长的投资组合，年复一年，你的投资组合的市值也会随之不断增长。

尽管很少被人留意，这正是伯克希尔公司不断为股东创造盈利的方法：我们的透视盈余稳步增长，年复一年，我们的股价也相应地增长。如果这些公司的盈利没有着落，那么伯克希尔的价值也就不会增加。

在过去超过 35 年的历史中，美国企业提供了令人惊讶的运营结果。因此，投资者很容易收获累累硕果，他们所需要做的全

部，就是以多元化、低成本的方式搭上美国公司这趟经济快车。他们可以通过从未触及的指数基金完成此项任务，但不幸的是，很多投资者没有选择指数基金，他们经历的结果分布范围从平庸到糟糕。

导致这种表现不佳的原因有三个：

第一，高成本。通常是由于投资者交易频繁，或支付太多的管理费。

第二，以股评和市场流行风尚作为投资决策的依据，而不是深思熟虑的企业定量分析。

第三，以不合时宜的方式进出市场（常常是牛市进入，熊市退出）。

投资者应该牢记，亢奋与成本是他们的敌人。如果他们坚持尝试选择参与股票投资的时机，他们应该在别人贪婪的时候恐惧，在别人恐惧的时候贪婪。

～❀～ ～❀～ ～❀～

去年，几家我们有着大量投资的公司表现不佳。然而，我们依然相信它们具有可持续的重要竞争力。这种可以为长期投资带来良好结果的特质，芒格和我偶尔相信，我们还是有能力识别的。然而，在更多的时候，我们无法做到这一点——至少没有高度的自信可以做到。这就顺便解释了，为什么我们不买高科技类公司的股票，即使我们也同意大家认同的观点——高科技公司的

关键词：在别人贪婪的时候恐惧，在别人恐惧的时候贪婪

产品和服务改变了我们的社会。我们的问题是，对于这个领域中哪些参与者具有真正持久的竞争力，我们毫无洞见，而且我们无法通过学习来解决这个问题。

应当补充的是，我们在高科技方面的洞察力缺乏并未使我们感到沮丧。毕竟，有很多拥有伟大公司的领域，在这些地方，芒格和我并无特殊的资产配置专长。例如，对于专利、制造过程或地质勘探等方面的评估，我们没有什么可以拿上台面的东西可讲。所以，在这些领域，我们的态度也很简单，不发表意见。

我们希望拥有一种能力，当我们在能力圈内运作自如之时，这种能力可以识别；当我们接近我们能力圈的边界之时，这种能力也可以识别。能够预测那些快速变化的行业中，公司长期经济状况的能力，这远远超出了我们能力圈的边界。如果有人声称具有这些行业的预测能力，并且要通过股市的行为验证这种能力，我们既不会羡慕嫉妒他们，也不会盲目模仿他们。相反，我们会坚守于我们所了解的东西。如果我们迷失了，一定是因为我们不太谨慎造成的，而不会是因为我们的焦躁无眠，或以一厢情愿替代理性所造成的。幸运的是，几乎可以肯定，对于伯克希尔而言，在我们已经建立的能力圈内，机会永远都存在。

此时此刻，我们打算永久持有的公司的股价已经不那么具有吸引力。换言之，相对于这些股价，我们更喜欢企业本身。这就是为什么我们没有增加持仓的原因。尽管如此，我们还没有以一种重要的方式按比例缩减我们的投资组合。如果有两种公司让我们做出选择：一个价格合适但运营有问题，另一个价格有问题但

关键词：坚守能力圈

运营良好，我们会倾向于后者。当然，最吸引我们的是，价格合适且运营良好的公司。

我们对于自己持有股票的价格抱保守态度，这同样适用于我们对股市大势的整体水平的看法。我们从未试图预测股市下个月或下一年会如何运行，现在也不打算这么做。但是，（1999年底，）股市投资者们似乎对于他们未来的回报预期过于乐观。

我们看到公司利润的增长很大程度上与国家（GDP）的增长相关，我们也看到GDP的真实增长率大约为3%。此外，我们假设通货膨胀率为2%，芒格和我对于这个2%假设的准确性并没有特别的信心。然而，市场观点认为：抗通胀国债（TIPS）的收益率比标准国债率低大约2%左右。如果你认为通货膨胀率高于这个，你可以做多TIPS，同时做空国债，这样可以轻易获利。

如果利润的确与GDP增长相同，大约5%，那么对于美国公司的估值不太可能高于这个比率太多。即便加上分红因素，从股票投资中获得的回报会比大多数投资者希望的少很多，无论从过去的经历，还是对未来的预期。如果投资者的预期变得更加现实（他们几乎肯定会），那么，市场的调整可能更为严峻，尤其在那些投机盛行的板块。

总有一天，伯克希尔会在股票市场投下巨资，我们对此极具信心。但是，就像一首歌中唱到的："有谁知道在什么地方？或什么时候？"这时，如果有人开始向你解释，市场中像中了疯狂"魔法"的部分会如何表现，你应该记住另一句歌词："傻瓜才会给你理由，智者从来不会。"

✒ ✒ ✒

（当公司的价格和股票的价格都高高在上时，）我们会遵守棒球名家泰德·威廉姆斯（Ted Williams）式的纪律。在他的著作《击球的科学》（ *The Science of Hitting* ）一书中，泰德解释说，他将击球区划分为 77 个格子，每个格子如同棒球一般大小。他知道，只有击打那些抛过来、落在"最佳"格子里的球，才能令他击出 0.400 的好成绩；如果击打落在下端外侧角、"最差"位置的球，将会令他的成绩跌至 0.230。换句话说，等待完美的抛球，等待完美一击的机会，将意味着步入名人堂的旅途。而不分青红皂白地挥棒乱击，将意味着失去成功的入场券。

如果有投资目标进入了不错的击球区，那么，我们现在所看到的、"抛"在眼前的机会，仅仅只能算是位于较差的、下端外侧角区位。如果此时挥棒，我们的投资表现将被困在较低的收益区间。但如果让今天所有的投资机会流逝而去，没有人能保证我们之后会遇见更佳的机会。也许，过去市场上出现的那种具有吸引力的价格已成为过去，不是常态。不像今天，我们都必须支付不再打折的全价去购买企业。然而我们所处的情况与棒球专家泰德的又不太一样，我们并不会因为三次拒绝击打差球 [⊖] 而被罚下

场，失去继续参赛的资格。然而，如果只是将球棒扛在肩上，日复一日站在那里等，也并不是件令人愉快的事。

F. 捡烟蒂和惯性驱使（机构强迫症）[25]

引用幽默作家罗伯特·本奇利（Robert Benchley）的话说："让一条狗教孩子忠诚、坚韧，并且在倒地之前转三圈。"这就是经验的缺点。然而，在开始新的工作之前，回顾一下过去的失误，这倒是一个不错的主意。所以，让我们快速回顾一下过去的25年。

> 我所犯下的第一个错误，当然是买下伯克希尔公司的控股权。尽管，我当时就知道，公司的主业——纺织业务——前途暗淡，我还是被它貌似低廉的股价所诱惑，忍不住出手。在我投资生涯的早期，这类股票投资给我带来了合理的回报，直到1965年伯克希尔的出现，使我渐渐意识到这种投资策略并不那么理想。

如果你以足够低廉的价格买入一只股票，那么，通常企业的价值波动会给你提供机会，让你以合理的利润脱手股票，即便从长期而言，这个公司或许很糟糕，你的回报也还行。这种投资方式，我称之为"捡烟蒂"投资法。在大街上发现地下有一节还能抽一口的雪茄烟蒂，尽管所剩无几，但因"代价便宜"，也可以获利。

除非你是一名专业清算师，否则上述这种投资方法就是愚蠢的。

首先，最初看似"便宜"的价格可能最终根本不便宜。一家处境艰难的公司，在解决了一个难题之后，不久便会有另一个问题冒出来，就像厨房里如果有蟑螂，不可能只有一只。

其次，任何你得到的初始优势会很快被公司的低回报所侵蚀。例如，你以 800 万美元买下一个公司，能迅速以 1000 万美元卖出或清算，而且可以立刻执行，那么你能实现高回报。但是，如果这家公司是在十年之后以 1000 万美元处理掉，即便在此期间每年有几个点的分红，那么这项投资也是令人失望的。时间是优秀企业的朋友，是平庸企业的敌人。

你或许认为这项原则显而易见、平淡无奇，但我却不得不以艰难的方式学习它。实际上，我们不得不学习了好几次。在购买了伯克希尔不久之后，我收购了巴尔的摩市的一家百货公司——霍克希尔德·科恩公司（Hochschild Kohn），这项收购是通过多元零售公司（Diversified ketailing）进行的，后来它并入伯克希尔公司。

从账面资产看，我的这些收购价格拥有巨大的折扣，这些公司的员工也是一流员工，而且这些交易包括一些额外的好处——未入账的不动产和巨大的 LIFO $^{\ominus}$ 存货，这些都构成了安全垫。我怎么会错过这样的机会？哦……，三年之后，我是如此的幸运，能以买入价将这家公司处理掉。

$\ominus$　会计上后入先出法。——译者注

关键词：时间是优秀企业的朋友，是平庸企业的敌人

这个经历给我上了一课：优秀的骑手只有在良马上，才会有出色的表现，在劣马上会毫无作为。无论是伯克希尔的纺织业务，还是霍克希尔德·科恩百货公司，都拥有能干、忠诚的管理层。同样的管理层，在那些具有优秀经济特征的公司里，会取得优良成绩。但是，如果他们在流沙中奔跑，就不会有任何进展。[26]

我说过很多次，当一个声誉卓著的管理者接手一家徒有虚名而经济状况不佳的公司时，能保全的只有这家公司的虚名。我希望自己没有精力过剩到创造这类案例，我的行为就像《白雪公主》的台词作者梅伊·韦斯特所写的那样："我是白雪公主，但却四处漂泊。"

另一个相关的教训是：慢慢来，不着急。在收购和管理伯克希尔公司25年之后，芒格和我意识到，我们还是没有学会如何解决困难企业的问题，我们所学到的是避开它们。在这个程度上，我们可以说有所成就，这是因为我们专注于寻找那些可以跨越的1英尺⊖跨栏，而不是我们具有了跨越7英尺跨栏的能力。

这种发现看起来可能不公平，但无论是在企业管理中，还是在投资中，相比于摆脱困境，通常简单地坚守于那些易于明白且显而易见的目标，利润会更丰厚。偶尔，一些棘手的问题必须面对，就像我们当初开始《水牛城新闻报》的周日版一样。在其他

⊖　1英尺＝0.304 8米。

关键词：优秀的骑手只有在良马上，才会有出色的表现

的一些情形中，我们会发现，伟大的投资机会往往发生在一家优秀公司遭遇一次性、可解决的问题时，就像很多年前发生在美国运通和盖可保险公司身上的那样。然而，总体而言，我们倾向于避开怪兽，而不是杀死它。

　　我最为惊讶的发现是：在企业内部，有一种看不见的力量足以压倒一切，我们可以称其为"惯性驱使"或"机构强迫症"。在大学的商学院里，我从未听说过这种强迫症的存在，而且在我进入商界时，也没有直观地感受到它。我本以为那些正派的、聪明的、经验丰富的公司管理层会自然做出理性的商业决策。但是，历经多年之后，我发现现实并非如此。相反，当惯性驱使的强迫症发作之时，理性经常会枯萎。

例如：

（1）似乎受到牛顿第一运动定律的控制，机构会抗拒在当前方向上的任何改变。

（2）就像工作的延伸会渐渐填满所有的时间一样，公司不断延伸的项目或收购行为会耗尽所有的现金。

（3）公司领导人所渴望进行的项目，无论多么愚蠢，都会迅速得到下属精心准备的有关回报论证和战略分析的支持。

（4）同行的行为，无论他们是扩张、收购、制定管理层薪酬等等，都会被不加思考地模仿。

　　令公司误入歧途，推上了这样方向的，是惯性的力量，而不是腐败或愚蠢。就我自己的经历而言，因为我忽视惯性驱使的力量而造成几次代价高昂的错误之后，我一直努力在组织和管理伯克希尔中，用各种方法将惯性驱使的影响降到最低。此外，芒格和我一直尽力尝试，将我们的投资集中于那些对于这种问题具有警惕性的公司。

■ 在犯下一系列错误之后，我学会了只与那些我喜欢、信任和尊敬的人做生意。正如我之前提到过的，这条原则本身或许并不能保证成功。一个二流的纺织厂或百货公司，固然不会仅仅因为管理层是你想嫁女儿的对象而变得繁荣昌盛。但是，一个主人——或股东——如果能够设法将自己与那些经济特征不错的公司中的人结合在一起，也能够成就奇迹。相反，我们不希望与那些不值得尊敬的经理人为伍，无论其公司的前景多么诱人。与坏人打交道做成一笔好生意，在这方面我们从来没有成功过。

■ 一些我所犯过的最糟糕的错误是公众所未见的。这些错误是我错过了一些我明明知道价值所在的股票和企业，却没有买。错过一个人能力圈范围之外的机会并非罪过，但是，我错过了几次端到眼前、送上门来的真正的大机会，而且完全在我的理解范围内。对于伯克希尔的股东而言，包括我自己在内，这种错误的代价极其巨大。

■ 我们一贯保守的财务政策，或许看起来是一个错误，但以我的观点并非如此。回溯过往，有一点是肯定的，如果我们在伯克希尔使用了更高的杠杆，尽管这样做仍然符合传统负债习惯，会取得远远高于我们已实现的 23.8% 的年回报率。甚至在 1965 年，我们或许完全可以判断，动用杠杆能以 99% 的概率带来更高的回报率，几乎可以说是"十拿十稳"。相应地，我们大约有仅仅 1% 的机会看到，由于外部的或内部的一些突发因素，会导致即便是传统负债比率也会发生从暂时痛苦到违约之间的结果。

我们不喜欢这种 99 : 1 的发生概率，永远不会。我们认为，一个小的丢脸或痛苦不可能被一个大的额外回报所抵消。如果你的行动是合理的，你肯定会得到良好的结果。在绝大多数情况下，杠杆只加速事情的运动。芒格和我从来不会匆匆忙忙，我们享受投资过程远胜于收获的结果，我们学会了与之朝夕相处。

G. 生命与负债 [27]

除了一些象征性的数目，我们避免债务，偶尔使用的情况往往基于如下三个目的：

（1）我们偶尔参与美国政府（或其代理）为主体的回购，作为短期投资策略的组成部分。

（2）我们借钱用以对冲投资组合中付息应收账款，我们对于这些品种的风险特性了如指掌。

（3）一些子公司，例如中美能源公司，也许有负债出现在伯克希尔的合并报表中，但伯克希尔并不对这些债务提供担保。

　　站在风险的立场上看，从十个不同的、并且没有关联的公用事业中产生的盈利——其盈利覆盖利息比例，比如说是 2∶1，这种情况要远远比只从一个公用事业中获得盈利要安全得多。一次灾难性事件就足以导致一家公用事业公司资不抵债，无论它的负债是多么保守。一次地理性的区域灾难，比如说西部一些州的地震，不会对我们的中美能源公司造成致命性打击。甚至像芒格这样充满担心的人也无法想象，会有什么灾难可以对公司盈利造成系统性的重大衰退影响。因为中美能源公司不断扩大的、多元化的管制盈利的增加，它一直很好地运用了其巨大的负债。

　　上面就是关于中美能源公司的情况。在伯克希尔的层面，对于以重大负债形式去进行收购或企业运营，我们毫无兴趣。当然，传统的商业智慧认为我们过于保守，并且认为，如果我们在资产负债表上使用适当的负债，可以在安全的前提下增加一些盈利。他们说的或许是对的。但是，伯克希尔数以千计的股东将他们家产的大部分投资在我们的股票上（必须强调一下，我们的绝大部分董事和管理层也在这个股东名单上），任何对于公司的灾难，也是对于他们的灾难。

　　此外，我们还有对于保险客户的承诺。对于那些遭受永久性损伤的人而言，这些承保的支付可能会延续 50 年或更久。对于这些投保的客户以及其他支持者，我们曾经给予完全安全的承诺，我们会信守诺言，无论发生什么：金融危机，股市关门（这在 1914 年发生过），甚至美国本土遭受核弹、化学武器、生化武器的攻击。比之其他保险公司，我们愿意接受巨大的风险，我们提供高额的单次重灾承保。

我们还持有数量巨大的投资组合，这些组合的市值在某些情况下，会发生迅速剧烈的变化，可能大幅下跌（就像 1987 年 10 月发生的那样）。但是，无论发生什么，伯克希尔都具有足够的净资产、盈利现金流以及可变现性，足以应付自如。其他任何的方法都是危险的。多年以来，一些非常聪明的人们终于意识到，无论多么长的一串数字，只要乘上一个零，其结果一定等于零。这样的公式所造成的影响可不是我个人想经历的，甚至将这样的惩罚放在他人身上，哪怕是一点点，也不是我所愿意看到的。

❧ ❧ ❧

毫无疑问，一些人通过使用财务杠杆变得非常富有。然而，这种方法通常也会令人穷困潦倒。当使用杠杆时，它会放大你的收益。这时，你的配偶会认为你很聪明，你的邻居会羡慕你。但杠杆这个东西是会令人上瘾的，一旦你奇迹般获利，很少有人会愿意再回到从前保守的状态。就像我们在三年级所学习的，一些人在 2008 年再次学习了，任何序列的正数，无论多么大的数字，只要乘以一个零，都会蒸发殆尽，一切归零。历史告诉我们，所有的杠杆通常导致的结果会是零，即便使用它的人非常聪明。

当然，杠杆对于企业的危险也是致命的。拥有巨额负债的公司通常会假设，这些债务到期之时，自然会再次得到融资。这种

关键词：信用就像氧气

假设通常是有效的。然而，偶尔的情况下，或是因为企业内部的特别原因，或是因为市场正常的资金短缺，使得到期债务必须即刻偿还，不得延展。这时，只有现金才能解决问题。

在短缺之时，渴望借钱的人才知道，信用就像氧气。此二者，在充足的时候，人们不会注意到它们的存在；当它们消失的时候，人们才会发现它们的重要性。甚至，信用的短暂缺失都会让公司陷入困境。2008 年 9 月的危机中，国民经济中的很多部门的信用在一夜之间消失，令整个国家陷入崩溃的危险边缘。

对于那些给伯克希尔的幸福造成丝毫危险的任何行为，芒格和我都毫无兴趣。我们俩加在一起已经有 167 岁了，从头再来不是我们的人生目标。我们确知你们和我们的父母，在很大程度上，将身家的大部分委托给我们管理。此外，一些重要的慈善机构也依赖于我们的谨慎行事。最后，我们保险公司承保的出险客户，他们将依赖我们提供的保险赔偿金，从现在延续到未来数十年。背负着所有这些人的托付，为区区额外几个点的回报而冒险，这样做是不负责任的。

在伯克希尔公司，我们会持有至少 100 亿美元的现金，这里不包括我们旗下受管制的公用事业和铁路公司。因为我们的使命，我们手中通常会保持 200 亿美元的现金，使我们可以经受得住史无前例的保险损失（我们迄今最大的保险损失是卡特丽娜飓风造成的，金额是 30 亿美元，这是保险业最为昂贵的灾难），也能让我们迅速抓住收购或投资的机会，即便在金融危机期间。

我们持有的现金基本上是放在美国政府国债上，避免放在其他即便回报高出几个点，却风险不确定的短期证券上。早在 2008 年 9 月金融危机期间，商业票据和货币市场发生问题之前，我们就一直坚持这么做。我们同意投资作家雷·德沃（Ray DeVoe）的观察："人们过度追求收益所造成的损失，超过了被人持枪打劫！"在伯克希尔，我们不会依靠银行提供的信用额度，我们不会签署任何需要提供担保的合同，除了相对于我们的流动资产极小的情况外。

此外，在过去的 40 年中，伯克希尔没有动用过一分钱进行分红或回购股份。取而代之的是，我们留存了所有盈利，用于增强公司实力，这种实力以每月 10 亿美元的速度增长。在过去的 40 年中，我们公司的净资产因此从 4 800 万美元增长到 1 570 亿美元，我们的内在价值增长得更多。没有任何一家美国公司能以这种持之不懈的方式构建其财务实力。

尽管保持流动性的稳健，令我们能睡得安稳，但由于对使用债务杠杆的谨慎，少赚了一些钱也算是对我们的一种惩罚。除此之外，在时不时爆发的金融危机的插曲中，在其他人挣扎求生的时候，我们已经在财务上和心理上做好了出击的准备。

这就是在 2008 年，在雷曼破产恐慌 25 天之后，我们投资 156 亿美元的原因。

第 3 章

投资替代品

在永久性持股之外，我们的保险公司还持有大量的可流通证券。在选择这些可流通证券时，我们有五大类选项：(①长期普通股投资；②中期混合收益证券；③长期固定收益证券；④短期现金等价物；⑤短期套利（正如在第 2 章第 B 节讨论的那样）。

在这几个大类中进行选择时，我们没有特别的偏见。我们只是以最高的税后回报作为"数学预期"的考量，在它们之中进行搜寻，并一直在我们认为我们明白的范围内进行此类投资。我们的行为标准并不是将财报利润即刻最大化，我们的目标是最终资产净值的最大化。[28]

A. 三类投资资产 [29]

可供选择的投资种类繁多，而且各有不同，但是，投资总体上可以分为三大类，理解每类投资的特点非常重要，因此让我们来仔细分析这三类投资。

由特定货币标明的投资，包括货币市场基金、债券、按揭、银行存款以及其他投资工具。大多数此类基于货币的资产都被视为"安全的"。但事实上，它们属于最危险的资产，它们的贝塔值或许是零，但它们的风险却是巨大的。

在上世纪，这些基于货币的投资工具，在很多国家摧毁了投资者的购买力。即便投资者可以按期收到支付的利息和本金，情况依然如此。而且，这种糟糕的结果，会在未来一再重现。政府决定货币的最终价值，系统性的力量会时时导致引发通货膨胀的政策。而这些政策会一次又一次失去控制。

即便是在美国，这么一个维持美元稳定的愿望如此强烈的地方，美元还是从 1965 年以来累计贬值了 86%，那一年我刚接手管理伯克希尔公司。当年花 1 美元可以买到的东西，今天要花 7 美元以上。因此，即便一个不用交税的机构，也必须在同期从债券上获得 4.3% 的年化利息收入，才能维持其购买力不变。如果这些机构的管理人将任何的利息部分视为"收入"的话，他们一定是在和自己开玩笑。

对于必须纳税的投资者而言，情况则更为糟糕。在上述同期的 47 年里，不断滚动发行的美国政府国债的年化回报率为 5.7%。这听起来似乎还不错。但是，如果一个个体投资者的所得税平均税率为 25% 的话，这 5.7% 的收益率实际上没有产生任何真实收益。

投资者看得见的所得税税率将拿走名义收益的 1.4 个百分

关键词：被通胀摧毁的购买力

点，而通货膨胀这个看不见的"税"，会拿走余下收益的4.3个百分点。值得注意的是，尽管投资者可能认为所得税是他的主要负担，但实际上，通货膨胀拿走的收益是所得税拿走的三倍之多。尽管每张美元上都印着"我们信仰上帝"这句话，但实际上，掌控政府印钞机的，并非上帝之手，而是凡人之手。

当然，高利率可以补偿投资者投资货币资产时所面临的通货膨胀风险。并且，在20世纪80年代早期，的确做到了这一点。然而，近年来的利率无法抵消通胀对投资者购买力削弱的程度。因此，现在，债券如果作为一个投资的考虑对象，应该被贴上警示的标签。

所以，在今天的环境下，我不喜欢基于货币的投资品种。尽管如此，伯克希尔还是持有大量的这类投资，尤其是短期的品种。不管利率多么低，在伯克希尔，我们始终将保持充足的流动性作为重中之重，以后也不会忽视这一点。为了满足这个需要，我们大量持有美国国债。即使在最混乱的经济环境中，美国国债也是唯一靠得住的流动性良好的投资对象。我们工作中对于流动性的要求是200亿美元，我们的绝对底线是100亿美元。

在满足流动性要求和监管要求之后，我们一般不会再购买这类基于货币的投资品种，除非它们能够提供异乎寻常的回报。这种情况的出现，或是因为特殊情况导致的错误定价，就像垃圾债券出现的周期性崩溃一样；或是因为当利率上升到一定水平，提供了高等级债券在利率下跌时能获得显著资本利得的机会。

尽管我们过去都曾经利用过上述两类机会，未来也可能还会这么做，但是我们对于这类投资机会已经有了 180 度的大转弯。华尔街人士谢尔比·库洛姆·戴维斯（Shelby Cullom Davis）多年以前的评论用在现在似乎也很合适："债券在被推销时，说是可以提供无风险的回报，现在的定价却只剩下无回报的风险。"

投资的第二大部类涉及到一些从来不会有任何产出的资产，但购买它们的人希望总有一天有人会出更高的价格购买它，后者会认为这类资产不可再生。17 世纪的郁金香风潮的短期风靡，就是这类买家的杰作。

这类投资要求买家队伍的不断扩大，他们反过来也被诱惑着，因为他们也忍不住相信买家队伍会不断扩大。买家不是因为这类资产能产出什么而购买，实际上，它们一直不会有任何产出。购买这类资产的真正原因，是将来会有人因为更贪婪而出更高的价格。

这个资产大类中包括黄金，现在的投资者对于黄金有着巨大的热情，因为他们信不过其他投资产品，特别是纸币（它们的价值的确令人担心）。然而，黄金有两大缺点，既没有太多用处，也不能自我繁殖。的确，黄金有一些工业和装饰上的用途，但是，这两种用途的需求都很有限，而且无法吸收新的产能。同时，如果你拥有一盎司⊖的黄金，你会一直拥有一盎司，不会有增长。

⊖　1 盎司 = 28.350 克。

关键词：没有任何产出的资产

大多数黄金购买者的最大动机，是他们相信恐惧程度的升高会推升黄金价格。过去十年，这种想法是正确的。此外，黄金价格本身的上升被购金者视为自我观点的验证，更是增加了购买的热情。当"赶时髦"的投资者加入舞会，他们可以创造自我的真理，但其维续的时间可能仅仅是"一阵子"。

在过去的15年中，互联网公司的股价和房屋价格的表现证明了，最初原本合理的观点，一旦与高调飙升的价格结合在一起，就会导致异乎寻常的过量。在这些泡沫中，原本持有怀疑态度的投资者屈从于市场表现出来的"证据"，并且买家的队伍会在一定时间里持续地扩大，推动某个潮流继续向前发展。但是，吹大了的泡沫终究会爆裂。

今天，全世界黄金的储量大约有17万公吨。如果将这些黄金全部融化在一起，可以做成一个边长68英尺的正方形。（大约正好是个篮球场大小。）在我写这篇文章时，金价每盎司1750美元。那么，这个黄金立方体的价值是9.6万亿美元。我们将这个立方体称为A。

现在，让我们以同样的价钱建立另一个立方体，称为B。以这样的价格，我们可以买下美国全部的农场（4亿英亩，每年产值2000亿美元），外加16个埃克森－美孚石油公司（世界上最赚钱的公司，每年盈利超过400亿美元）。在买了这么多之后，我们还能剩下大约1万亿美元四处溜达，寻找其他购买对象（在购买的狂欢之后，没有丝毫的资金紧迫感）。你可以想象一下，一个有9.6万亿美元的投资者会选择A还是B？

关键词：9.6万亿美元如何投？

除了当前存世的黄金价值不断积累之外，以当前价格计算，如今每年黄金的产量大约为 1600 亿美元。黄金的买家，无论是珠宝商、工业用户、恐慌的个人或投机者，他们必须不停地吸收消化这些每年的增量供给，才能保持黄金当前价格上的平衡。

从今往后的未来 100 年，整个美国的 4 亿英亩的耕地将不断产出数量惊人的玉米、小麦、棉花和其他农作物。而且不论未来货币是什么样，这些耕地都会继续产出这样巨大的价值。在未来100 年，埃克森 – 美孚石油公司会给股东派发上万亿美元的分红，而且公司的资产还会有不止一个万亿美元（记住，你买了 16 个埃克森）。而 17 万吨的黄金放在那里，体积的尺寸不会改变，也不会产出任何东西。你可以爱抚它，但它不会有丝毫的反应。

必须承认的是，即使从今开始的 100 年时间，每当人们感到恐惧时，他们仍然会冲向黄金。然而，我们相信，投资在黄金立方 A 上的 9.6 万亿美元，在未来一个世纪的收益率会远远低于 B 类的耕地和股权投资。

当人们的恐惧达到顶峰时，前两类资产最受欢迎。对于经济崩溃的恐惧，促使人们冲向基于货币的资产，特别是美国国债。对于货币崩溃的恐惧，推动着人们蜂拥买入黄金之类的永远不会有任何产出的资产。

我们在 2008 年听到人人都在说"现金为王"之时，恰恰是应该动用现金而不是持有现金的时候。与此类似，在 20 世纪80 年代的初期，当我们听到人人在说"现金是垃圾"之时，那个时候，固定收益类投资产品正处于我们记忆中回报最具吸引力的时代。在这些历史场合中，盲从于羊群效应的投资者为寻求"舒服"而付出了沉重代价。

我自己看好的投资之选，正如你所知道的，是我们的第三类投资——投资于可生产性的资产，或是公司，或是农场，或是房地产。最为理想的投资资产应该是这样的，这类资产在要求很少的新资本再投入的情况下，依然能在通货膨胀期间，提供维持其购买力价值的产出。农场、房地产，以及很多公司像可口可乐、IBM、禧诗糖果等，都可以通过这个双重标准的测试。

其他一些公司，比如我们旗下受管制的公用事业公司，未能符合这个双重标准，因为通货膨胀会给它们带来沉重的资本负担。为了获得更多盈利，投资人就必须投入更多。但即便如此，这些资产还是好过那些非产出性资产或基于货币的资产。

未来的 100 年，无论货币是基于黄金、贝壳、鲨鱼牙齿或一张纸片（就像今天），人们总会用日常劳动中的数分钟所创造的价值，去交换一罐可口可乐或禧诗糖果的花生糖。未来，美国人肯定会有越来越多的运输需求。消费更多的食物。要求比今天更多的居住空间。人们永远会以自己的产品去交换其他人的产品。

我们国家的企业会继续有效地为人们提供产品和服务。打个比方说，这些商业"奶牛"会存活上百年，会产出更多数量的"牛奶"。它们的价值并不取决于交换的媒介，而是取决于它们的产奶能力。

来自于牛奶的收入，会给奶牛的主人带来复利的收入，就像20 世纪的股票一样，道琼斯指数从 66 点上升到 11 497 点（同时还有分红）。伯克希尔的目标就是不断增持一流的公司。我们的第一选择是整体收购，持有这些优秀企业 100% 的股权，但我们也愿意通过在市场上买入流通股的方式，持有优秀公司的部分股权。我相信，在任何较长的时间段，这类投资将被证明是我们分析过的三类资产中遥遥领先的优胜者。更为重要的是，这类投资也是到目前为止最为安全的投资。

B. 垃圾债券 [30]

垃圾债券投资与股票投资在一些方面有相似之处。进行这两类投资活动都要求我们进行价格与价值的计算，都需要我们寻找数以百计的对象，然后发现屈指可数的、回报风险比具有吸引力的投资目标。

但这两者之间也有着重大的区别。在股票投资中，我们希望每一次的投资都有良好的结果，因为我们专注于那些财务稳健，具有强大竞争力，拥有德才兼备的管理层的公司。如果我们能以合理的价格买入这样的公司，亏损应该是罕见的。在我们接手管理伯克希尔的 38 年中，情况的确如此，我们在伯克希尔管理的投资（不包括通用再保险和盖可公司管理的投资），其盈利与失手的比例大约是 100：1。

但当购买垃圾债券时，我们打交道的企业多处于边缘地带。这些企业通常负债高企，所处的行业一般也都具有资本回报率低下的特征。此外，管理层的品质有时也令人心存疑虑。甚至，管

关键词：最为理想的投资资产

理层的利益直接与债券持有者的利益相悖。因此，我们甚至预料到，我们会偶尔遇到大的损失，不过还好，到目前为止，我们在这个领域干得还不错。

❧ ❧ ❧

　　近乎嗜睡症的懒散依然是我们投资的基本风格。今年，我们六大重要的持股，既没有买入一股，也没有卖出一股。唯一的例外是富国银行，这是一家管理出色、回报不俗的银行，我们将持股提升到仅仅略低于其总股本 10% 的地步，这是不需要经过联邦储备委员会批准，我们可以持有的最高比例。我们大约 1/6 的仓位是在 1989 年买进的，其余的是在 1990 年。

　　银行业务并非我们的偏好。在银行业中，资产总值是权益的20 倍，这样的比例很常见，即便一个小小比例的资产错误，就可以吞噬掉大部分净资产。而且，在很多大型银行中，错误是经常的，例外是非常的。我们去年讨论过机构的"惯性驱使"行为，这是一种管理层盲目模仿同行的行为，无论是多么愚蠢，银行业犯的很多错误也多源于此。在它们的借贷活动中，很多银行家就像行军的旅鼠一样，只知道盲从地跟随领队走，现在它们正在遭受旅鼠一样的悲惨命运。

　　由于银行业 20∶1 的杠杆特征，使得管理层的优点和缺点都得以放大。我们对于以"便宜"的价格购买一家糟糕的银行毫无兴趣。相反，我们仅仅对于以合理的价格购买管理优良的银行感兴趣。

论及富国银行，我们认为我们已经得到了银行界最好的经理人：卡尔·赖卡特（Carl Reichardt）和保罗·哈森（Paul Hazen）。在很多方面，卡尔和保罗让我想起另外一对搭档——大都会的汤姆·墨菲和丹·伯克。

第一，他们每一对搭档的合力都比之简单分开然后合计要强大，因为每一个人都对其搭档了解、信任、尊重。

第二，这两支管理队伍都给能干的人支付高薪，但都厌恶冗员。

第三，这两支队伍在利润创新高、日子好过时，如同在艰难的日子里一样，都积极控制成本。

最后，他们都能坚守于自己所了解的业务，用他们的理性能力进行决策，而不是想当然地感情用事。（IBM 的托马斯 J. 沃森爵士（Thomas J. Watson Sr.）遵循同样的原则，他说："我不是天才，我只是有几个优点，但我能坚守这些优点。"）

我们在 1990 年买入富国银行，这得益于当时银行类股票的糟糕市况。这种糟糕市况恰逢其时，月复一月，那些曾经被看好的银行做出的愚蠢贷款决定被公开曝光。当时的情况是祸不单行，常常是一个管理层刚刚拍胸脯保证平安无事之后，紧跟着又一个巨大坏账损失被暴露出来。可以想象，投资者断定所有银行的数字都不可信。在银行股逃离大潮的帮助下，我们以 2.9 亿美元购买了富国银行 10% 的股份，这个价格低于税后盈利的 5 倍，并且低于税前盈利的 3 倍。

富国银行规模庞大，资产总值达到 560 亿美元，净资产回报率超过 20%，总资产回报率为 1.25%。我们购买这样一家银行 10% 的股份，就相当于购买了一家具备同样财务特征，总资产为 50 亿美元的银行 100% 的股份。但是，如果真的购买一家这样的独立银行，我们付出的代价可能要两倍于购买富国银行的 2.9 亿美元。更有甚者，即便是溢价购买了一家 50 亿美元总资产的银行，我们还将面临另一个问题：没法找到一个像卡尔·赖卡特这样的杰出银行家管理它。近年来，富国银行积极热情地大力招募新人，但是，招到富有经验的干练人才可不容易。

当然，拥有一家银行，而不是其他类型的企业，还不能说是远离风险的。加利福尼亚州的银行面临一场强烈地震的特殊风险，这足以在借款人中造成巨大的混乱，反过来会摧毁贷款给他们的银行。

第二个风险是系统性风险，业务收缩或是金融恐慌会危及每一个高负债机构，无论它们的管理多么聪明。

最后，当前市场的主要担心是西海岸房地产市场，因为建造供给过多会导致房价暴跌，银行业由于提供信贷支持而面临着巨大损失。由于富国银行的房地产业贷款业务居于领先地位，它被市场认为尤为脆弱。

这种种不测均有可能发生，然而，前两种风险发生的概率较低，甚至，房地产价值一定幅度的下跌也不可能引发管理优良的银行出现重大问题。现在我们做一些算术题：在除去 3 亿美元的放贷损失之后，富国银行税前盈利超过 10 亿美元。如果其贷款总额的 10%（不仅仅是房地产贷款）在 1991 年遭遇问题，富国银行会损失 30% 的资本金（包括了随风而逝的贷款利息），即便如此，富国银行依然能勉强维持盈亏平衡。

像这样一年的悲惨情况，我们认为发生的概率很低，不太可能，这不会让我们感到痛苦。实际上，在伯克希尔，我们愿意收购或投资于那些一年左右没有回报的项目，只要它们将来能在不断增长的权益基础上有 20% 的净资产回报率。此外，此次加利福尼亚房地产业的灾难很像我们曾经历的新英格兰地区的灾难，它引发富国银行的股价在 1990 年的数月之内，几乎下跌 50%。我们甚至在股价下跌之前，已经买进了一些股票。我们欢迎下跌，因为这可以让我们有机会在新的、恐慌的价格上，买进更多的股票。

在我有生之年，我们年复一年地买入企业，或是整个公司，或是公司的部分，又被称为股票。（如果伯克希尔的董事们能参与我安排好的显灵聚会，可能我做主的时间会更长。）考虑到这些，股价下跌对我们有利，股价上升对我们有害。

导致股价低迷最常见的原因是悲观主义，有时是四处弥漫的，有时是对于一家公司或整个行业。我们喜欢在悲观的环境中做生意，不是因为我们喜欢悲观主义，而是因为我们喜欢悲观主义带来的价格。对于理性的买家而言，乐观主义才是敌人。

当然，这并不意味着，仅仅因为企业或股票不受欢迎而购买它们，就是正确的行为。这种想法同样也是一种随大流的愚蠢策略。这里所要求的是独立思考，而不是人云亦云。不幸的是，正如英国哲学家伯特兰·罗素（Bertrand Russell）对生活的观察结果，他这段话同样适用于金融界："大多数人宁愿去死，也不愿意思考。很多人就是这样。"

✻✻✻ ✻✻✻ ✻✻✻

去年，我们主要投资组合的变化是大幅增加了 RJR Nabisco 公司的债券。我们首次买入这个债券的时间是 1989 年下半年。到 1990 年年底，我们持有这只债券的市值大约为 4.4 亿美元。（然而，在我写这篇文字时，它的市值又增加了 1.5 亿美元。）

就像买入银行股对于我们而言是非常行为一样，买入低于投资等级的债券也是非常行为。但是，令我们有兴趣的机会，以及规模可以大到对伯克希尔有足够价值影响的机会，还是很罕见的。所以，我们会留意任何种类的投资，只要是我们明白的企业，并相信价格和价值之间的差距巨大。（伍迪·艾伦（Woody Allen）曾在另一个语境中，指出开放思维的优势："我不明白为什么没有更多的人是双性恋，因为这可以使你在周六晚上约会的机会增加一倍。"）

过去，我们已经成功地买过几次低于投资等级的债券，尽管它们都是些过气的"堕落天使"，原本这些债券是属于投资等级的，但当发行公司举步维艰的时候，这些债券的评级也被降低了。

在投资界，一轮劣质的"堕落天使"式债券的爆发发生在20世纪80年代，它的主角是垃圾债券。与传统债券不一样，垃圾债券在其发行之初的评级就低于投资等级。经过十年的发展，新发行的垃圾债券变得更为垃圾，并且最终可以预见的结果终于发生了——垃圾债券果然不负其名，真的变成了垃圾。20世纪90年代，甚至在经济衰退打击来临之前，金融界的天空变得阴暗郁闷，到处遍布着失败企业。

负债的信徒们向我们保证，这种崩塌不会发生。我们被告知，巨大的负债可以让管理层前所未有地专注工作，就像在汽车方向盘上装一把匕首，可以提高司机的注意力一样。我们承认，这样的提醒方式，固然可以使司机变得更加警觉，但是，这样做的另一个后果将会是致命的，而且是不必要的，如果汽车遇上一个哪怕极小的坑洞或冰裂，都足以导致致命的灾难。商场上到处布满坑洞，一个要求避开所有坑洞的商业计划，本身就是一个灾难。

在格雷厄姆的著作《聪明的投资者》一书的最后一章里，作者强烈反对这种匕首理论："面对将稳健投资的秘密提炼出来的挑战，我们大胆地说出这句座右铭：安全边际。"在我读到这句话的42年之后，我仍然认为这是无比正确的。有些投资者未能留意这条简单原则传达出来的信息，这导致他们在20世纪90年代初期蒙受了重大损失。

在债务狂热的高峰，资本的结构是编造出来的，注定会失败。在一些案例中，由于发行了太多债务，以至于原本那些运营

关键词：魏仙无全的"匕首"

不错的公司，也无法产出足够的现金去兑现本息。几年前，有一个特别令人震惊的案例，属于那种注定"出生即死亡"的案例，牵涉的是一家成熟电视台——坦帕电视台（Tampa）收购案，收购方动用了大量负债进行收购，以至于电视台的总营收都无法抵偿负债的利息。即便假设所有的劳力、节目、服务等都是捐赠的，而不是购买的，这样的资本结构也要求营收激增才行，否则这家电视台注定会破产。（许多资助这类收购的债券被卖给了现在已经倒闭的储贷社。作为纳税人，你正在捡起这个愚蠢的标签。）

所有这些现在看来都似乎是不可能发生的。然而，当这些不良后果发生后，那些推销匕首论的投资银行家们会拿出学院派的学术研究报告称，在过去的多少年里，从低等级的垃圾债券中获得的利息足以补偿其高违约率。因此，笑容满面的推销人员说，一个多元化的低等级的垃圾债券组合产生的净回报，可以高过一个高等级的债券组合。（在金融界，对于过去表现进行统计所产生的"证据"要小心，如果历史书是致富的关键，那么福布斯400的富豪榜单将由图书管理员组成。）

推销员的话在逻辑上是有漏洞的，即便是大学一年级学统计的新生，也会被教育如何识别这种漏洞。这种漏洞在于假设的前提，他们假设新发行的垃圾债券，作为一个整体，其情况与过去低等级"堕落天使"式债券相同，从而用后者的历史违约率，作为对新发行的垃圾债券违约率的推测。（这其中的错误就好比，在琼斯镇惨案喝下酷爱（Kool-Aid）饮料前，你去调查这款饮料

的历史死亡率一样。)⊖

　　这两类债券在几个方面当然存在重大不同。对经营者来说，"堕落天使"类债券发行人的管理层几乎会想方设法使债券重新恢复"投资等级"的地位，并朝着这个目标努力。而发行垃圾债券的公司管理层则是完全不同的情况，他们会像海洛因毒品吸食者一样，并不是致力于发现解决负债累累的方法，而是寻找另一次的毒品注射以缓解燃眉之急。此外，"堕落天使"类债券发行人管理层的信托责任感，通常会比垃圾债券发行人管理层的信托责任感成熟得多，尽管情况并非总是如此。

　　华尔街对两者的这些差别并不关心。通常而言，华尔街对于一个主意的热情并不取决于它的优点，而是取决于它能带来多少利益。这些根本不关心后果的人，他们考虑的只是如何将堆积如山的垃圾债券卖给那些不动脑子的人。市场上，从来不缺这两种人。

　　垃圾债券依然是一片雷区，即便今天其价格只剩下发行价格的一个零头。正如我们去年所说的那样，我们从来没有买过新发行的垃圾债券。（我们唯一买进垃圾债券的时间在日历表上根本就不存在。）然而，我们愿意在这片雷区的混乱之中寻找机会。

　　至于 RJR Nabisco 债券，我们认为这家公司的信用比人们普遍认识到的好很多。而且，我们获得的利息以及潜在的资本利得，都足以补偿我们承担的风险（尽管远远不是零风险）。RJR

⊖　1978 年美国发生过一起人民圣殿教集体自杀惨案，该邪教组织在琼斯镇鼓动其成员喝下了掺有毒药的酷爱饮料。——译者注

已经以合适的价格卖掉了一些资产，令股东权益大幅增加，而且总体而言，公司经营良好。

然而，在我们探索垃圾债券这片雷区时，大多数低等级的债券看起来依然没有吸引力。这些华尔街20世纪80年代的作品甚至比我们想的还要糟糕，很多大型的公司遭受重创。尽管如此，我们会继续不断地在瓦解的垃圾债券市场中寻找机会。

将威斯科公司的方法（一种使每次交易更加富有技巧的、经过深思熟虑的集中投资法）与迈克尔·米尔肯（Michael Milken）多年以来推销垃圾债券的方法相比较，是一件有趣的事。

米尔肯的方式受到很多金融学教授的理论支持，他们认为：

（1）在这个世界上，市场价格是有效的，投资者付出忍受波动的代价而获得额外的收益。（波动就是投资结果的大幅摆动。）

（2）因此，在概率上而言，新发行的垃圾债券在市场上的价格是公平的（意思是以垃圾债券的高利率去覆盖统计上高企的损失预期），并且为波动性风险提供了一些溢价。

（3）所以，比方说，如果储贷社（或其他机构）未经调研，就大量购买米尔肯推销发行的每一只垃圾债券，希望以此达到多元化投资的目的，那么储贷社会将自身置于"注定会获得超过平均水平回报"的赌场老板的位置上。

由这种理论的信徒所掌管的投资机构，通过购买米尔肯的

"债券"，本来打算支持这种理论，现在却遭受了浩劫。与理论的推理相反，广泛多元化购买这种"债券"的机构，在大部分案例中，得到的是凄惨的结果。

我们都明白，为什么米尔肯这么做，为了维持一个持久的自我形象，他必须让自己都相信这套理论。但我们如何解释为什么其他人相信，米尔肯在收取了 5% 的佣金之后，会将"债券"买家放在拉斯维加斯的赌场中？

我们认为原因是这样的，很多愚蠢的买家以及他们的投资顾问，受到了那些超级热爱模型（有效市场理论和现代投资组合理论）的金融教授们的洗脑培训，当他们忽视其他模型时，便忽略了风险警示。这是典型的"专家"类型的错误。

C. 零息债券 [31]

伯克希尔发行过本金总额为 9.026 亿美元的零息可转换次级债券，该债券目前在纽约证券交易所挂牌。承销商所罗门兄弟公司（Salomon Brothers）提供了极佳的服务、有益的建议和完美无瑕的执行力。

当然，大多数债券要求定期支付利息，通常半年支付一次。零息债券与此不同，没有利息的支付。零息债券的投资者通过以相对于到期价值的一个很大折扣价买入债券而获得收益。它的有效利率取决于初始的发行价、到期价值，以及发行日到到期日的时间长短。

关键词："专家"类型的错误

以我们的情况而言，伯克希尔发行的债券为期15年，以到期价值的44.314%的价格发行。对于债券的投资者而言，经过数学计算，这相当于每半年支付一次5.5%的复合利率。因为我们每发行1美元面额的债券，实际收到0.443 1美元的现金，我们发行此次债券实际获得的现金总额为4亿美元（这其中已经减去了950万美元的发行费用）。

债券的发行面值为1万美元，并且每张债券可以转换为0.451 5股伯克希尔的股票。因为每1万美元面值的购买成本为4431美元，这意味着转换价格为每股9815美元，相对于当时市场的股价具有15%的溢价。伯克希尔公司在1992年9月28日之后的任何时间，可以按照挛息后的价值（最初发行价加上每半年支付的5.5%复利）赎回债券，而且，债券持有人在两个特别的日期—— 1994年和1999年的9月28日——可以要求公司按照挛息后的价值赎回债券。

在税务方面，伯克希尔每年有5.5%的利息可以用于税务抵扣，尽管我们无须向债券持有人支付任何款项。减少的税务支出对于我们的整体影响是产生正的现金流，这对于我们是非常有益的利好因素。由于一些无法确定的变量因素，我们无法确切计算精确的有效利率，但无论如何，实际的利率都远低于5.5%。与此同时，这在税法上也具有对称效应：任何持有债券的纳税人必须每年按5.5%的利息收入报税，即便他没有收到现金。

无论我们的债券，还是一些其他公司（尤其是洛伊斯保险公司（Loews）和摩托罗拉公司）发行的类似债券，都与近些年来大量发行的其他零息债券有所不同。当然，对于这些零息债券，我们是，并将继续会是直言不讳的批评家。正如我稍后做出的解释，这些债券经常被包装成最具欺诈性的形式，给投资者带来致命的灾难性后果。在我们着手这个问题之前，让我们穿越回到《圣经》中亚当（夏娃）的时代，那是个苹果还没有被咬的纯真时代。

如果你的年龄和我差不多，你会有机会在二战期间买下第一只零息债券，它就是著名的美国 E 系列储蓄债券，它是迄今以来销售最为广泛的债券。（战后，整个美国，每两个家庭中就有一个持有这种债券。）当然，没有人将 E 系列债券称为零息债券，实际上，我怀疑这个术语当时还没有被发明出来。但是，这个 E 系列债券事实上的确就是零息债券。

这个债券以票面值 18.75 美元的低价发售，美国政府承诺十年之后以 25 美元兑付。这实际给了购买者年化 2.9% 的回报。这在当时是很有吸引力的。2.9% 的利率高于当时的政府其他债券利息水平，而且持有者不必承担市场波动的风险，因为，他可以在任何时候以微小的利息损失为代价，将其持有的债券变现。

第二种零息国债是过去十年出现的，既有益，又有用。普通债券存在一个问题，那就是即便它支付一定的利息，比如说 10%，债券持有人在债券存续的整体期间，也未必可以实现 10% 的复利回报。因为为了实现这个复利 10% 的目标，他必须每半年将收到的票息进行再投资，而这个再投资也必须取得 10% 的回报。

如果当前的利率，比方说是 6% 或 7%，那么当债券持有人每半年收到利息，进行再投资，到债券到期前日的这一段时间，就无法实现广告上宣传的 10% 利率。对于退休基金或其他负有长期债务的其他投资者而言，这类"再投资风险"是很严重的问题。

储蓄债券，除了仅向个人发售和面值较小之外，或许已经解决了这个问题。大型买家所需要的是大量这样的"储蓄债券等价物"。

这时，一些聪明的、足智多谋的投资银行家可以派上用场了（我很高兴地说，领头的是所罗门兄弟公司）。他们创造了一种投资工具，将每半年支付一次的息票，从标准的政府债上剥离出来。一旦这种分离完成，每一张息票都具有一个重要的特点——它代表了在未来某个时点上的一笔利息收入。例如，如果你从 2010 年到期的美国国债中，剥离出来 40 张半年期息票，你就相当于有了 40 张零息债券，期限分别从半年到 20 年，它们中的每一张都可以与其他拥有同样到期日的债券捆绑在一起，并上市流通。

如果当前的利率，比方说是 10%，那么，六个月到期的这种息票，债券市场价格就会是其到期价值的 95.24%；20 年到期的息票，债券市场价格会是到期价值的 14.20%。购买任何到期期限债券的投资者在其持有期间，都可以保证获得 10% 的年复合回报率。

这种政府债券剥离出来的息票债券近年来大规模流行，它的投资者从退休基金到个人退休账户都有，被认为是高评级零息债券，很好地满足了市场需求。

但正如华尔街上经常发生的情景一样，智者开头，愚者结尾，不管什么好东西到最后都会变质。在过去几年里，零息债券（以及它们的孪生兄弟——付券债券，即 PIK 债券，这种债券每半年以支付额外债券的方式，替代支付现金利息）大量发行，而且这些发行人永远都是垃圾信用级别。对于这些发行人而言，零息债券（或 PIK 债券）有一个非常特别的好处：因为原本就是"零息"，所以根本谈不上到期无法偿还的违约。的确，如果当初那些欠发达国家（LDC）的政府在（20 世纪）70 年代只是发行零息债券，没有发行其他类型的债务，它们现在作为债务人的信用记录应该是完美无瑕的。

零息债券的付息方式形成了这样一条原则：如果你郑重承诺在很长一段时间分文不付，那么在很长一段时间你就不会违约。这条原则在理财顾问式的推销人员和投资银行家为那些摇摆不定的生意进行融资时，能派上用场。但这种融资形式用了很长一段时间才被借款方接受。一些年前，当杠杆收购大行其道的时候，收购方会在一定程度保守估计的基础上进行融资。这种保守的估计就是，只要被收购方的自由现金流（即运营利润加上摊销、折旧，减去正常的资本开支）足以覆盖利息以及适度的债务削减。

但是，随着市场做市商肾上腺激素的大量分泌，杠杆收购行为开始陷入疯狂，大量企业开始被以很高的价格收购，以至于所

关键词：零息债券

有的现金流都被用于偿付利息，根本没钱用来减低负债。结果，债务借款的本金偿还问题，就像电影《飘》中的女主人公郝思嘉的著名台词"我们明天再考虑吧"一样。不考虑债务的偿还，这甚至令借贷双方都习以为常，这其中的借出方就是最初垃圾债券的购买方。

至此，债务已经陷入无限再融资、以新还旧的游戏，没人考虑如何偿还的问题。这种变化令人想起卡通片《纽约人》中的场景，一个连连致谢的借款人站起来，握着银行贷款部经理的手，动情地说："我真不知道如何才能还你们的钱。"

很快，借款人发现，即便以新的、宽松的标准来衡量，也难以忍受约束，无法达到发行新债的目的。为了诱惑借出方参与更加愚蠢的交易，他们发明了一个令人憎恶的概念——EBDIT，即扣除折旧、利息和税项之前的盈利。他们用这个作为指标，测试一家公司偿还利息的能力。用这种低配的标准，借款人忽视了理论上作为费用发生的折旧——折旧虽然不要求当期的现金支出，但却是一种真实的费用。

这种态度明显是一种妄想。长期以来，95% 的美国公司都将大体相近的折旧作为一种必需的资本支出，就像劳动力成本或公用事业成本一样。即便一个高中辍学生也知道，如果借钱买车，他的收入不仅必须足以覆盖借款的利息和汽车的运行成本，还必须覆盖计算出来的真实折旧。如果他在银行借款时大谈 EBDIT，他会在一片嘲讽中狼狈而逃。

当然，在任何特定的月份，一家公司可以跨越资本支出，忽略不计，就像一个人可以一天甚至一周不吃饭一样。但是，如果忽略或跨越成为一种常态，并且没有其他补充，那么身体就会衰弱，最终必死无疑。此外，相比于稳定正常的饮食，那种忽起忽落的非常态饮食将会有损器官，损害健康，无论是人体或是公司。从商业的角度，芒格和我喜欢那些无法支付资本支出的竞争对手。

你或许认为，通过免除一项类似折旧的费用，使一项糟糕的生意变得看似完美，这已经达到了华尔街智谋的极限。如果你这么认为，那说明你没有留意过去几年中发生的事。金融界的推销员们需要发现一种新的方法，以证明高价收购的合理性，否则，他们就会冒失去生意的风险——他们的生意会被那些更具"想象力"的同行抢去。但愿不会如此！

这样，一步一步地发展下来，推销员和他们的投资银行家们声称，EBDIT 应该只用来衡量是否可以覆盖现金利息。这意味着，在评估一项交易的可行性时，零息债券或 PIK 债券上的累计利息可以忽略不计。这种方式不仅将折旧费用丢到置之不理的角落，而且将通常很重要的利息成本的部分也忽略不计了。令人感到可耻的是，很多专业的投资经理竟然也赞同这种愚蠢的行为，反正他们通常只是动用客户的钱参与，而不是自己的钱。（将这种投资经理称为"专业人士"简直是太客气了，应该叫他们"幕后黑手"。）

在这种新规则下，例如说，一家税前盈利 1 亿美元的公司，现在需要为其负债支付 9000 万美元的利息，可以发行一笔零息债券或 PIK 债券，债券的发行会带来每年 6000 万美元的利息，这些利息可以复利累积，但在几年内不会到偿还期。这些发行的债券利息一般非常高，这意味着，在第二年可能有 9000 万美元的现金利息，以及 6900 万美元的累积记账利息，并且随着复利的计算逐步增加。这种数年前还被限制在小范围内的高利率再借款方案，很快就成为实际上各家大型投资银行使用的金融模型。

发行这些债券时，投资银行家们展示出他们幽默的一面。对于那些他们仅仅是几个月前刚刚听说过的公司，他们能展示出这些公司未来五年甚至更多年份的财务数据、损益表和资产负债表。如果他们向你展示这样的表格，我建议不妨参与其中找找乐子，你可以问问这些投资银行家，要他们制作一份自己公司的未来规划，然后与后来实际发生的情况对比一下。

前一段时间，肯·加尔布雷思（Ken Galbraith）在他幽默、深刻的作品《大崩盘》(*The Great Crash*) 中，创造了一个新经济术语："盗用"，意指当期已经被挪用贪污却没有被发现的金额。这个金融术语的创造有着魔术般的性质——在没有被发现之前，挪用钱款的人因侵吞而变得富有，而被挪用钱款的人也没有感到贫穷。

加尔布雷思教授敏锐地指出，这笔被盗用的财富应该加到国民财富中，以便我们知晓精神上的国民财富。从逻辑上讲，一个需要感受巨大繁荣的社会，既应该鼓励其公民挪用，又努力避免被发现。通过这种形式，即便没有富有成效的工作付出，"财富"也会膨胀。

这个关于盗用的具有讽刺意味的愚蠢行为，与真实世界中零息债券带来的愚蠢行为相比，简直是小巫见大巫。持有零息债券的交易双方，合约的一方有"收入"，而与之相对应的另一方却没有费用的痛苦。

在我们演示的例子中，一家年盈利只有 1 亿美元的公司，按说它只能负担起这么多的利息支出，却魔术般地为债券持有者创造出了 1.5 亿美元的"盈利"。在这个过程中，只要那些大型投资者心甘情愿地披上彼得·潘⊖的翅膀，并重复喊"我相信"，那么零息债券可以创造无限的"收入"，没有上限的止境。

华尔街以极大的热情欢迎这种发明，就像不太开化的人保留轮子和耕犁的热情一样。终于，这世间有了一种可以让华尔街不再束缚于企业真实盈利能力，而进行交易的新金融工具。显然，结果是有更多的交易发生：愚蠢的价格总是能吸引卖家。就像政治家杰西·昂鲁（Jesse Unruh）所说的那样：交易是金融的母乳。

对于金融界的推销员和投资银行家而言，零息债券或 PIK 债券有一个额外的吸引力：在愚蠢和违约之间的时间流逝可以被拉长。这可不是非同寻常的小利，如果需要最终面对还本付息的时间拉得更长，那些金融推销员就会创造出一系列的交易，并从中获得可观佣金。而此时，那些投资人就像外出探险的鸡群一样，还没有回到鸡窝里。在东窗事发之前，手续费和佣金已经落袋为安了。

⊖ 这是英国作家詹姆斯·巴里创造的人物，他认为只要相信自己能飞，他就能飞。——译者注

关键词：零息债券的额外吸引力

但是，炼金术终究会失败的，无论是冶金上的还是金融上的。一个平庸公司是不可能通过会计的诡计或资本的架构，而成为一家杰出公司的。那些声称会金融炼金术的人可能是变得富有了，他们的富有并不来源于企业的成就，而是那些受人误导、容易轻信的投资人。

无论它们有什么样的缺点，我们应该补充说明，很多零息债券和 PIK 债券不会违约。实际上，我们也持有一些，并希望如果市场很不景气的话，可以买得更多一些。（但是，我们从来不会考虑购买新发行的、信用等级不足的债券。）没有哪一样金融工具本身是邪恶的，只是其中一些恶作剧变种的危害潜力比其他的大很多。

制作恶作剧的最高荣誉应该归于那些零息债券的发行人，因为他们无法支付当前的利息。对此，我们的建议是：每当一位投资银行家开始大谈 EBDIT，或其他什么人创建了一套新的资本结构，无论是需要当前支付的利息，还是累积到后面需要一起支付的利息，他都支付不起，你应该赶快合上你的钱包。反过来，你可以建议这个推销员和他高薪聘请的团队，在零息债券到期足额偿还之前，不准拿走他们的酬金；换言之，只有在这些债券按期兑付后，他们才可以拿钱，这时，再看看他们对这类生意的热情还能持续多久。

我们对于投资银行家的评价听起来似乎很刺耳。但是，芒格和我（以我们无可救药的老派风格）相信，他们应该扮演的是看门人的把关角色，保护投资人远离推销员过度放纵的狂轰滥炸。

毕竟，推销员对于佣金的渴望就像酗酒者对于酒精的渴望一样。因此，投资银行家起码应该像一个酒吧里有责任感的服务生，在必要的时候，应该拒绝赚下一杯酒的利润，以免将醉醺醺的酒鬼送上高速公路。不幸的是，近年来，许多大型投资银行都认为服务生的这类道德规范是一项很严重的限制，因为其他很多大胆的从业者，可以更自由地在华尔街的高速路上大行其道，还没有遭遇重大的事故。

接下来是一则令人痛苦的补注：零息债券的愚蠢成本并不会仅仅由直接的参与者单独承担。一些储贷社曾经是这类债券的大买家，它们的资金来源是联邦储蓄贷款公司（Federal Saving and Loan Insurance Corporation，FSLIC）的保险存款。为了展示辉煌的盈利，这些买家记录了——不是实际收到了——来自零息债券的极高利息收益。很多这类储贷社现在面临巨大的麻烦。如果它们放出的那些贷款都收回的话，那么储贷社的所有者会有利可图。但在很多情况下，这些贷款无法偿还，最终只能由纳税人买单。按照喜剧演员杰克·梅森（Jackie Mason）的说法，这些储贷社的经理们压根就是带着滑雪面具的劫匪。

D. 优先股 [32]

我们只喜欢与那些我们喜欢的、尊敬的、信任的人打交道。所罗门证券公司的约翰·古特弗罗因德（John Gutfreund），吉列公司的小科尔曼·莫克勒（Colman Mockler, Jr.），美国航空公

司的艾德·科洛德尼（Ed Colodny），冠军公司的安迪·西格勒
（Andy Sigler），他们肯定都达到了我们的标准。

反之，他们也显示了对于我们的极大信心，在每一个我们
以优先股方式参与的案例中，他们都会给予我们无限制的、具有
完全转换基础上的投票权，这种安排在公司通常的融资安排中并
不多见。实际上，他们相信我们是明智的股东，着眼未来，而不
是眼前，正如我们相信他们是明智的经理人，着眼未来，也顾及
当下。

如果行业的经济状况阻碍了我们的投资对象的表现，那么，
我们已经协商好的优先股结构将只会提供平常的回报。但是，如
果它们可以取得与美国经济界同等的表现，我们将会获得合理
的、具有吸引力的回报。我们相信吉列公司在科尔曼的领导下，
会取得远远超越同行的表现，也相信约翰、艾德和安迪也会干得
不错，除非行业状况极其糟糕。

在几乎任何条件下，我们希望这些优先股能收回我们的投
资，外加分红。但如果这就是可以得到的全部，那么我们并不满
意，因为我们放弃了灵活性，因此或许错失一些十年一遇的重
大机会。在这种情况下，在持有优先股期间，我们只能收到分
红——典型的优先股对我们并没有吸引力。伯克希尔从自己持有
的四只优先股中取得满意回报的唯一途径是，让这些被投资公司
的普通股有良好的表现。

如果想让那些被我们投资的公司的普通股有良好的表现，需
要优秀的管理层和至少可以忍受的行业状况。我们相信伯克希尔

的投资在其中也会发挥积极的影响，而且其他投资者也会在我们购买优先股之后的数年中获得不错的收益。

这种积极的影响来自于一个事实，那就是每一个被我们投资的公司现在拥有了一个重要的、稳定的、有利益关系的股东，这家股东的董事长和副董事长透过伯克希尔公司，已经间接地将自己的身家交给了这些企业。在与被投资公司打交道的过程中，芒格和我会给予积极支持、冷静分析以及客观公正的建议。我们意识到，与我们一起的 CEO 们，他们对于自己所处的行业富有经验且非常在行，但是，在一些特定的时候，他们也想做一些与本行业无关或与过去决策无关的事情，以测试一下自己的思维方式或能力。

作为一组股票，这些可转换优先股所产出的回报，可能不如我们发现的一家具有良好经济前景，又被市场低估的公司所产生的回报；可能也不如我们依照自己的偏好，使用资本去购买一家具有优秀管理层的优秀企业 80% 或更多股权所产出的回报。但是这两类机会都非常稀少，尤其是考虑到我们目前以及未来预期的财力规模。

总体而言，芒格和我认为，我们的优先股投资可以产生比社会上现存的大多数固定收益投资组合适当高一些的回报，而且在这些被投资的公司中，我们可以扮演虽然不太重要，但富有乐趣的、建设性的角色。

错误往往在决策的时候发生。如果决策愚蠢到了显而易见的程度，我们只能颁发自己"今日头条错误大奖"。以此来衡量，

关键词：我们犯过的错

1994 年这个奖项金牌的争夺异常激烈。这里，让我告诉你，下面我描述的错误是芒格犯的。但是，每当我这样说的时候，我的鼻子就开始变长。

获得今天提名的是……

1993 年下半年，我以 63 美元/股的价格卖掉了 1000 万股大都会公司的股票。到 1994 年年底，它的价格是 85.50 美元。（对于你们当中，那些希望避免亲自计算损失而感到受伤的人，让我告诉你，这其中的差价是 2.225 亿美元。）早在 1986 年，我们曾经以 17.25 美元购买过大都会的股票，我之前曾告诉过你们，在 1978 年至 1980 年期间，以 4.30 美元的价格卖出过持有的大都会股票[33]，并补充说我迷失了方向。现在，我又重复了这样的错误，也许现在是我需要指定监护人的时候了。

令人震惊的是，我在大都会股票上的决策失误只能获得"今日头条错误大奖"的银牌。金牌得主应该归于我在五年前犯下的错误，到 1994 年完全得到验证。我们花了 3.58 亿美元购买了美国航空的优先股，9 月份它停止支付分红。这个错误属于"非强迫性的错误"，意思是说，在我做出这个投资决定时，既没有人强迫我，也没有人误导我。相反，这个错误是由于草率分析导致的，也是由于买入一种高级证券品种或傲慢的态度导致的。无论是什么原因，错误是巨大的。

在买入美国航空之前，我完全没有关注到一家运输公司会面临的无可避免的困扰——成本高企，而且极难降低。早些年，这些致命的成本问题几乎没有造成太大困扰。那个时候，航空公司受到价格管制的保护而免于竞争，并且那时机票价格也很高，航空公司可以通过高票价的转嫁方式，吸收消化高昂的成本。

后来，取消价格管制后，局面也没有立刻发生重大变化，低成本的运输公司承载运力太小，这样，高成本的航线在很大程度上，依然可以维持它们已有的票价结构。在这一时期，大部分长期存在的问题虽然没有显现，但已经开始慢慢转移扩散，因此，不可能维持的成本使得航空公司的运营越来越举步维艰。

随着低成本类型航空运输公司运力的扩大，它们的低票价策略渐渐迫使守旧的、高成本的航空公司开始降价。对这些低成本运输公司进行资本注入的时间或许会推迟（就像我们对美国航空公司），但是，经济的基本规律最终还是占了上风。在一个没有价格管制的普通商品型生意中，一家公司必须将成本降低到具有竞争力的水平，否则就会灭亡。这个道理对于你们的董事长来说本该十分显而易见，我却忽视了它。

美国航空公司的 CEO 塞斯·斯科菲尔德（Seth Schofield）一直勤勉工作，以期克服公司的历史成本问题，但时至今日，尚未见成效。部分原因是，他不得不对付一个移动的目标。一些大型航空公司已经获得劳工让步的结果，另一些公司从破产程序中得到了"新建"成本。（正如西南航空公司 CEO 赫布·凯莱赫（Herb Kelleher）的话："破产法院已经成为航空公司的疗养胜地。"）此外，这些航空公司的雇员们，他们拿着高于市场水平的合同工资，只要收到的支票能兑现，他们会拒绝任何削减工资的提案。这一点毫无疑问。

在这种困难情况下，美国航空公司仍然取得了一些降低成本的成效，以维持公司的长期生存。但是，还远远谈不上根本性地解决问题。

因此，我们曾经提到我们在美国航空公司的投资到 1994 年年底，下跌到 8950 万美元，相当于每一个美元下跌到 25 美分。这个估值，既反映了我们的优先股具有全部或极大恢复的可能性，另一方面，也反映了最终跌至毫无价值的可能性。无论结局如何，我们都会留心一条投资基本的原则：你不必以失去它的方式，将它找回来。

我们对于美国航空公司投资减记的会计影响非常复杂。在我们的资产负债表上，所有股票按照估计的市值入账。因此，去年的第三季度，我们记录的美国航空公司优先股金额为 8950 万美元，相当于成本的 25%。换言之，在那个时候，我们的净值所反映出来的美国航空公司的价值远远低于 3.58 亿美元。

但是，到了第四季度，我们断定这种价格的下滑，以会计术语而言，是"非临时性"的。这种判断要求我们将减记的 2.685 亿美元记入公司的损益表中。这个数据对于第四季度没有影响，它没有减少我们的资产净值，因为，价值的减少已经记录在资产负债表上。

在美国航空公司即将到来的年度会议上，芒格和我不会再次参选公司的董事会。然而，如果 CEO 塞斯先生有事咨询我们，我们也会很愿意提供力所能及的帮助。

当维珍航空公司富有的老板理查德·布兰森（Richard Branson）被问及"如何成为一名百万富翁"时，他迅速回答："实际上这没什么秘诀，你开始是一名亿万富翁，然后买一家航空公司。"由于不愿意盲从布兰森的观点，你们的董事长在 1989 年决定试一下，用 3.58 亿美元买了美国航空公司 9.25% 的优先股。

我喜欢并敬佩公司当时的 CEO 埃德·科洛德尼，到今天也是如此。但是，我对于美国航空公司的分析既肤浅又失当。我被公司长期盈利的运营历史所陶醉，并轻信于高级证券（意指优先股）表面上看起来提供的保护。我忽视了关键的地方：美国航空公司的收入，会逐渐受到结束价格管制所带来的激烈市场竞争的影响，而它的成本结构却依然是管制年代的延续。如果这些未有抑制的成本预示着灾难，那么沿用航空公司过去的记录可能也是。

为了使成本合理化，美国航空公司需要在其劳工合同方面有重大改变。但是，大多数航空公司发现，如果没有实质的破产威胁或实际进入破产程序，改变劳工合同是极其困难的事。美国航空公司也不例外。就在我们买入优先股之后，公司成本和收入之间的不平衡开始呈爆发式增长。在 1990 年到 1994 年期间，美国航空公司累计亏损 24 亿美元，这种业绩几乎将其全部普通股的账面净资产全部抹去。

在这段时间的大部分时候，公司一直按时支付给我们优先股分红，但是 1994 年分红暂停了。稍后，由于形势看起来模糊不明，我们将投资减记了 75%，即 8950 万美元。此后，在 1995

关键词：美国航空公司

年，我曾试图以面值的价格卖出50%的持股。幸运的是，我没有成功。

与我在美国航空公司中的很多错误混合在一起的，有一件做对的事：在做这笔投资时，我们在优先股合同中加上了一条非常条款，规定了"惩罚性分红"，指的是在正常分红率的基础上，如果发生违约，将再加上5%，可以在任何违约欠款上进行累计。这意味着，如果我们的分红被拖欠两年的话，被拖欠部分的复利将在13.25%~14%之间。

面对这项惩罚性条款，美国航空公司受到刺激，会尽一切努力尽快支付分红。在1996年的下半年，当美国航空扭亏为盈的时候，它的确重新开始支付分红，给了我们4790万美元。我们欠公司CEO史蒂芬·沃尔夫（Stephen Wolf）一个大大的人情，感谢他从公司运营中挤出支付分红的钱。即便如此，美国航空公司的成本问题仍然没有解决，其业绩好转很大程度上得益于行业顺风顺水，实际上是一种景气循环的结果。

无论如何，美国航空公司公开交易的股价告诉我们，我们持有的优先股现在几乎等同它的面值3.58亿美元，差不多就是这样。此外，我们数年以来累计收到的分红是2.405亿美元（包括1997年收到的0.3亿美元。）

在1996年年初，在收到累计分红之前，我曾再次试图卖掉我们的持股，当时大约值3.35亿美元。你们很幸运：我的尝试再次没有成功，未能从胜利的口中虎口夺食。

在另外一个场景中，一位朋友问我："你这么富有，为什么还这么不聪明呢？"在回顾了我在美国航空公司的糟糕表现之后，你们或许能明白他说的有道理。

$$\text{\scriptsize ⁓⁓⁓}$$

在购买美国航空公司时，你们的董事长展现了精妙的"择时"感觉：大举投资美国航空的时候，几乎正好是它遭遇严重危机的时候。（没有人逼着我跳进去，用网球业界的行话说，我犯了一个"非强制性错误"。）公司的困境一方面来自于整个行业的状况，另一方面来自于与皮德蒙特公司（Piedmont）合并后遭遇的困境，这个麻烦我本应该预料到，因为所有航空公司的合并都会带来运营上的混乱。

在很短的时间里，埃德·科洛德尼和塞斯·斯科菲尔德解决了第二个问题——现在这家航空公司的服务表现极佳。但整个行业的问题愈加恶化。自从我们买入之后，航空业的经济状况在以令人惊恐的步伐恶化着，一些航空公司在价格战上的神风敢死队式的策略更是加速了这种恶化。这种所有航空公司都遭遇的价格问题，揭示了一个重要真理：当一个公司销售的是普通商品型产品（或服务）时，它不可能比最为愚蠢的竞争对手聪明多少。

然而，除非整个行业在未来几年不复存在，否则我们在美国航空公司的投资应该没有太大问题。埃德和塞斯果断地在运营方面采取了重大变革，以解决当前的纷乱。即便如此，我们的投资现在的情况比我们买入的时候还是要危险些。

我们持有的可转换优先股是一种相对简单的证券，但我还是要提醒你们，如果过去可以作为未来的引导，你们或许会时不时地读到关于它的不准确的或误导性的陈述。例如去年，几家媒体计算我们持有的优先股的价值等同于其可以转换的普通股的价值。根据他们的逻辑，如果所罗门公司的股票价格是每股22.80美元，我们持有的所罗门公司的优先股只能转换为38美元，相当于面值的60%。但是，在这种推算过程中存在一个小问题，用这种方法，一定会得出这样的结论，所有可转换优先股的价值存在于转换条款中，并且所罗门不可转换的优先股的价值为零，无论它的票息或赎回条款是什么。

你们心中应该牢记的一点是，我们持有的优先股的价值来源于它的固定收入的特征。这意味着，这些证券的价值不可能比那些不可转换证券的价值低，因为它们带有可转换选择权，它们应该更有价值。

※ ※ ※

1987年到1991年期间，伯克希尔进行了五次以非公开方式投资可转换优先股的案例，现在似乎正是讨论它们的时候了。

我们所购买的每一只优先股，都具有选择权，既可以将其作为固定收入证券，也可以将其转换为普通股。最开始的时候，它们对于我们的价值主要来源于其所具有的固定收入特点，但我们拥有的转换选择权却是一个有趣的东西。

关键词：投资优先股的五个案例

我们投资了 3 亿美元，以非公开发行的方式参与了美国运通的"Percs [⊖]"发行，这是一种普通股的修订形式，它所具有的固定收入证券的特点，仅仅占了最初价值的一小部分。在我们买进三年之后，这些 Percs 自动转换为普通股。相比之下，我们购买的其他可转换优先股，只在我们希望转换的时候才可以转换为普通股，这是一个重要区别。

在购买这些可转换证券时，我曾经告诉过你们，我们希望从它们这里获得税后收益，可以"适度"超过我们其他中期固定收入证券的所得。我们的实际情况超过了这个预期，但这仅仅是其中一只优先股的表现优异。我也曾经告诉过你们，这类证券，作为一个整体，这类标的投资"不会产生超越具有优秀经济前景的回报"。不幸的是，这个预言命中了。最后，我还说过"几乎在任何情况下，我们期望这些优先股的投资能返还本金，外加分红。"我希望能收回这句话。虽然，英国前首相温斯顿·丘吉尔曾经说过："食言从未让我消化不良。"然而，可以肯定的是，我曾经说过的"我们在优先股上的投资几乎是不可能亏钱的"这句话，让我时时感到因果报偿式的消化不良。

我们最好的持股是吉列，从一开始我们就告诉过你们，这是一家非常优秀的公司。令人讽刺的是，在吉列身上，我犯了一个

⊖ Preference Equity Redemption Cumulative Stocks，优先权益赎回累计股票。一种具有较高分红、为期有限（一般 3 年）、可转换的优先股。这是当时最为流行的产品，因为它在收益下降的环境中提供了相对较高的收益。——译者注

最大的错误。然而，这个错误属于永远不会显现在财务报表上的那种错误。

在 1989 年，我们投资 6 亿美元持有吉列的优先股，后转换为 4800 万普通股（经拆股调整）。另一个可替代的方式是，我原本可以直接购买 6000 万的普通股。当时，普通股的价格约为 10.50 美元，考虑到大型私募所附带的重要限制性条款，我可以至少有 5% 的折扣。我不能确定如此，可能吉列公司管理层会很高兴伯克希尔选择直接投资普通股。

但是，我远没有那么聪明。取而代之的是，在不到两年的时间里，我们收到了一些额外的分红（优先股和普通股的收益之差）。在这点上，吉列公司相当正确地赎回了优先股，以尽可能快的速度。如果我当初买的是普通股，而不是优先股，我们在 1995 年年底，在减去"额外"的 7000 万美元分红之后，会有 6.25 亿美元，情况会更好一些。

在冠军公司的例子中，该公司有权在去年 8 月份，以 115% 的成本价赎回我们持有的优先股，我们希望这个期限能够延迟。在这个例子中，我们行使了转换权，在赎回日期之前全部转换为普通股，并且给予他们适当的折扣。

芒格和我从来没有看好过造纸行业，实际上，我不记得在我 54 年的投资生涯中，曾经持有纸业公司的普通股。所以，我们在 8 月份选择在市场上卖出该股，或卖回给公司，让公司回购。我们的冠军公司资本收益率一般，投资六年的税后收益为 19%。但是，我们持有的优先股在我们持有期间，却带来了不错的税后分红收益。（这说明，很多媒体夸大了财险公司收到的分红所得的税后收益率，这些媒体没有考虑到 1987 年生效的新税法，大幅减少了保险公司分红所得的实际收益。）

我们持有的第一帝国银行（First Empire）优先股，在 1996 年 3 月 31 日（可以赎回的最早日期）被赎回。拥有一家管理良好的银行令我们感到轻松自在，我们会将持有的优先股转换为普通股，并继续持有。第一帝国银行的 CEO 鲍勃·威尔默（Bob Wilmers）是一位杰出的银行家，我们喜欢和他一路同行。

我们另外两只优先股的投资表现令人失望，尽管所罗门的优先股表现比之可替代的固定收入证券稍强一些，然而，芒格和我在这只持股上所花费的管理时间和精力，大大高于它对于伯克希尔的经济重要程度。可以肯定地说，我从没有想过在 60 岁的时候从事一个新工作——出任所罗门证券公司的临时董事长，因为，我们早先买的只是一种固定收益证券。

1987 年买入所罗门的优先股不久，我曾经写过"对于投资银行的发展方向或未来的盈利能力，我没有特别的洞察力"。现在，甚至最为仁慈的评论员也可以得出结论，我已经证实了这一点。

时至今日，我们转换为所罗门普通股的选择权还没有被证明有何价值。此外，自从我买入所罗门的优先股以来，道琼斯工业指数已经翻了一番；同期，作为它同行的经纪券商类公司表现也不错。这意味着，我所认为的所罗门优先股含有的转换选择权价值，并由此出发做出的决策是糟糕的。尽管如此，这只优先股本身，作为在一定条件下提供固定收益的证券，并在当下有 9% 的分红，还是具有相当吸引力的。

除非这些优先股都被转换为普通股，否则，它的条款要求，在 1995 年到 1999 年期间，每年的 10 月 31 日，由公司赎回发行量的 20%。到去年，我们原来持有的 7 亿美元已经有 1.4 亿美元被赎回。（一些媒体报道称之为"卖掉"，但一些高级证券的到期不是"卖掉"的。）我们在这只可转换的苹果上已经咬了四口，我相信很有可能，我们会发现可转换权的价值。

❧ ❧ ❧

吉列的普通股和第一帝国银行的普通股（由伯克希尔持有的优先股转换而来），其股价近来大幅上升，与这两家公司的杰出表现相一致。到年底，我们 1989 年投资在吉列公司上的 6 亿美元已经上升到 48 亿美元；我们 1991 年投资在第一帝国银行上的 0.4 亿美元，已经上升到 2.36 亿美元。

同时，我们投资中的两个表现落后者（美国航空和所罗门证券）也有了重大改变。所罗门证券公司最近合并入了旅行家集团（Travelers Group），这笔交易对于那些长期忍受折磨的股东而言，终于算是有了一些奖赏。所有伯克希尔的股东——包括我本人内在——都欠所罗门公司的德里克·莫恩（Deryck Maughan）和鲍勃·德纳姆（Bob Denham）一大笔人情债。

首先，在将所罗门公司从 1991 年的丑闻毁灭边缘拯救过来的过程中，他们扮演了重要角色。

其次，将公司的活力恢复到一个具有吸引力的水平，使公司能够达成与旅行家集团的合并。

我经常说，希望与那些我喜欢、信任和尊敬的人一起工作，没有谁比他们两个更契合这句话。

伯克希尔对所罗门投资的最终结果可能在一段时间内还不会入账。但可以毫无疑问地说，结果会比我两年前预期的好很多。回顾过去，我认为投资所罗门的经历不仅有些迷乱，而且也具有指导意义。在 1991 年到 1992 年期间（我出任所罗门公司董事长），我感觉就像戏剧评论家所说的："我本来可以好好欣赏这场表演，不幸的是坐错了座位，它面朝着舞台。"

美国航空公司的复苏简直不可思议。那些观察我在这项投资中一举一动的人，应该知道我已经成功完成了一项没有瑕疵的纪录。从一开始，我就买错了；之后，在不断以五折价格甩卖时，我又错了。

与公司显著反弹相一致的，有两个变化：①芒格和我离开了董事会；②斯蒂芬·沃尔夫出任 CEO。幸运的是，对于我们而言，第二件是关键，因为斯蒂芬·沃尔夫在航空公司业内的贡献成就卓然，有目共睹。

美国航空公司还有很多事情要做，但生存不再是问题。随后，公司在 1997 年补偿了拖欠我们的优先股分红，外加导致我们痛苦的额外赔偿。此外，公司的普通股价格从低位的 4 美元 /股，涨到了近期的高位——73 美元。

我们持有的优先股已经在 3 月 15 日被赎回，但普通股股价
的上升使我们收益不小，因为我们使用了优先股上附带的转换
权，而在不久之前，我们还认为这种转换权毫无价值。现在几乎
可以肯定地说，我们持有的美国航空公司的股票会带来不菲的利
润，甚至可以称为暴利，即便考虑到我在此过程中受到的心理煎
熬也还是值得的。

下一次，在我犯下重大愚蠢的错误时，伯克希尔的股东应该
知道如何应对：给沃尔夫先生打电话。

༄ༀ ༄ༀ ༄ༀ

在投资优先股之外，我们在 1991 年还投入 3 亿美元购买了
美国运通公司的优先权益赎回累计股票（Percs）。这种证券实质
上是一种在头三年可以转换的普通股，我们可以在前三年收到额
外的分红，但同期的股价上涨也与我们无关。尽管上有封顶的帽
子，这项投资被证明还是很赚钱的，这要感谢你们的董事长，他
将运气与技能综合在一起——100% 的运气和平衡的技巧。

我们持有的优先权益赎回累计股票在 1994 年 8 月份转为普
通股，并且，就在那个月，我反复考虑是否卖出。我们继续持
有的一个原因是，美国运通杰出的 CEO 哈维·戈卢布（Harvey
Golub），他似乎在尽一切努力将公司潜力最大化（坦率地说，这
是一种已得到证明的假设）。但是，这种潜力的大小还存在疑问，
美国运通公司面临着以 VISA 公司为领导的大量发卡公司的无情

关键词：我如何成了美国运通的大股东

竞争。在权衡各种因素后，我倾向于卖出。

但我实在有走运的地方，就在我做出决定的那个月，我在缅因州的普洛兹奈克与赫兹（Hertz）公司的 CEO 佛兰克·奥尔森（Frank Olson）一起打高尔夫。他是一位才华横溢的经理人，对于信用卡行业非常熟悉，了如指掌。所以，从第一个发球台开始，我一直询问他关于这个行业的情况。等我们到第二个洞的果岭时，佛兰克已经让我意识到，美国运通公司的发卡业务具有惊人的特许权。于是，我决定不卖运通了。在折返回来的第九洞时，我已经从潜在卖家变成了买家，几个月后，伯克希尔持有了 10% 美国运通的股份。

我们现在持有的美国运通已经获利 30 亿美元，我自然非常感谢佛兰克。但是，我们共同的朋友乔治·吉莱斯派（George Gillespie）说，我搞错了感谢的对象。他说毕竟是他安排了球赛，并且，是他把我分派到了佛兰克的四人打球小组里。

E. 衍生品[34]

对于金融衍生品以及衍生品交易活动的看法，芒格和我是一致的：我们将其视为定时炸弹，无论是对交易的双方，还是对于整个经济体系。

在阐明这个想法之前，让我从头解释一下衍生品的概念，尽管解释一般都具有泛泛而谈的特点，因为这个词覆盖的范围包括了极为广泛的金融合约。本质上而言，这些工具都要求在未来的某个时点，进行资金的换手，会有一个或多个参考指标决定换手资金的数量，例如利率、股价或汇率。例如，如果你做多或做空标普500，你就成为一个非常简单的衍生品合约的一方，根据标普500指数的涨或跌，你会得到或盈或亏的结果。衍生品合约会有不同的期限（有时会长达20年或更久），而且它们的价值与几个变量相关联。

除非这些衍生品合约有质押担保或附有保证，否则它们的最终价值取决于签约方的履约信誉。同时，尽管交易双方在他们的损益表上记录的或盈或亏的数额通常非常巨大，但实际上在合约到期履行之前，并没有一分钱现金换手。

衍生品合约的种类几乎没有范围限制，完全取决于人类的想象力（或者，有时看起来像是疯子）。例如，当初在安然公司（Enron），就有新闻纸和宽带衍生品合约，即便需要很多年以后才交割结算，但也被放在公司的损益表中。再例如，你打算写一个合约，赌一下2020年内布拉斯加州出生的双胞胎数量。没问题！只要你出一个价格，就一定能找到对手盘。

当我们收购通用再保险公司时，这个集团中有一个从事衍生品交易的子公司——通用再保险证券公司。芒格和我都认为这个证券公司很危险，不想要它。我们打算卖掉它，却没有成功，现在我们正在关闭这家公司。

想关闭衍生品业务说起来容易，做起来难。实际上，再保险行业与衍生品行业很类似，就像地狱，都是进去容易，但几乎不可能出来。在这两个行业里，一旦你签署了合约，就会一直背负着合约，合约涉及支付的绝大部分金额往往发生在数十年之后。的确，有一些方法可以转移风险，但大部分这样的策略依然无法让你免除连带赔偿责任。

再保险行业和衍生品行业的另一个共性是，二者报告的账面盈利通常都被过分夸大了。的确如此，因为，今天的盈利在很大程度上基于假设，这些预估的不准确数字可能在很多年后才会被暴露出来。

错误往往是坦诚的，它是对于一个人承诺的乐观倾向的反映。衍生品合约的双方也有着巨大的动机在账目上做手脚。从事衍生品交易的人所赚取的报酬（全部或部分）取决于按照市场结算的账面"盈利"，而实际上，这个市场并非真实的存在（想想我们之前提到的内布拉斯加双胞胎合约），这样常常最终变成了"按公式结算"。

这种结算方式的替代往往埋下巨大的祸根。通常而言，这些衍生品合约往往涉及多个变量，再加上结算日期的遥远，这都增加了合约双方采用不实假设的机会。例如，在双胞胎的例子中，合约双方很可能使用不同的假设模型，使得双方在各自的账面上都显示出巨额利润的存在，而且这种情况会维持很多年。在极端情况下，这种按公式结算的方式会堕落成我所说的"按神话结算"。

当然，内部和外部的审计师都会审核这些数字，但能看出其中端倪并非易事。举例来说，通用再保险证券公司到 2002 年底（关闭它的运营 10 个月之后），还有流落在外的 14 384 件合约，涉及世界各地 672 个签约方。每一个合约都有一个或若干个参考变量，导致其合约价值波动不已，其中包括一些令人难以置信的复杂情况。要想给这些衍生品合约进行估值，即便是专业的审计师也会莫衷一是，分歧巨大。

估值的问题已经远远超出了学术层面。近些年来，一些大规模的欺诈和类欺诈案都是由衍生品交易引发的。例如，在能源和电力行业，很多公司利用衍生品以及交易活动，在账面上创造出巨额"盈利"，直到它们试图将资产负债表上记录的与衍生品相关的应收账款转变为现金时，才最终东窗事发，根本无法实现。按市场结算真的变成了按神话结算。

我可以肯定地说，在衍生品业务中所犯的错误不是对称的，它们几乎总是有利于那些眼睛盯着数百万奖金的交易员，或是有利于希望报出引人瞩目"盈利"的 CEO（或者两者兼有）。交易员领到了奖金，CEO 兑现了他的期权，只有股东们在很久之后，才会发现这些报告的"盈利"都是虚假的。

衍生品的另一个问题是，它可能会使一个存在问题的公司由于原本不相关的因素加剧恶化。这种雪上加霜效应的发生，往往是因为很多衍生品合约要求公司信用等级一旦被调低，立即需要提供更多的担保给合约方。可以想见，一家公司因面临困境而遭到降级，与此同时，衍生品合约要求它立刻提供事先没有想到的、大量的现金作为担保。这种要求会将公司抛入流动性危机，在一些情况下，触发新一轮的降级。这就形成了恶性循环，使得公司最终崩溃。

衍生品还可能造成连锁反应式的风险，因为很多保险公司或再保险公司将它们的风险分散给其他保险公司。在这种情况下，来自于很多合约对象的巨额应收账款随着时间渐渐堆积，参与其中的某个参与者或许认为自己很谨慎，相信它巨大的信用风险已经充分具有多元化分散机制，所以没那么危险。在某些特定的状况下，一个外部事件的发生可能会引起 A 公司的应收账款发生问题，从而影响 B 公司，直至影响到 Z 公司。历史告诉我们，一个引发问题的危机经常是在宁静时刻，由一连串意想不到的事件引发的。

在银行体系中，意识到连锁反应引发的严重问题，是美联储成立的原因之一。在美联储成立之前，一家体质欠佳的银行的倒闭有时会引发突然的、未有预期的流动性需求，这会导致原本健康的银行也出现问题。美联储现在将有问题的银行隔绝起来，以防止问题的蔓延。但是在保险行业或衍生品行业，没有一个类似美联储式的中央银行来防止多米诺骨牌效应的发生。在这些行业中，一些基本面良好的公司很有可能仅仅由于其他公司发生问题而受到拖累。当一个行业存在这种"连锁反应"的威胁时，有必要将彼此这种形式的牵连最小化。这就是我们的再保险公司正在做的事情，这也是我们退出衍生品交易的一个原因。

很多人争辩说，衍生品交易可以降低系统性风险，一些不能承担特定风险的参与者，可以将风险转嫁出去。这些人认为衍生品交易能够稳定经济、促进贸易，对于参与个体可以起到缓冲颠簸的效用。在微观经济层面，他们的说法是对的。的确，在伯克希尔公司，我有时会参与一些大型的衍生品交易，为了一些投资策略得到执行。

然而，芒格和我却认为，从宏观经济层面上看，这是危险的，而且危险有加重的趋势。大量的风险，尤其是信用风险，已经渐渐集中到相对有限的几家衍生品交易商手中，它们彼此交易也极其广泛。这使得如果一家公司出现问题，会迅速传染到另一家，最后，这些交易商会被交易对手拖欠巨款。正如我之前提到过的，这些交易对手彼此关联，只要一个单一事件就会同时引发一系列的麻烦（就像电信行业的崩溃，或民间发电站估值的急剧下降）。当问题突然浮现时，关联可以引发严重的系统性风险。

就像1998年，从事高杠杆衍生品交易的对冲基金——长期资本公司（LTCM），引发美联储的焦虑，事态严重到不得不出手，匆忙安排援救方案。在稍后的国会听证会上，美联储官员坦陈，如果当时他们没有介入，LTCM——这家名声响亮，在公众眼中神秘莫测，仅有数百员工的交易商，将会引发严重的问题，威胁到整个美国市场的稳定。换句话说，美联储之所以介入干预，是因为美联储的领导人担心LTCM的倒下，会引发其他金融机构的多米诺骨牌效应。尽管这一事件令部分固定收益市场瘫痪数周之久，但远远不是最糟糕的情况。

LTCM经常使用的衍生品工具之一是完全收益掉期业务，这类合约在各种市场中使用100%的杠杆，包括股票。例如，合约的一方A，通常是一家银行，必须投入100%的资金买一只股票；与此同时，合约的另一方B，却可以不投入任何资金，B只需要承诺在未来一个日子，获得或承担 A 银行所实现的收益或损失即可。

　　这种完全收益掉期业务在对保证金的要求上开了一个玩笑，竟然可以完全不要保证金。除此之外，其他类型的衍生品业务严重损害了监管部门对于银行、保险公司和其他金融机构使用杠杆的风险组合的监管手段。与此类似，即便富有经验的投资者和分析师，在分析这些涉及衍生业务的金融机构的财务状况时，也是一头雾水，不得要领。当芒格和我阅读大型银行衍生业务长长的说明时，我们唯一能明白的是，我们根本不晓得这些机构到底承担了多少风险。

　　衍生品业务这个妖怪已经从瓶子里跳了出来，这些工具在以各种形式自我繁衍、蔓延，直到有一天一些事件的爆发，令其危害显现。渗透在电力和燃气行业中的此类业务已经让人们知道了它有多么危险，这些问题的爆发使得衍生品合约的使用大幅减少。然而，衍生品业务在其他行业依然继续蔓延，毫无节制。中央银行和政府部门至今未能找到有效控制途径，甚至监控这些合约造成的风险的机制也没有。

　　芒格和我认为伯克希尔应该是所有股东、债权人、保险客户和员工最为坚强的财务堡垒。我们试图对重大灾难保持警惕，对大量兴起的长期衍生品合约交易，以及伴随的巨额无抵押应收账款保持谨慎，这种态度可能让我们看起来过于忧虑。但在我们看来，衍生品业务是大规模毁灭性金融武器，其具有的危险，尽管现在仍然是潜在的，但一定是致命的。

ও৯ৎও ও৯ৎও ও৯ৎও

　　很久以前，马克·吐温曾经说过："一个试图揪着猫尾巴将猫带回家的人，将会学到从其他地方无法获得的教训。"如果他现在还活着的话，或许会尝试一下如何结束衍生品业务。用不了几天，他就会觉得还是选择去揪猫尾巴更好。

　　去年，在我们退出通用再保险公司的衍生品业务时，税前损失了 1.04 亿美元。这样，自从我们清理该项业务以来，已经累计损失了 4.04 亿美元。我们原本在外有 23 218 个衍生品合约，到 2005 年年初，合约数量已经降至 2890 个。你或许期望我们的损失就此打住，但是，这个期望注定会落空，我们现在依然流血不止。上面提到的，去年损失的 1.04 亿美元，是我们削减 741 个合约的代价。通用再保险公司建立证券衍生业务这个单位的理由是，为了满足保险客户的需求。

　　然而，在我们 2005 年清算的合约中，竟然有一个的期限长达 100 年！简直难以想象，这样的合约用以满足什么样的"需求"！除非一个具有补偿意识的交易员，在他的账面上有长期的合约需求。长期合约，或者具有多重变量的替代品，极其难以按照市场价结算（这是衍生品交易记账使用的标准程序）。当交易者们进行估值时，这给他们留下了极大的"想象"空间。

　　难怪，交易员们喜欢推销这些衍生品。这是一个源自假设、能带来巨额奖金的生意，但明显充满着危险。当两个交易员执行一项交易，其中涉及数个变量——有时极为深奥，以及为期遥远的结算日期，他们各自代表的公司随后必须对这些合同进行估值，以便计算其盈利。某个特定的合约或许在 A 公司有一个估值，但在 B 公司会有另一个估值。我个人对其略知一二，这些估值差别有些很巨大，你可以选择在这种估值差上押注，以获得更高盈利。一张合约的双方都能迅速报告自己是盈利的，这很奇怪。

我之所以每年都细述有关衍生品交易的经历，主要基于两个原因：

一个是让我感觉相当不快的个人原因。严酷的事实是，由于我没有马上采取行动结束通用再保险公司的衍生品交易业务，导致股东们损失了大笔金钱。在收购通用再保险时，芒格和我都知道这是一个麻烦的问题，并且告诉这家公司的管理层，我们打算退出这项业务。

督促执行这一退出计划本是我的职责所在，但我不但没有尽快脱身，还浪费了好几年时间出售这一业务。这一努力注定会失败，因为对于那些将要持续几十年的债务迷宫来说，根本不存在任何真正的解脱之道。

我们为这些合约承担的责任尤其令人不安，因为一旦潜在的问题爆发，后果不堪设想，无法测量。更有甚者，一旦发生严重的问题，我们知道将在金融市场上引发连锁反应。

我想不伤毫发地脱身的努力以失败而告终，与此同时，我们进行了更多的交易。都怪我的优柔寡断犯下大错（芒格称之为吮拇指癖）。当一个问题发生时，无论是个人生活还是商业活动，

关键词：一张双方都盈利的衍生品合约？

行动的最佳时机就是马上行动。

第二个原因是，之所以一再阐述我们在这一领域遇到的问题，是希望我们的经历能够对经理人、审计师、监管层有所启发。在某种意义上，我们像是一只刚刚从这一商业煤矿坑区逃离出来的金丝雀，在断气的时候，为大家敲响警钟。全球衍生交易合约的数量和价值持续不断攀升，现在已经达到上一次金融危机爆发的1998年的数倍之多。我们的经验尤其应该让大家更加清醒，因为我们的情况要好于平均水平，本来完全可以体面地脱身而去。

另外，据我们所知，公司没有任何人卷入不正当交易行为。对于其他人来说，故事未来的结局可能会完全不同。想象一下，如果一个或者更多的企业（麻烦总会迅速扩散）拥有数倍于我们的头寸，想要在一个混乱的市场中进行平仓，在极端的情况下，面临着巨大的且广为人知的压力，事情会如何发展？对于这种情形，应该在事前而不是事后才充分加以考虑，就像安全撤离新奥尔良的最佳时机，应该是在卡特里娜飓风来临之前。最终将通用再保险证券公司关门大吉之后，我对它的感觉就像一首乡村歌曲中所唱的那样："我的老婆与我最好的朋友跑了，我还是很怀念我的朋友。"（2006年的致股东信中显示，通用再保险公司的衍生品业务最终关闭。）

我们参与了不同类型的衍生品合约的交易活动。考虑到衍生品大量使用所带来的系统性问题，我们这样的举动看起来有些奇怪。你或许会问：为什么？为什么我们要和这些有潜在毒性的物质鬼混在一起？

答案是，就像股票、债券一样，衍生品有时也会出现价格错得离谱的现象。因此，很多年来，我们有选择性地参与了一些衍生品交易，虽然数量并不多，但有时涉及的金额非常巨大。我们目前手中持有 62 个衍生品合约，由我本人亲自管理，并且可以肯定，我们的合约方不存在信用风险。到目前为止，这些衍生品交易的结果不错，为我们提供了可观的利润。尽管我们时不时会经历亏损，但整体而言，我们愿意继续参与下去，并打算从这些衍生品的错误标价中获取巨额利润。

❧❧❧ ❧❧❧ ❧❧❧

衍生品交易是危险的，因为它使用了极大的杠杆率，增加了我们整个金融体系的风险。它几乎让投资者难以理解，在分析我们最大的商业银行和投资银行时无从下手。它使得房利美（Fannie Mac）、房地美（Freddie Mac）这样的巨型公司多年来，进行了巨大的虚假的利润陈述。两房的情况是如此令人困惑，以至于联邦监管机构 OFHEO（联邦住房企业监管办公室）的百余名工作人员的日常工作除了监督这两家公司之外，其他什么都不用干了。即便如此，他们也好似彻底地迷失在两房迷宫般复杂的账目里，不得要领。

实际上，最近发生的一些事件证明，一些在大金融公司任职的 CEO 们（或前 CEO 们）也没有能力去管理如此庞大而复杂的衍生品生意。芒格和我也在这个倒霉的名单里，1998 年收购通用再保险公司时，我们就知道搞不定它与 884 个对手（其中很多我们闻所未闻）签署的 23 218 个衍生品合约，所以，我们决定不做这生意。尽管我们退出时，在一个温和的市场中运作，没有压力，但还是花了五年时间，损失超过 4 亿美元，才大致完成了这项任务。离别之际，我们对这类生意的感觉印证了一首乡村民谣的歌词："在了解你之前，我喜欢你更多。"

更高的"透明度"——这是一个政治家、评论员和金融监管机构最喜欢的良方，以避免未来出现的严重问题，但这个方法对于衍生品引发的问题也无能为力。我还没听说过有什么报告机制，可以较为准确地描述和测量那些由巨额、复杂的衍生品投资组合所带来的风险。审计师无法审计这些合约，监管机构无法进行监管。当我阅读这些公司财报中"信息披露"的 10-K 部分时，被这些工具弄得头晕，搞不清楚这些投资组合到底是怎么回事（随后，还要吃些阿司匹林缓解一下）。

为了看看监管的有效性，让我们更进一步以房利美和房地美作为案例分析。两房这样的巨型机构是由国会批准成立的，并由国会控制，指令它们什么可以做，什么不可以做。为了利于监管，国会在 1992 年成立了联邦住房企业监管办公室（OFHEO），告诫这两个巨人要检点自己的行为。由于采取了这样的动作，以我所了解的情况，就配置的监管人力而言，两房是受到监管最为严格的公司。

2003 年 6 月 15 日，OFHEO 将其 2002 年年度报告（在互联网上可以查到）提交给国会，特别是给在参议院和众议院里的四位老板，他们不是别人，正是萨班斯（Sarbanes）和奥克斯利（Oxley）先生。这份报告包括了自我赞美的醒目标语："庆祝卓越的十年"。这份报告是在房地美的 CEO 和 CFO 不光彩的引咎辞职，以及 COO 被开除的九天之后提交的。报告中没有提到他们的离开，报告中如同以往一样，包括这样的文字："两家公司都具有坚强的财务实力，管理完善。"

实际上，两家公司都卷入了大量会计假账。最终，在 2006 年，OFHEO 就房利美所犯下的罪责发布了一份 340 页措辞严厉的记录报告，或多或少地斥责了每一方的错误，但是，你们能猜到，它没有指责国会和 OFHEO。

贝尔斯登公司（Bear Stearns）的垮掉凸显了衍生品合约交易所固有的交易对手问题。我在 2002 年的年度信件中曾首次指出，这是个定时炸弹。2008 年 4 月 3 日，纽约联储局能干的总裁提姆·盖特纳（Tim Geithner）解释了拯救的必要性："贝尔斯登之前持有大量的衍生品合约，以保护其免遭金融风险，但这种保护措施突然被发现已经不再起作用，这将会引发巨大的市场混乱。贝尔斯登的合约方大力清仓担保品对冲持有仓位，以及在本已脆弱的市场上再复制仓位，这会引发极度的混乱。"美联储的言论是，"我们主动干涉，以避免巨大量级的金融连锁反应。"以我的观点而言，我认为美联储做得对。

一个正常的股票交易或债券交易，通常在几天之内会完成结算过程。交易的双方，一方得到现金，另一方得到证券。对手风险因此很快就会消失，这意味着信用风险是不会累积的。这种迅速结算的流程是维持市场诚信的关键。实际上，这是 1995 年纽交所和纳斯达克将结算流程从五天缩减为三天的一个原因。

相比之下，衍生品合约的结算经常跨越数年甚至数十年的时间，交易双方相互之间彼此拖欠，累积了巨额的应收、应付权益。这些"纸上"的资产或负债，成为财报的重要组成部分，不但常常难以量化，而且需要很多年才能确认。此外，大型金融机构之间的相互依赖日益构成可怕的纠葛，彼此交错在一起。数以十亿计的应收账款、应付账款渐渐集中到几个大型交易商手中，使得它们以另外的方式拥有了极高的杠杆。

衍生品交易市场中，本打算寻求躲避麻烦的参与者，却成为被殃及的池鱼。

继续将我们的比喻往前推一步，与更多的人发生关联，实际上对大型衍生品交易商有利，因为一旦有事，政府肯定会出手。换句话说，只有那些影响面极大的公司——我不会说出它们的名字——才能成为政府关注的对象（我很悲哀地承认，结果是这样的）。从这个令人恼火的事实中，可以得出这样的结论，对于那些雄心勃勃的 CEO，他们累积了大量债务杠杆，以及巨额的高深莫测的衍生品合约账目，这些公司生存的第一法则是：一般的错误无人理会，只有犯下那些令人难以置信的错误才能得到政府的援助（正所谓"大而不倒"）。

F. 外汇和国外权益 [35]

2002 年我们进入外汇市场，这在我生命中是第一次。2003 年我们进一步扩大了这方面的投资，因为我持续看空美元。我必须强调的是，预言家的墓地中有一大半躺的都是宏观经济分析师，在伯克希尔我们很少对宏观经济做出预测，我们也很少看到有人可以持续做出准确的预测。

现在以及未来，伯克希尔的大部分资产仍然会以持有美国资产为主。然而近年来，我们国家的贸易赤字，持续强迫全世界其他国家和地区接受美国的债权与资产。曾经一度，外国对于美元资产的兴趣消化了这类供给。但是到了 2002 年后期，全世界的胃口已经被美元资产填满，使得美元相对于其他货币开始贬值，即便有汇率的变动，也无法有效地解决贸易赤字问题。所以，无论外国投资人是否愿意，他们仍将受到洪水般涌来的美元冲击，任何人都能够想象其结果。然而，它们造成的困扰实际上不止于外汇市场。

身为一名美国人，我衷心希望这个问题能够得到圆满的解决。或许我提出的警告事后很可能证明没有必要，因为我们国家的活力和耐力一再让唱衰美国的人像个傻瓜。不过伯克希尔公司手握数百亿美元的现金等价物资产，均会以美元形式存在。持有一些外汇合约可以部分对冲一下我们的美元仓位，这样我们会感

关键词：美元资产的对冲

觉比较安心一些。

✴ ✴ ✴

截至去年底，伯克希尔总计持有214亿美元的外汇合约，持有的投资组合涉及12种外币。去年我曾说过，这类投资对我们来说也是头一遭。直到2002年3月之前，伯克希尔公司和我本人都从来没有进行过外汇买卖。但越来越多的迹象显示，我们的贸易政策将在以后很多年，对汇率施加不断的压力。有鉴于此，自2002年起，我们开始调整投资方向作为应对（就像老牌喜剧演员 W.C. 菲尔兹（W. C. Fields）在领取救济品时所说的："抱歉，小伙子，我的钱全部套牢在外汇上了。"）

有一点大家一定要搞清楚，我们在外汇方面的投资不代表我们质疑美国。我们生活在一个富有的国度，这个体系相当重视市场经济、法制原则和机会平等。我们仍是当今世上最强大的经济体，我们非常幸运生活在这样的国度。

但我们国家的贸易政策终将拖低美元，美元价值的下跌已经非常巨大，且没有任何好转迹象。如果政策不变，外汇市场的无序情况会继续发生，并会在政治层面和金融层面上产生溢出效应。没有人知道这个问题最终会演变成什么样，但是，问题并非遥不可及，政策制定者应该现在就正视它的存在。然而，他们对此采取的态度可以说是漠视。2000年11月的一项318页的国会研究报告，公布了持续积累的贸易赤字，引起了轩然大波。1999

年，赤字已经拉起了警报，达到2630亿美元；去年，这个数字上升到6180亿美元。

应该强调的是，芒格和我相信，真正的贸易，就是与其他国家进行货物和服务的交换，是对交换双方都有着极大好处的。去年，我们这类真正的贸易达到了1.15万亿美元，这类贸易越多越好。但是，请注意，在此之外，我们国家又额外从世界其他国家购买了6180亿美元的产品和服务，这可不是对称的，这个巨额的数字会有严重的后果。

这种单向的不对称贸易，在经济学上总会有补偿的形式，其导致的结果是财富从美国转移到世界其他国家。财富转移的形式有：我们以私人或政府机构的名义开给外国人的借据，或出让股票和房地产的所有权。无论以哪一种形式，结果是美国人拥有自己国家资产的比例逐步下降，与此同时，非美国人持有的比例上升。这种变化以每天18亿美元的速度在推进，自我去年写信给你们之后，又提高了20%。因此，现在其他国家以及外国公民持有美国资产约3万亿美元，而十年前这个数字还微不足道。

提到万亿美元，由于极其巨大，对于绝大多数人没什么感觉。更容易让人搞混的是，"经常账户赤字"（由三个项目组成，目前最为重要的是贸易赤字）和"国家预算赤字"，它们常常像双胞胎一样令人分不清，但它们的成因不同，影响结果也不同。

预算赤字决不会减少国家经济大饼中给美国人的部分。只要其他国家及其公民不持有美国的资产，那么在任何预算情况下，100%的美国产出都属于美国公民，即便我们有巨大的赤字。

就像将美国这个国家比喻为一个物质丰富的富裕"家庭"，所有美国人可以通过立法议员来讨论如何分配国家的产出，如何征税，如何分配国家福利。如果早期的承诺必须被重新审视，那么"家庭成员们"会激烈地辩论，原则是"谁付出、谁受益"，或许会提高税收，或许会修订福利，或许会发行更多公债。但一旦纷争结束，这个家庭的整个大饼并无旁落，仍然属于全体家族成员，只不过分配的比例有所变化而已，没有一块是分给外人的。

但目前巨额的持续的经常账目赤字，改写了整个游戏规则。随着时间推移，来要债的债主会越来越多，我们自己拥有的产出会越来越少。实际上，世界其他国家将会从美国的产出中抽取越来越多的版税。我们就像一个入不敷出的家庭，会慢慢发现，越来越多的工作是为"金融公司"债主打工，能留给自己的部分越来越少。

如果经常账目项下的赤字继续发展下去，那么从今天起的十年之后，其他国家及其公民所拥有的美国资产将达到大约 11 万亿美元。如果外国投资者能从其持有的资产中获得 5% 的收益，那么，整个美国每年需要输出 5500 亿美元的产品和服务给外国人。十年之后，我们的 GDP 预期能达到 18 万亿美元（假设低通胀，虽然这个假设远不能确定），到那时，我们美国这个大"家庭"需要将 3% 的每年产出交给世界其他国家，作为过去放纵挥霍的代价。这种情况可不像预算赤字的情况，这是真正的父债子偿，前人作孽、后人买单。

　　除非美国人从现在开始大幅度省吃俭用、勤俭度日，并开始持续保持贸易顺差，否则的话，目前每年美国需要支付给世界其他国家的"版税"，将毫无疑问地引发美国政治的不稳定。现在，美国人仍然会过得很不错，因为经济的成长，将来也会过得更好。但一想到需要向外国的债主和所有权人不断地进贡，他们便会很恼火。我在这里必须夸张一点以显示强调，在一个现在强调"所有权社会"的国家里，这种"佃农社会"现象的出现不会令人感到愉快。但这正是我们的贸易政策导致的结果，共和党和民主党都在支持这样的政策。

　　很多富有声望的美国财经人物，无论是在社会上还是在政府部门里，都一再声明，我们的经常项目赤字无法持续。举例而言，2004 年 6 月 29 日到 30 日，美联储公开市场委员会的会议记录显示："委员会工作同仁已经注意到，超级巨量的外部赤字不可能无限期维持下去。"但是，尽管有重量级人物大声疾呼，他们并没有提出实质性的方案，去解决日益恶化的不平衡。

　　（16 个月前，巴菲特）就曾警告："温和贬值的美元并不能解决问题。"到目前为止，的确是如此。然而政策制定者继续希望能够"软着陆"，同时，建议其他国家刺激（应该说是"膨胀"）它们的经济，以及美国人民应该提高储蓄。以我的观点看，这些都没有切中要害。除非贸易政策或彻底改弦更张，或美元大幅贬值到足以让金融市场惊天动地的程度，否则，那些根深蒂固的结构性问题仍将继续以其巨大的经常项目赤字困扰美国。

　　那些维持现状的支持者喜欢引用亚当·斯密的话："如果每

个家庭的做法都正确无误，那么整个国家的方向就错不了。如果外国提供的商品，比我们自己生产还要便宜，那当然是发挥我们具有优势的生产力，用部分产品去购买它们。"

我同意这个观点。但是，请注意，斯密先生的说法，指的是以物易物的贸易，而不是拿我们国家的财富来做交换，尤其是当我们一年要额外花掉 6000 亿美元的时候。而且，我肯定，斯密同样也不会赞同他的"家庭"以每天变卖部分农场的方式，来弥补过度消费的缺口。但很不幸，这正是当今最强大的国家——美利坚合众国正在做的事。

换个角度来说，如果美国现在享有的是 6000 亿美元的贸易顺差，那么，全世界的评论家一定会强烈谴责我们的贸易政策，将之视为"重商主义"——也就是长久以来，为人所诟病的鼓励出口、压抑进口、囤积财富的经济政策。我对这种重商主义的做法也持谴责态度，但事实上，就算不是有意的，世界上其他国家实际上在对美国实行重商主义，觊觎我国丰厚的资产以及良好的信用历史。确实，除了美国，世界上再也没有其他国家可以像我们一样使用几乎无上限的信用。截至目前，大部分的外国投资者还是相当乐观，他们认定我们是花钱如流水的瘾君子，而且是极其富有的瘾君子。

但我们这种挥金如土的行为，不可能无限制地持续下去。虽然很难预估目前的贸易逆差问题什么时间以什么方式解决，但可以肯定的是，绝对不可能依靠美元对其他贸易伙伴货币的大幅升值方式来解决。

我们很希望美国能够提出一套快速、彻底解决贸易逆差的方案。虽然这样做，会使得伯克希尔账上产生大量的外汇交易损失，但由于伯克希尔大部分的资产还是以美元计价的资产，所以，强势的美元以及低通胀的环境非常符合我们的利益。

凯恩斯曾在他的著作《通论》（*The General Theory*）中提到："世俗的智慧告诉我们，循规蹈矩的失败，可能比标新立异的成功，更有利于保全名声。"（或者讲得再通俗一点，旅鼠作为一个群体或许被嘲笑，但却没有任何一只旅鼠会挨骂。）也就是说，若是为了面子，芒格和我在外汇上的做法很冒险。但是我们尽心尽力地经营伯克希尔，就像我们是持有公司 100% 的股权一样，这就是我们不会仅仅持有美元资产的原因。

～※ ～※ ～※

当我们长期持有股票或债券时，年复一年的价值变动会反映在我们的资产负债表上，但是，只要这些资产没有被出售，它们很少会反映在损益表上。例如，我们在可口可乐上的投资，从最初的 10 亿美元，到 1998 年上升到 134 亿美元，然后下跌到 81 亿美元，但这些市值的变化并不影响我们的损益表。然而，长期的外汇仓位是按照每天的汇率变化进行记录，因此汇率的变化在每一期财报中都会反映出来。

从第一次涉足外汇市场以来，我们已经赚了 20 亿美元。2005 年我们减少了一些直接持有外汇的仓位，但通过购买一些以不同货币计价的股票，部分抵消了这种影响，并且赚取了一大把国际上的钱。芒格和我喜欢这种非美元方式的赚钱之道。这很大部分归因于利率的变化，当美国的利率相对于世界其他国家上升时，持有其他外汇就会有显著的负盈利。

相比之下，持有外国的权益，随着时间推移，会创造正盈利，也许会非常显著。影响美国贸易经常项目赤字的因素在继续恶化，看起来没有停止的迹象。不仅是我们的贸易赤字（经常项目中最大的、最熟悉的部分）在 2005 年创下新高，而且我们可以预见第二大项目——投资收益的平衡很快也会沦为负数。由于外国投资人持有的美国资产（或者可以称为对我们的要求权力）的上升幅度大于美国在海外的投资增速，外国人从其持有的美国资产上的所得，开始超过我们从海外资产上的所得。

最后，经常账目的第三个要素——单边资金转移，总是负数。必须强调的是，美国是非常富裕的，而且会更加富裕。这种情况造成的结果是，存在于美国贸易经常项目下的巨大不平衡或许会持续很长时间，而它对于美国经济或美国市场的不利影响会被忽视。然而，我怀疑这种情况会一直不发作地持续下去。这个问题的最终结果，或是不久之后，以我们主动选择的方法解决问题，或是问题以它自己的不愉快的方式找上门来。

当我们的贸易问题变得更为糟糕的时候，美元持续疲软的可能性继续增大。我强烈地相信，真正的贸易对于我们和世界而言，越多越好。2006 年，我们的贸易额大约是 1.44 万亿美元，相信这是真实的数据。但去年美国也有 0.76 万亿美元的非贸易额，这个进口金额没有相应的商品或服务。（想一想，评论家们会如何评价这种情况，0.76 万亿美元的进口，占 GDP 的 6%，我们却没有相应的出口额。）

进口这么多，却没有出口作为交换，那么，美国必须卖掉一些资产或打欠条给世界其他国家。美国，就像一个富有但放纵挥霍的家庭，一点一点变卖家产以补贴入不敷出的生活。

美国可以继续这么干下去，因为我们是个非常富有的国家，并且在过去显示出非常好的责任感。所以，世界愿意接受我们的债券、房地产、股票和企业。像这样可用于交易的资源，我们还有很多。

然而，这种交易带来的资产转移是会有后遗症的。我在去年所做的关于挥霍放纵所导致的后果的预言不幸变成了现实：我们国家的"投资收益"账目从 1915 年以来都是正数，但在 2006 年由正转负。现在，外国人从其持有的美国资产上获得的回报，已经超过了美国人从其持有的海外资产上所获得的回报。

实际上，我们已经花完了银行账目里的钱，现在以刷信用卡负债度日。就像每一个负债度日的人一样，整个美国现在是为其日益增长的负债支付"反向复利"。

我想强调的是，尽管我们的行为并不明智，美国人从今往后的 10 年或 20 年，会比现在过得更好，人均财富还会继续增加。

但我们的公民每年会被迫将国民生产的很大一部分输出到国外，以偿还我们今天巨额负债的成本。想一想，你每天工作的一部分被贡献于偿还祖先的过度消费，这恐怕不会令人愉快。我认为，将来会有一天，美国的劳动者和选民会发现这种"贡献"是如此繁重，以至于引发严重的政治后果。这个问题最终将如何解决，无法预测，但是，期待其"软着陆"看起来可能只是一厢情愿的想法。

G. 房屋产权：实践和政策 [36]

众所周知，美国房屋拥有和房贷政策出现了问题，为此，我们的经济现在付出了巨大的代价。我们所有人都被卷入了这场灾难，政府、被借款人、借款人、媒体、评级机构，凡是你能想到名字的，几乎没有不受影响的。这场愚蠢游戏的核心是，人们通常都认为房屋的价格肯定会随着时间而上升，任何的下降都是可以忽略不计的。这个前提几乎贯穿于任何房屋的交易行为和交易价格中。

每个地方的房屋所有人都会感到更加富有，并通过二次按揭的再融资手段，将其房屋的升值实现"货币化"。透过这种方式，大量的资金涌入经济体，沐浴在消费的狂欢中。在这个持续的过程中，看起来大家都无比快乐。（一个巨大的被忽视的事实是：大批因丧失抵押品赎回权而失去房屋的人们，实际上获得了好处，因为他们早先再融资取得的资金高于他们当初的置业成本。

在这些案例中，被驱逐的房主实际上是赢家，输家是那些借出款项的人。)

〰〰〰〰〰〰

这里，我将多花一些篇幅说一说克莱顿房屋公司（Clayton）的房贷运营问题，因为这家公司近年来的经验有助于有关房屋和房贷等公共政策的讨论。

克莱顿房屋公司是住宅建筑行业最大的公司，去年一共建造了 27 499 套住宅，大约占整个行业 81 889 套中的 34%。在 2009 年，我们的市场份额会进一步增加，因为行业中的其他公司都陷入严重的困境中。在 1998 年，整个行业达到顶峰的 372 843 套供给量之后，单位住宅的销售持续下降。

在那些好日子里，整个行业的很多销售行为是糟糕的。此后，我曾经描述这一段时间发生的情况："那些不该购买房屋的人，借钱买房；那些借钱给别人买房的人，本就不应该借。"

在整个流程开始之初，需要房屋贷款的首付，这是非常重要的，但却常常被忽视，有时甚至卷入造假行为。（销售人员会说："在我看来，那只猫肯定值 2000 美元。"如果放贷获批，他会得到 3000 美元的佣金。）然后，放贷借款人签署了按揭合同，同意每月支付根本还不起的月供，但无所谓，因为他们本来就一无所有。这个故事的后续结果是，这些房贷被华尔街打包（证券化），然后出售给毫无戒心的投资者。这种愚蠢的链条必将以恶果收场，而且事实的确如此。

必须强调的是，克莱顿公司那段时间在自己的贷款业务中，比业内其他公司理智得多。的确，从克莱顿公司发出的房贷资产证券化的投资产品，没有让投资人损失过一分钱的本金或利息。但是，克莱顿公司是个例外，整个行业损失巨大，摇摇欲坠，后遗症一直持续到今天。

这场1997～2000年房贷市场的大溃败，本应该可以对后来的大规模传统房屋市场的发展，起到类似煤矿开采中金丝雀一样的预警作用。但是，无论是投资人、政府部门、评级机构都没有从中汲取任何教训。相反，对这场灾难的怪异反馈是，传统的住宅建筑行业在2004～2007年期间，完全重复了同样的灾难。借贷者将钱借给那些以他们的收入根本还不起钱的人，借款者很愉快地签署这些合同。借贷双方都寄希望于"房价的上升"，以弥补这项"不可能完成的任务"所带来的缺口。就像小说《飘》的女主人公郝思嘉一再重复的："明天再说吧。"这种恶劣行为带来的苦果，现在依然在我们经济的每个角落里回荡。

然而，在房地产市场崩塌期间，克莱顿公司的198 888个房屋贷款人仍然继续正常支付月供，没有给我们造成预期之外的损失。这并非由于我们的贷款人非同寻常的好信用。一个由FICO（通常用于衡量信用风险的标准）提供的评级显示，相对于全国平均的723分，这些人的平均得分为644分，而其中35%低于620分，这部分通常被认为"信用不佳"。很多发生问题的房贷证券化产品，根据FICO的评级衡量，其背后的贷款人信用都还不错。

到了年底的时候，我们持有的源头贷款的债务拖欠率是3.6%，相比 2006 年的 2.9% 和 2004 年 2.9% 略有上升。（在源头贷款之外，我们还买进了其他金融机构的各式各类的投资组合。）2008 年，克莱顿公司源头贷款发生的丧失抵押品赎回权比率为3.0%，相比之下，这项比率在 2006 年是 3.8%，2004 年是 5.3%。

为什么我们的贷款人，尤其是这些人收入中等、信用一般，能表现如此良好？答案很简单，这个问题可以回去看看借款常识手册《借款须知 101》（Lending 101）。我们的贷款人会看一看，由房贷带来的每月月供，是否与其每月实际收入相匹配，而不是"希望收入"，然后再做决定。简而言之，他们考虑了偿还能力而后申请房贷，无论房价如何变化。

同样重要的因素还有，我们的贷款人没有做什么。他们不指望将来以"二按再融资"的方式偿还贷款。他们也没有签署与其收入脱节的、棘手的高利贷。并且，他们也没有设想将来万一还不起房贷时，抛售房子获取利润。这是一群多么可爱的人，吉米·斯图尔特（Jimmy Stewart）一定会爱死他们。

当然，我们的贷款人中有一些陷入了麻烦。如果灾难发生，他们通常没有一丁点儿储蓄以渡过难关。引发拖欠或丧失房屋赎回权的原因是失业，但死亡、离婚、医疗费用也是引发问题的重要原因。如果失业率上升，就像 2009 年肯定会这样，更多的克莱顿公司的贷款人会遇到麻烦，由此，我们会有更大的但仍然可控的损失。但是，我们的问题与房价的走势没有太大关系。

关键词：房屋政策的努力目标

关于当前房地产危机的评价，经常忽视一个重要的事实，大多数丧失房屋赎回权的情况并非由于房价低于房贷金额引起的，而是因为贷款人还不起他们曾答应的月供引起的。那些从储蓄中而不是借款支付购房首付的业主们，很少会因房价跌破房贷而放弃他们的第一居所。但是，当他们无法支付月供时，他们会选择放弃。

拥有自己的房屋是件美妙的事情。我的家庭和我享受目前的居所已经有50年了，而且会一直住下去。但是，居住和使用应作为买房时的首要动机，而不应该将购房视作升值盈利或再融资的手段。同时，购房时应该考虑与收入相匹配，量力而行。

当前的房地产崩溃应该让购房者、贷款提供商、经纪人、政府部门学到一些简单的教训，以确保未来的稳定。购买房屋时，至少应该实打实地支付10%的首付款，购房者的收入应该可以轻松负担之后的月供，购房人的收入情况应该被仔细地审核。

居者有其屋，这当然是个美好的愿望，但不应该成为我们国家的首要目标。让购房者能待在他们的房屋里不毁约，才应该是目标。

| 第 4 章 |

普通股投资

恐惧和贪婪，这是资本市场上时不时会爆发的两种具有超级传染性的病症，而且它们会一直存在。这两种病症发病的时间无法预测，由它们引发的市场非理性行为也同样无法预测。无论是其持续时间，还是传染蔓延的程度，均无法预测。因此，我们从不尝试去推测它们何时来，何时去。我们的目标很简单：在别人贪婪的时候恐惧，在别人恐惧的时候贪婪。

在写这封信的时候，华尔街几乎未见恐惧之情。相反，兴奋的情绪四处蔓延。为什么不呢？有什么比置身于一场牛市中更令人兴奋呢？在牛市中，股票持有人可以获得的靓丽回报，这种回报远远超过企业运营的沉闷以及滞后的表现。然而，不幸的是，股票的表现不可能无限期地优于企业本身的表现。

实际上，由于投资者的频繁交易和投资管理的成本，长期而言，投资者作为一个整体的表现不可避免地会低于其拥有的公司的表现。如果美国企业总体上能有大约12%的年化净资产回报率，那么，投资者总体上而言，他们的最终所得一定会少很多。

关键词：我们的目标

牛市或许会使数学定律黯然失色，但却无法消除它们。[37]

A. 交易的祸害：交易成本 [38]

对于持有伯克希尔股票和其他公司股票的人们而言，过去的岁月是很容易赚钱的好时光。让我们来看一个足够长期的例子，1899 年 12 月 31 日到 1999 年 12 月 31 日，美国道琼斯指数从 66 点攀升至 11 497 点，（这个回报看起来很惊人是不是？猜一猜年化回报率是多少？令人吃惊的答案在这封信的结尾。）

这种巨大的升幅来自于很简单的原因：在这一个世纪的时间里，美国的公司干得不错，而投资者搭上了这拨财富繁荣的历史潮流。当今时代，企业界继续保持良好运作，但投资者们却通过一系列的自找麻烦，在很大程度上，降低了自己的投资回报。

为什么会发生这种情况？这种现象的解释可以从一个基本的事实开始。除了一些无足轻重的例外情况，例如由债权人追索公司导致破产，在大多数情况下，股东们从目前到上帝审判日之间获得的整体收益，将等同于所持有公司的整体收益⊖。整个大饼，每个股东都有属于自己的那一份。

当然，在现实中，会发生这种情况，通过聪明或幸运的买卖交易，A 投资者或许会获取本来属于 B 投资者的那份收益。此

⊖　即所有股东的总收益最终等同于公司存续期的总收益。——译者注

外，在牛市呼啸而来，股价飙升的时候，每个投资者都会感到更加富有。但最终，如果一个投资者打算在高位套现，必须有人在高位接盘才行，这就意味着，想卖高价就必须有人出高价买。如果将一个上市公司的全体股东视为一个整体，事情将会很简单，没有魔术那样炫目和神秘。我们会看到，公司的所有股份只不过在公司不同股东之间换手而已，没有资金来自外部。也就是说，所有股东作为一个整体所获得的财富，不可能多于公司本身所创造的财富。

的确，由于"摩擦"成本的存在，投资者的盈利实际上也少于所持有公司的盈利。我认为，当今时代，这些成本的发生使得现在股东所得远远少于历史上的股东所得。

为了搞清楚这些费用成本是如何越来越多的，让我们假想一下，所有的美国公司都被一个家族所拥有，我们将这个家族称为G（Gotrocks）家族。一年又一年，一代又一代，在这个家族支付了红利税之后，这个家族所持有的公司整体上盈利越来越多。今天，这个盈利数字达到了每年7000亿美元。自然，这个家族会花掉一些钱，但是，总会有部分盈余被保留，留在公司里继续运营，滚存复利。在G家族里，所有的成员都以同样的速度增加着财富，大家庭的氛围美妙而和谐。

现在，假设一下，来了几个能言会道的家伙找到G家族，他们自称是帮手，劝说每一个家族成员要意识到自己可能比其他家族成员更聪明，这样他们可以从其他亲人手中买入一些股份，或卖出一些股份，从而可以增大自己的那份财富大饼。这些帮手

关键词：产生摩擦成本的四个帮手

爽快地提供交易经纪服务，因为能赚到手续费。G 家族的成员依然拥有整个公司的股份，这些股份的交易仅仅是在家族成员手中重新做了分配。这样，G 家族每年所得财富减少了，其所得变成了所有公司盈利减去发生的费用。交易越是频繁，他们的财富大饼就越少，那些帮手就赚得越多。这个事例说明，这些经纪商帮手没有什么好失去的，交易活动是他们的朋友，越频繁越好，他们甚至会想尽各种方法促使其发生。

过了一段时间后，大多数家族成员意识到这种"占兄弟便宜"的游戏没有实际意义。于是，又来了一群新的帮手，他们解释道：家族的每一个成员并不比另一个更聪明，所以上述做法没有意义。并提供了一个解决方案："请一个职业的经理人，这样可以更专业化。对，我们就是你们要找的人。"这些经理人帮手继续着之前那些经纪人帮手的游戏，不停地买卖，甚至交易更加疯狂，令经纪人赚得更多。总之，财富大饼的更大部分就这样被分到了这两类家伙的口袋里。

家族成员们的失望情绪在增长，现在他们每一个人都雇了职业经理人团队。然而，整体而言，整个家族的财务情况变得更糟糕了。有没有解决方案？当然有——雇更多的帮手。

接下来，帮手队伍中有了财务规划师和机构顾问，他们的职能是帮助 G 家族权衡之后，挑选职业经理人。头脑不清的家族很欢迎这项帮助。现在，家族成员们知道，他们既无法挑选正确的股票，也无法挑选正确的股票经理人。有人或许会问，他们怎么能知道自己可以挑选正确的顾问呢？但 G 家族的人不会提出这个问题，因为，他们的顾问帮手不会让这种情况发生。

现在，G家族负担了三类帮手的费用成本，但他们发现财务情况更加糟糕了，开始陷入绝望。正当他们希望破灭的时候，第四类帮手出现了，我们称之为——超级帮手。这群友好的超级帮手向G家族解释了为什么结果不令人满意的原因，因为上述三类人——经纪人、经理人、顾问，没有得到足够的激励，仅仅是随便折腾。这些新来的超级帮手提示道："如果没有激励机制，你们能期望从这帮僵尸身上得到什么呢？"

对此，新来的超级帮手们提出了一个简单而惊人的解决方案：付更多的钱。洋溢着自信的超级帮手们断言：为了战胜他们的亲属，家族的每个成员除了支付刻板的固定费用之外，还要提供巨额的或有奖励，这样才能真正达成目标。

更多的善于观察的G家族成员发现，这些超级帮手们有一些就是先前的第二类人——经理人帮手，只不过他们换了身新制服，衣服上缝着性感的标志，比如对冲基金或私募基金。这些人拍着胸脯保证，换上这身新衣服是很管用的，它赋予了新的魔力，就像《超人》电影里本来温和的克拉克·肯特（Clark Kent），一旦换上他的超人服装后，立马变成超人一样。这个比喻听起来似乎很有道理，于是G家族决定付钱。

接下来，就到了我们今天的结论。本来，如果G家族的成员只是躺在摇椅上，什么都不做，就可以获得所有的盈利，但现在，有相当部分的盈利流进了日益膨胀的帮手大军的口袋里。特别是近来流行的盈利奖励分配制度，使得这类问题愈加突出。当帮手们或是因为聪明，或是因为运气好而取得盈利之时，他们会获得盈利的大部分；当帮手们或是愚蠢，或是运气差（或压根就是欺骗）而导致损失之时，所有的损失以及巨大的固定费用，都留给了家族成员承担。

这种利益的分配，就像抛硬币游戏。抛得正面，盈利时，这些帮手拿走很多盈利；抛得背面，G 家族自己背负亏损，并支付不菲的费用以获取参与游戏的特权。根据这种情况，似乎称 G 家族为傻瓜家族（Hadrocks）更为合适。

实际上，今天，类似上述描述中提到的摩擦成本，已经达到了所有美国公司盈利总和的 20%。换言之，支付给各类帮手们的摩擦成本使得美国股市全体投资人只能获得他们本应获得盈利的 80%，而如果投资人什么也不做，什么也不听，100% 的盈利本来都应该属于他们。

很久以前，艾萨克·牛顿爵士提出了三个运动定律，这是天才的贡献。但牛顿爵士的天才并未延伸到投资领域，他在南海泡沫事件中损失了大笔财富。随后，他总结道："我能计算出星体的运行，但无法计算出人类的疯狂。"如果不是受这一重大损失的打击，牛顿爵士或许可以发现第四运动定律：投资者的整体回报，随着交易频率的上升而减少。

关于这封信开头部分提到过去 100 年道琼斯指数回报率的问题，答案是这样的：具体而言，道琼斯在 20 世纪的 100 年中，从 65.73 点上升到 11 497.12 点，相当于年化复合回报率 5.3%

关键词：牛顿的第四定律

（当然，投资者在此期间还能收到分红。）在接下来 21 世纪的 100
年中，为了达到同样的回报率，道琼斯指数必须——你需要深呼
一口气——达到 2 011 011.23 点。也就是说，到 21 世纪末，道
琼斯将以 200 万点收盘，但看看本世纪初的前六年，道琼斯指数
几乎原地没动。

꧁ ꧁ ꧁

不出数月，伯克希尔公司的股票将会在纽约证券交易所
（NYSE）挂牌。交易所委员会（the Exchange's Board of Governors）
通过的，并获得证监会（SEC）监管批准的一个新挂牌法规使得
我们的行为成为可能。如果这项新规则获得通过，我们会申请挂
牌上市，并相信可以获得批准。

截至目前，纽交所要求每个上市公司必须至少有 2000 个持
有不少于 100 股的股东人数。这条规则的目的在于维护广大投资
者的利益，以及促进有效市场秩序。所有在纽交所上市的公司都
以 100 股的标准作为对应的交易单位，100 股称为 "一手"（round
lots）。

因为伯克希尔公司（1988 年）发行在外的总股本较少（共
有 1 146 642 股），持有不少于 100 股的股东数量达不到纽交所的
规定。伯克希尔股票的价格很高，10 股的持股量就已经代表了
一大笔投资金额，实际上，10 股伯克希尔的股价远远高于任何
在纽交所挂牌公司的 100 股。因此，交易所同意伯克希尔公司以

关键词：在纽交所挂牌的意义

10 股为"一手"作为交易单位。

纽交所新提议只是将"持有不少于 100 股的股东数量至少有 2000 个"的规则改为"持有不少于 1 手的股东数量至少有 2000 个"。伯克希尔能轻而易举地满足这个修订后的标准。

伯克希尔的副董事长芒格和我对于公司在纽交所挂牌的前景感到高兴，因为我们相信这一举动将使股东们受益。我们有两个标准用于衡量哪一个市场对于伯克希尔股票最佳。

首先，我们希望公司的股价在一个可以持续反映其内在价值的理性价格上交易。如果能够做到这一点，那么，每一个股东在其持股期间，所得到的结果将会大致与伯克希尔公司的经营成果相一致。

这种结果并不是自动产生、自发完成的。很多公司的股价在严重低估与严重高估之间震荡。在这种情况下，股东们所获得的奖励或惩罚，与其持股期间公司的实际运营成果极其不符。我们的目标是希望我们的持股合伙人所获得的利润来自公司的实际运营成果，而不是其他持股者的愚蠢行为。

无论是现在还是将来，持续的理性股价只能来源于理性的持股人。我们所有的政策和沟通都是为了吸引那些着眼于长期，关注公司本身运营的投资人，而过滤掉那些只关注股价变动的短线买家。到目前为止，我们的尝试是成功的，伯克希尔的股价一直非同寻常地围绕着企业内在价值进行窄幅波动。我们认为在纽交所上市对于我们"希望股价持续以合理价格交易"的目标有积极影响。无论在什么市场上市，股东的优良品质都将产生良好的结果。

活跃股票的交易成本非常高，经常能达到一家上市公司净利润的 10% 或更多。这实际上是对股东们征收的重税，虽然只是一个人决定"换个位子"，虽然支付的对象是金融机构，而不是华盛顿。在伯克希尔，我们的目标和你们的投资态度使这种"税"大为减少。我们相信，在大型上市公司中，伯克希尔的这项费用是最低的。在纽交所上市之后，伯克希尔股东的成本会通过做市商报价的买卖差价缩小而进一步降低。

最终的结论：你们应该明白，我们并非为了追求伯克希尔股价的最大化而在纽交所上市。我们希望，在相似的经济环境中，伯克希尔在纽交所的股价表现也应该像在场外市场交易一样。在纽交所上市并非你买或卖的原因，它只是降低了你的成本，无论买卖。

B. 吸引正确的投资者 [39]

1988 年 11 月 29 日，伯克希尔公司的股票在纽约证券交易所挂牌。让我来澄清一下在信中没有提到的一点（见上文）：尽管我们公司在纽交所的交易单位是每 10 股为一手，但可以 1 股起进行买卖。

正如之前的信件所解释的，我们上市的基本目的是为了减少交易成本，我们相信这个目标已经达到。一般情况下，纽交所里进行买卖之间的差价要小于柜台交易。

亨德森兄弟公司（Henderson Brothers, Inc.）是我们公司股票的指定经纪商，它是纽交所资历最老的，一直持续经营至今的特定经纪公司。该公司的起源可以追溯到 1861 年 9 月 8 日，威廉·托马斯·亨德森（William Thomas Henderson）用 500 美元购买了交易所的席位（目前，席位的标价大约 625 000 美元）。在54 家特定经纪商中，亨德森兄弟公司（HBI）被委托指定交易的数量名列第二位，有 83 家上市公司被分配给了这家公司。我们很高兴伯克希尔公司被分配给它，并对它的工作表现很满意。该公司的董事长吉姆·马奎尔（Jim Maguire）先生亲自处理伯克希尔股票的交易，我们得到了无与伦比的关怀。

与众多的上市公司相比较，我们的目标可能有两个不同之处。第一，我们不希望伯克希尔的股票价格越高越好。我们只希望股价能以内在价值为中心，窄幅波动即可（我们希望它以合理的速率增长，或许这也有些不合理）。

股价的过分高估或过分低估都令芒格和我感到不安，这两种极端情况的出现，会使得很多股东所获得的结果完全不同于公司本身的运营结果。如果我们的股票价格能持续地如同镜子一样反映企业的价值，那么，在每一个股东持股期间，得到的投资结果将大致会与伯克希尔公司的实际运营结果相一致。

第二，我们希望股票的交易活动少之又少。试想一下，我们与几个合伙人经营一家不大的合伙公司，如果这些合伙人或他们的代理人动不动就想散伙，我们一定会感到失望。今天管理一家上市公司，我们也是同样的感觉。

我们的目标是吸引长期投资者，他们在买入股票之时，并没有卖出的时间表，或卖出的股价目标，他们打算与我们休戚与共，直到永远。对于那些希望自家股票交易活跃的CEO，我们无法理解，因为交易活跃就意味着公司的股东持续地离去。同样地，在其他一些机构，例如学校、俱乐部、教堂等，有哪一家机构的领导人为成员的离开而欢呼呢？（然而，如果存在这样一种经纪商，他以这些机构的成员流动活动为生计，那么可以肯定，你至少能发现他是这种活动的支持者。正如谚语所言："基督教这边暂时没什么事发生，或许下周我们应该转到佛教那边去。"）

当然，有些伯克希尔的股东有时会需要或者打算卖出一些股票，这时，我们希望接手的后来者能支付一个好的、公平的价格。因此，我们通过我们的政策、表现和沟通去吸引那些新的投资者，使他们能够懂得我们的运营，明白我们的时间预期，衡量我们就像我们自己衡量自己一样。如果我们能够不断吸引这类投资者作为股东，并且同样重要的是，不断使那些注重短期或怀有不现实预期的人兴趣全无，那么，伯克希尔的股票应该能始终以符合企业价值的合理价格进行交易。[40]

C. 分红政策与股票回购 [41]

公司通常会向股东报告分红政策，但很少做出解释。一家公司可能会这样说："我们的分红目标是用公司净利润的40%～50%

进行分红，并且至少保持与 CPI[⊖]同步上升的速度。"也就是这样，仅此而已，不会有分析说明为什么这种特别方案是公司股东利益的上佳之选。然而，资本配置对于企业和投资经理而言是重中之重。正因为如此，我们认为，公司高管与投资人都应该认真思考，在什么环境下应该保留利润，在什么环境下应该分配利润。

首先要明白的一点是，并不是所有的收益都是在同等的情况下创造的。在很多公司，尤其是那些具有高资产 / 利润比特征的公司里，通货膨胀会侵蚀财报中显示的部分甚至全部收益。这个会被通胀侵蚀的收益部分，我们称之为"受限定收益"，不能被用于派发红利，以利于公司保持其经济竞争地位。如果这部分受限定收益被用于分红，公司会在如下的一个或若干方面丧失其根基，如维持销量的能力、长期竞争力、财务实力。对于这样的公司，无论其分红率多么保守，持续地派发受限定收益都注定会完蛋，除非有新的资本注入。

受限定收益对于股东而言并非毫无价值可言，但其价值常常会大打折扣。无论这些受限定收益的运用回报潜力如何糟糕，它们还是被公司留存使用。

这种"无论投资回报多么低下，也要用留存收益去干"的例子，在联合爱迪生公司（Consolidated Edison）以一种极其不可思议的讽刺方式体现出来。十年前，一项惩罚性的政策使得公司的

关键词：受限定收益 vs. 非限定收益

股价低到只有其账面值的 1/4，也就是说，公司每一美元留存用于再投资，只能转化为 0.25 美元的市值。

但是，尽管这是个"黄金变成铅"的过程，公司的大部分收益还是被用于留存再投资，而不是派发给股东。与此同时，在纽约的很多建筑工地和维修工地上，到处能看到该公司骄傲地宣传公司口号："我们必须挖掘！"（呵呵，挖掘什么？挖掘利润吗？）

在我们讨论分红问题时，关于受限定收益的问题没有必要进一步讨论了。让我们转回更有价值的部分——关于"非限定收益"部分。这部分收益具有同样的可选择性，可以留存在公司，也可以用于分红。至于选择哪一种，我们认为，管理层应该选择对股东最有利的方式。

但我们的这一建议并未获得广泛的接受。出于一系列原因，管理层喜欢保留那些可以派发给股东的非限定收益，以扩大公司管理的帝国版图，为了手头的财务宽裕，等等。但我们认为只有一个原因才是公司留存利润的有效理由——通过历史证明或经过缜密的前景分析，在未来具有合理回报预期的情况下，才应该保留非限定收益用于企业再投资。也就是我们一直表述的：公司留存的每一美元，要为股东创造至少一美元市值。只有当留存收益作为再投资资本产生的增量收益等于或高于投资者通常可以获得的收益时，这种情况才应该发生。

为了说明上述问题，让我们假设一位投资者持有 10% 无风险永续债券，该债券具有一个不同寻常的特点。每年，对于 10% 的票息，这位投资者可以两个选择：①取回 10% 的现金；

关键词：债券收益与公司收益的两种处理方式

②将 10% 的回报滚存为本金，继续以 10% 的利率再投资。其他所有条件都一样，例如永续期限、可再投资等。

如果在某年，市场上长期、无风险利率是 5%，那么收取现金回报是愚蠢的，因为他本可以继续再投资于利率为 10% 的债券。在这种情况下，如果这个投资者打算得到现金，他应该将票息转换为债券，然后转手卖出。这样，比之直接取回 10% 的现金利息，他能够得到更多的现金。假设，所有的债券持有人都是理性的投资者，那么，就不会有人在市场利率为 5% 的时候选择收取现金票息，即便那些以利息为生的债券持有人也不会这么做。

但是，如果市场利率达到了 15%，那么理性投资者将不会再投资于 10% 的债券，这时他们会选择收取现金票息，即便他根本没有现金需求。反之，如果投资者选择票息再投资，也就是再投入该债券，那么其增持债券的市场价格远远小于他选择得到现金票息。如果他想再多持有 10% 的债券，就拿着收到的现金票息，直接到市场上买入债券更为划算，因为会有很大的折扣。

在上述假设分析案例中，债券持有人有两种方式处理债券利息——是选择取得现金，还是继续再投资。这与公司如何使用非限定收益的选择——分红还是留存非常类似。当然，在公司层面，这种抉择分析也困难得多，会出错。因为，公司留存收益的再投资之后的回报率具有不确定性，不像债券的利率那样是合同事先约定的。做出投资之后，未来的平均回报到底是如何，只是推测。然而，一旦做出在信息充分情况下的推测，接下来的分析就简单了：如果再投资能获得高回报，就应该保留收益进行再投资；如果回报低下，就应该分红。

在很多集团公司中，管理层会严谨地遵循上述逻辑，判断子公司是否应该将收益派发给母公司。在这个层面上，管理层的思维方式毫无障碍地像一个聪明的股东一样进行思考。但是，在母公司层面，在决定将母公司利润进行留存还是派发分红时，却又似乎变得不同，母公司管理层经常无法再进入股东角色思考同样的问题。这印证了所谓"旁观者清，当局者迷"。

用这种似乎精神分裂的方式，一家拥有多个不同部门的公司的 CEO，会指令只有 5% 回报预期的子公司 A 将所有收益进行分红，以便母公司将其投入到具有 15% 回报预期的子公司 B 中。CEO 商学院中的原则不会允许连这都不如的行为。如果他自己的长期增量资本回报率是 5%——市场利率是 10%——他可能会遵循历史或业内的惯例，向母公司的股东分红。

此外，作为母公司的 CEO，他会要求子公司高管们给出一个详细的分析，说明为什么他们要将收益保留在公司内部，进行再投资，而不是派发给母公司。但轮到他本人，他却很少向母公司的股东们做出类似的分析。

在判断公司管理层是否应该保留收益时，不应该仅仅简单比较最近几年的公司增量收益总额与增量资本总额，因为这两者的关系可能会被公司的核心业务发展所扭曲。

通货膨胀期间，公司里具有超级盈利能力的核心业务可能仅仅需要少量的增量资本推动，却可以取得超额回报（就像去年讨论的商誉部分）[42]。但是，除非它们经历了极其巨大的惊人的单位成长，杰出的公司一定会产生大量的富余现金。如果公司将这些收益投在那些回报低下的业务，公司的整体留存资本的表现可能依然会很卓越，因为，核心业务部分的回报非凡。这就像高尔夫比赛中，职业选手和业余选手的混合赛，即便队伍中的业余选手都是没有希望的笨蛋，但整个球队的表现还是不错，因为得分主要来源于其中的职业选手。

很多公司显示出良好的净资产回报率，并且整体增量资本的回报率也不错。但实际上，它们也把很大部分的留存收益投在了一些回报平平，甚至很差的项目上。它们在核心业务方面年复一年的辉煌表现，掩盖了其他方面资产配置的失败（通常是由于高价并购一些天生平庸的企业）。公司管理层不断总结他们从最近失败中所学到的教训，但他们总是在不停地寻找下一个教训，似乎失败根植在其头脑之中，似乎他们生来就是为了寻找失败。

如果公司的留存收益被运用于那些高回报的业务，同时兼顾分红或用于回购股份（可以提高股东在优秀公司中的权益，同时使他们避免平庸企业），这样，股东将会受益良多。持续地将现金从低回报的业务中转到高回报的业务中，管理层应该担负起这样资产配置的责任，无论企业整体的获利能力如何。

在这个讨论中，没有试图讨论每个季度期间，由于盈利或投资机会的不确定性导致的分红变化情况。上市公司的股东们显然希望公司的分红政策具有一贯性、可预测性。因此，股息的支付应该能反映长期的公司盈利与增量资本的回报率。由于公司长期前景不经常变化，分红模式也不应该有太大的变化。随着时间的流逝，管理层留在手中的公司可分配收益应该被证明是明智之举。如果它们的留存是不明智的，那么，管理层也是不明智的。

几家我们投资巨大的公司都进行了股份回购，当其股票价格与价值存在巨大差距的时候。作为股东，我们发现这种行为有两个地方具有鼓舞和奖励作用，其中一个是显而易见的，而另一个是微妙的，不那么容易理解。

显而易见的一点涉及到数学问题，以低于每股公司内在价值的价格回购股票，可以即刻显著提升价值。当公司回购自身股票时，会发现以 1 美元获得 2 美元很容易。在公司进行对外的并购时，从来没有做得如此之好，在很多令人沮丧的案例中，花出去 1 美元几乎得不到近乎 1 美元的价值。

回购股份的另一个好处不那么容易精确地测量，但是随着时间的推移也非常重要。通过股份回购，管理层清楚地证明，他们关心提升股东财富，而不是目无股东，只顾拓展企业帝国版图，以至于干出无益于股东利益甚至损害股东利益的事。看到这些行为，股东以及未来潜在的股东会提升他们对于企业未来回报的信心。这种向上的预期调整，会反过来推动股票的价值更加与内在价值趋于一致，使得股价更为理性。相比一家掌握在自私自利的

关键词：回购股份的两个好处

管理层手中的公司，投资者应该给那些被证明关心股东利益的管理层手中的公司出更高的价。(举一个极端的例子，为了成为罗伯特·威斯克（Robert Vesco）主持的公司的小股东，你愿意出什么价?)

在这里，"被证明"是个关键词。当股份回购明显有利于股东利益时，对此视而不见的管理层，暴露了更多的背后玄机。无论他多么经常雄辩地将一些激情公关的词汇挂在嘴边，例如"使股东财富最大化"（本季度的流行语），市场最终会将其掌控的资产打一个正确的折扣。如果他口不应心、表里不一，过一段时间，市场自会以其人之道还治其人之身。

一些股东建议伯克希尔回购股票。通常，这些建议基于理性，但也有一些在逻辑上存在问题。

对于一家公司是否应该回购股票，需要综合考虑两个因素。首先，公司拥有满足日常运营所需之外的、可动用的现金，这包括现金以及合理的借款能力。其次，公司在市场上交易的股价低于保守计算的内在价值。此外，我们附加上一条说明：应该提供给公众股东足够的信息，以帮助其估算公司的真实价值。否则，内部人士就可能利用某些优势，从那些不明真相的合伙人手中攫取利益，他们仅仅出一个零头就获得全部价值。在不多的情况下，我们会发现这种事情的存在。当然，那些欺诈手段通常被用来将股价炒上去，而不是跌下来。

我曾经提到过，企业的"需求"有两类：第一，为了维持其竞争地位（例如，赫尔茨伯格钻石公司（Helz-berg's）改造店铺的支出）；第二，是着眼于公司未来成长的可选择性开支，管理层预期每一美元的支出能带来超过一美元的收益（例如，R.C.威利公司将业务扩展到爱达荷州）。

当可用资金超出资金需求时，一家具有成长型导向的公司可以购并新的业务或回购股份。如果一家公司的股票价格远低于其内在价值，通常在这个时候，回购最有意义。20世纪70年代中期，整个市场的情况非常适合进行回购，这种回购的智慧在向管理阶层大声呼唤，但应者寥寥。在大多数情况下，相较于采取其他措施，当时进行股份回购的公司都为股东带来了更多的财富。实际上，我们在70年代（以及之后断断续续的一些年）专门搜寻过那些进行了大规模回购的公司，它们通常都具有双重特质：价值低估，以及具有以股东利益为导向的管理层。

那种日子一去不复返了。现在，股份回购是个流行的时尚，但在我们看来，这些回购行为经常是为了一些不能言说的并不光明正大的原因：推高股价或支撑股价。当然，今天选择卖出股票的股东会从中受益，无论其接手的对家是什么初衷或动机。但是，后面留下的股东会受到这种高价回购行为的惩罚。花1.1美元为1美元买单，对于那些留下的人而言，并非一笔好买卖。

芒格和我都承认，我们有自信可以评估仅仅一部分交易股权的内在价值，而且是当我们拥有一系列有价值的，而不是伪精确的数字之后。然而，我们看到很多公司在进行回购时过度支付了那些离去的股东，而将代价转嫁给了后面继续留下的股东。在为这些公司辩护时，我必须说，公司的 CEO 对于自家公司的前景持有乐观态度是很自然的。对于公司整体情况，他们也会比我了解的多得多。但是，我仍然还是忍不住要说，今天太多的市场上的回购活动，与其说是为了提高公司每股价值，不如说是管理层"秀"信心、赶时髦的方式。

有时候，一些公司会说，它们回购股票是为了抵消那些在股价低迷之时授予的、被行使的股票期权。这种"买高卖低"的策略是那些不幸的投资者所采取的，但普通投资者这样做并非有意为之。然而，如果管理层也兴高采烈地这样做，似乎有点违背常理。

当然，授予期权和回购股票，这两者都有道理，但并非二者之间有什么逻辑关联。理性而言，一家公司是否回购股票或发行股票，应该有自己的立场。如果股票的发行是为了满足期权的行使或其他原因，这并不表示股票回购的价格应该高于内在价值。相应地，如果股价大大低于内在价值，应该可以回购，无论股票之前是因为何种原因发行的（或许可能因为期权的行使）。

你们应该注意到，在过去的一些时候，我犯了没有进行回购的错误。这种错误的发生，或是由于我对伯克希尔的估值过分保守，或是由于我过于热衷将资金投资于其他地方。我们因此而错过一些回购的机会，尽管伯克希尔的股票交易量在这些时点非常少，以至于我们无法大规模购买。这意味着，即便回购，也对于我们每股价值的提升作用微乎其微。比方说，以内在价值 75 折买进一家公司 2% 的股票，最多能提升 0.5% 的价值。如果考虑到这笔资金可以运用在其他更能创造价值的地方，那么，回购所带来的价值提升就显得更无足轻重了。

在我们收到的信件中，有一些清楚地表明，写信的人并不关心内在价值，而是希望我们成为推升股价的吹鼓手，利用回购的方式令股价上涨（或不再下跌）。如果这个写信的人打算明天卖掉手中的股票，他的建议很有道理——对他而言！但是，如果他打算继续持有，他应该希望股价下跌才对，这样，我们才能有机会大举买入。这是回购举措唯一有利于存续股东的方式。

除非我们认为伯克希尔的股票价格远低于保守计算的内在价值，否则我们将不会回购股票。我们也不会谈论股价的升跌。（无论是在公共场合还是私下，我从不建议任何人买入或卖出伯克希尔的股票）。取而代之的是，我们给所有股东——以及潜在股东——同样的以价值为导向的信息。就像换位思考一样，如果我们处在股东的位置，我们也希望得到同样的待遇。

近来，伯克希尔的 A 股价格跌破 45 000 美元 / 股，我们曾考虑回购。然而，我们决定推迟回购——如果确实选择回购的话——直到股东们有机会阅读到这份报告。如果我们发现回购的确有益，我们不会在纽交所公开出价进行回购，取而代之的是，我们将会回应那些以同样或低于纽交所的市价向我们直接询价的人。如果你希望出价，请让你的经纪人联系马克·米勒德（Mark

Millard）先生，电话 402-346-1400。如果发生交易，经纪人可以在"第三市场"或纽交所进行记录。如果 B 股的股价有不低于2% 的折扣，我们倾向于回购 B 股。我们不会参与低于 10 股 A股或 50 股 B 股的交易。

请清楚我们的观点：我们永远不会为了阻止伯克希尔股价下跌而进行回购。只有在我们相信回购活动是公司资金具有吸引力的去处之时，我们才会进行。最好，回购行为对于公司股票内在价值未来的成长性的影响微乎其微。

✧ ✧ ✧

（2011 年 9 月），我们宣布伯克希尔以账面值 110% 的价格回购股票。仅仅用了两天左右的时间，在股价超出设定的价位之前，我们回购了 6700 万美元的股票。无论如何，回购股票的行动提醒我，应该专注一下这个主题本身。

芒格和我认为回购的发生应该满足两个条件：首先，一家公司有充足的现金以备运营和流动性之需；其次，股价远低于保守计算的内在价值。

我们目睹了很多回购行为，实际上无法通过第二项条件的测试。当然，有时候这种不合乎规律的行为，并非有意为之，其中有些回购行为也是认真的，因为很多 CEO 总是习惯地认为自己公司的股价被低估。在另外一些回购案例中，一个不太好的结论似乎是必要的，并不是说一句"回购是为了抵消股票发行带来的

关键词：回购股票的两个条件

稀释影响"，或仅仅因为一家公司有了多余的现金，我们就一定要进行回购。除非回购价格低于内在价值，否则，那些继续留下来的股东就会受到伤害。无论资金是否可以覆盖并购或回购，资本配置的第一准则往往是：在一个价格上你是聪明的，但在另一个价格上你可能是愚蠢的。（J.P. 摩根的 CEO 吉米·戴蒙（Jamie Dimon）是一个在回购股票时，经常强调价格／价值性能比这个指标的人。我推荐你看看他的年度信件。）

对于伯克希尔的股价远低于内在价值的情况，芒格和我怀有复杂的心情。我们愿意为继续留下的股东赚钱，我们也了解自己公司的价值，如果能以 X 倍的价格获得价值 X 倍的资产，甚至以 0.8X、0.9X 倍或更低的价格获得，没有什么比这更注定赚钱的方法了。（正如我们的一位董事所言："这就像在一只水桶里捞鱼，在水桶里的水被排干之后，鱼儿们只能束手就擒。"）然而，对于那么离开的股东，我们也并不喜欢以折扣的价格从他们那里获取股份，尽管我们的出价会比市场高出些许，如果我们缺席，他们得到的价格会更低。因此，当我们购买的时候，我们希望那些打算离开的股东，具有充分的信息知晓，了解他们出售的资产价值几何。

我们出价 110% 账面值回购股票，明显地提升了伯克希尔的每股价值。我们买的数量越多，价格越便宜，那么，继续留下的股东就越受益。因此，如果有机会，我们愿意以我们的出价或更低价大规模回购股票。然而，你们要明白，我们无意以此行为去支撑股价；而且，我们的出价也显得乏味平淡，特别是在弱市中。此外，在我们持有的现金等价物低于 200 亿美元时，我们也不会进行回购。在伯克希尔，财务稳健是毫无疑问的优先考虑。

这个关于回购的讨论给我提供了一个机会，谈论一下很多投资者面对股价变化时的非理性反应。当伯克希尔持有股份的公司进行回购时，我们希望两件事：第一，我们通常希望这家公司在接下来的日子里，经营利润能长期以一个良好速度增长；第二，我们也希望这家公司的股价能长时间地落后于市场。关于第二点的一个推论：对于伯克希尔而言，那种"买了就涨"的股票实际上是有害的，并不像一些评论家习惯上假设的那样有益。

让我们以 IBM 作为一个例子。所有的商业观察员都知道，郭士纳（Lou Gerstner）和山姆·帕尔米萨诺（Sam Palmisano）将 IBM 从 20 年前的破产边缘挽救回来，赢得今天如日中天的声望。在这个过程中，他们做出了杰出的贡献，他们的运营管理的确卓尔不凡。

但他们的财务管理能力也同样光芒四射，特别是近年来公司财务弹性有了极大的改观。的确，我认为没有哪家大型公司比 IBM 具有更为出色的财务能力，它极大地提高了股东回报。IBM 的财务方法包括：聪明地运用债务，进行增值却不动用现金的并购，积极地回购股票。

今天，IBM 的总股本为 11.6 亿股，我们持有 0.639 亿股，约占总股本的 5.5%。自然，公司未来五年的表现对我们是至关重要的。但除此之外，IBM 打算在未来五年用 500 亿美元用于回购自身股票。我们来做一个小测验：作为一个长期股东，伯克

关键词：IBM 案例

280 | 巴菲特致股东的信 |

希尔应该为接下来的什么而欢呼雀跃?

让我来直接告诉你答案。我们应该期望 IBM 的股价在接下来的五年一直保持低迷。

让我们来做一道数学题。如果 IBM 的股价在未来保持在平均 200 美元 / 股的水平,公司用 500 亿美元可以回购 2.5 亿股。那么,总股本会变为 9.1 亿股,这样,我们的持股比例将提高到 7%。反过来,如果股价在未来五年比较高,平均达到 300 美元 / 股,IBM 用同样的资金可以回购 1.67 亿股,这样,五年之后,总股本为 9.9 亿股,我们的持有比例将会是 6.5%。

如果 IBM 在第五年的盈利,比方说,是 200 亿美元,那么,继续上述的数学题,以低股价回购较之以高股价回购,我们的持股部分按比例所获得的收益将会多出 1 亿美元。在此之后,较之如果高股价的情况发生,我们的持股将会多出 15 亿美元的价值。

这中间的逻辑很简单:如果未来你只是买入股票,无论你用自己的资金直接买入,或通过你的公司间接买入,上升的股价只会对你不利。反倒是股价平平对你有利。然而,情感这个东西经常是复杂的:大多数人,包括那些未来只是打算买进的人,看到股价上升会感到舒服。这些股东的心态,就像一个天天开车上下班的人,刚刚加满了当天的汽油后,发现油价上升而心怀喜悦一样。

芒格和我并不指望你们中的很多人与我们一样思考,在观察了大量的大众行为之后,我们认为那是不可能的,但我们希望你们了解我们的运算思路。这里,必须承认一个事实:在我早年的时候，也会为股价上升而高兴。直到一天，我读到本·格雷厄姆的《聪明的投资者》一书的第 8 章，我立刻明白了权衡之道，从此视股价低迷为朋友。读到那本书是我生命中最幸运的时刻。

最后，我们投资 IBM 的成功与否主要取决于它未来的盈利。但是，第二个重要的因素取决于，公司动用巨额的资金能回购多少股票。如果回购计划最终使得 IBM 的总股本减少到 6390 万股的话[⊖]，我将不惜抛弃一贯的节俭名声，给伯克希尔的每一个员工放一个带薪假期。

D. 拆股与交易活动 [43]

我们经常被问到，为什么伯克希尔从不进行股票的分拆？这个问题背后的假设是，股票的分拆是有利于股东利益的行为。对此，我们持有不同看法。让我来告诉你为什么。

我们的目标之一，是希望伯克希尔的股价能与其内在商业价值相关联，在一个理性价格范围内交易。（请注意"理性相关"并不是"完全一致"。如果口碑良好的企业在市场上的交易价格也大打折扣的话，那么，伯克希尔可能也有类似的定价。）理性价格的关键在于理性的股东，无论现在还是将来。

如果一家公司的股东以及未来或有潜在买家，被吸引持股的主要原因是基于非理性或情绪化的决定，那么，该公司的股价

⊖　这意味着，伯克希尔将拥有 IBM100% 股权。——译者注

也会时不时地表现出情绪化的非理性。躁郁症的个性会产生躁郁症的估值。这样的错乱估值，在我们买卖其他公司的股票时会有帮助。但是，论及伯克希尔在股市上的表现，减少这种错乱的发生，符合你我共同的利益。

获得高质量的股东并非易事。阿斯特夫人（Mrs. Astor）可以对进入她圈子的 400 名精英进行选择，但股票是在市场上自由买卖，任何人都可以自由地进入股东圈子的"俱乐部"，不可能按照智力水平、情绪稳定性、道德敏感性或衣着的可接受程度来进行筛选。因此，股东优选学似乎是一门前途无望的事业。

然而，在很大程度上，如果我们持续地宣传我们的商业和股东哲学（不掺杂其他矛盾的信息），我们感到高质量的股东群体是可以被吸引和维护的。这种自我选择效应发生之后，一切都水到渠成，自然而然。例如，一场音乐活动被广告包装为歌剧，还是包装为摇滚音乐会，自我选择效应可以吸引不同的人群，尽管任何人都可以买票去任何一场活动。

通过我们的政策和沟通——这是我们的"广告"，我们尝试吸引那些理解我们的运营、风格、期望的投资者。（同样重要的是，我们也试图阻止不合适的人。）我们希望的是这样的投资者，他们将自己视为企业的主人，并打算与公司长期相伴。我们希望的是这样的投资者，他们着眼于企业运营的结果，而不是股票的价格。

拥有这些特质的投资者是少数中的少数，但我们却异乎寻常地将他们聚集起来。我相信，公司 90% 甚至 95% 的股票被这些人所持有，他们五年之前就持有伯克希尔或蓝带印花公司（Blue Chip）。同时，我推测这些投资者所持有的伯克希尔股票的市值，比他们的第二大持股至少大两倍。在所有市值超过 10 亿美元，股东人数以千计的上市公司中，让持股者能像公司主人一样思考和行为，在这方面，我们的工作几乎首屈一指，可以拔得头筹。将具有这些特质的股东不断升级，并非易事。

如果我们分拆股份或采取其他关注股价的措施，而不是关注企业价值，那么，势必会引来逊于现有股东的新晋股东。在 1300 美元 / 股的价位，能负担得起 1 股的投资者不多。如果我们实施 1 股分拆为 100 股的方案，那么新股的潜在卖家会是更好的股东吗？

持有这种想法的人，以及那些冲着分拆预期而来的买家，毫无疑问将会稀释现有股东群体的质量。持有 9 张 10 美元钞票，会比持有 1 张 100 美元钞票感到更富有吗？如果用一帮敏感易变，关注数量胜于质量的新股东，来替代我们思维清晰的现有股东，这样会提升我们的股东质量吗？那些因非价值因素买进的人，同样会因非价值因素而卖出。这些人的存在，加剧了股价与企业无关的飘忽不定的动荡。

我们试图避免采取这样的政策，如果它们的存在可能吸引短线股价的投资者。我们会采取那些可以吸引关注企业价值的长期投资者。就像你在充满理性、拥有充分信息的投资市场中，去购买伯克希尔的股票一样，同样，在你需要卖出伯克希尔的股票时，你也值得拥有一个同样的市场环境。我们会为这样的市场存

关键词：我们为何不拆股

在而努力工作。

股市上，具有讽刺意味的现象之一是强调所谓的活跃性，使用的术语称之为"市场性""流动性"。经纪商们为那些换手量巨大的公司大唱赞美诗（他们不能填满你的口袋，但能填满你的耳朵）。但是，投资者应该明白，对于赌场管理员有利的事情未必对客户也有利。过度活跃的股市是企业的扒手。

例如，一个净资产收益率为 12% 的典型公司，假设它的股票具有非常高的换手率——比方说，每年 100%。如果换手以其净资产进行，这家假设公司的股东将支付作为交换所有者权力的成本，合计起来，高达每年净资产的 2%。这项活动对于公司的盈利没有任何贡献，同时，意味着其中的 1/6 损失于交易的"摩擦"成本。（这还没有将期权交易计算在内，否则，摩擦成本将更高。）

所有这些构成了一个相当昂贵的音乐椅游戏。试想一下，如果政府部门对企业或投资者额外征收 16.66% 的新税种，会引发什么样的痛苦呼号？通过市场的"活跃"，投资者们自我增加了同样的税负。

我们当然知道有一种"做大馅饼"的观点，该观点认为，活跃度可以提高资本配置过程中的理性。我们认为这种观点似是而非，总体而言，过度活跃的资本市场破坏了理性的资本配置，非但不是馅饼放大机，反而是馅饼缩小机。

亚当·斯密认为在一个自由市场中，各种非合谋的行为会被一只无形之手所引导，引导经济最优化的进步。我们的观点是，

关键词：摩擦成本是一种税

在赌场一般的市场中，沉不住气的投资管理层扮演了一只无形的脚，不断给向前的经济使绊子，减缓了经济发展。

E. 股东策略 [44]

去年年末，伯克希尔的股价向上突破了 10 000 美元 / 股。有几位股东向我提出，这样高的股价给他们造成了麻烦。他们每年都捐赠出一些股票，但发现对于个人 10 000 美元或以下的捐赠所涉及的税率，与 10 000 美元以上的捐赠税率有所区别。对于不多于 10 000 美元的捐赠，是完全免税的；超出 10 000 美元的捐赠，需要占用捐赠者终身的赠予税和遗产税的免税额度。如果额度用尽，则需要支付赠予税。

对于这个问题，我可以建议三种方式：第一种针对已婚的股东有用。他们可以每年赠予单个接受者的额度是 20 000 美元，只要捐赠者在报税时有其配偶的签字，同意当年的此项捐赠即可。

第二种方式，无论是否结婚，可以做一个有条件的交易。想象一下，例如，伯克希尔的股票是每股 12 000 美元，但有人只希望捐赠 10 000 美元。这样，将股票以 2000 美元售予被捐赠人。（注意：如果售出价格超过你的税基，超出部分仍然需要纳税。）

最后一种方式，你可以和被捐赠对象一起成立一个合伙企业，以持有的伯克希尔股票作为出资方式，然后，每年将合伙企业一定比例的权益让渡给对方。你可以设定让渡的权益多少，如

关键词：股票捐赠避税的三种方式

果价值不多于 10 000 美元，这样也可以免税。

依据惯例，我们需要警告：在捐赠过程中，任何涉及到更加深奥复杂的方式时，请咨询你的税务顾问。

关于股票分拆问题，我们依然保持之前信件中阐述的同样观点。总的来说，我们相信我们的股东政策——包括不分拆股份的政策——已经帮助我们聚集了一批非常优秀的股东，在所有被广泛持有的美国公司的股东中，他们是最棒的。我们股东的思维方式、行为方式都像理性、长期的主人，他们具有像芒格和我一样的企业视角。因此，我们的股价始终能明智地保持在一个与内在价值相关的范围内进行交易。

此外，相对于那些股东人数众多的上市公司，我们相信伯克希尔股票的换手率远不够活跃。交易的摩擦成本——对很多公司股东而言，更大意义上是一种"税"——在伯克希尔实际上是不存在的。（我们的特定经纪商吉姆·马奎尔的做市技巧有助于保持成本的低廉，这一点毫无疑问。）显然，一次股票分拆不会显著地改变这种情况。但是，由分拆行为招引而来的新股东不会较之目前的股东更优秀，不会是原有股东群体的升级版；相反，我们相信反而可能存在一定程度的退化。

F. 伯克希尔公司的资本重构 [45]

在股东年会上，我们会要求股东们通过一项伯克希尔资本重构的议案，以设定两类股票。如果计划被采纳，现有的股票将被指定为 A 类普通股票，此外，公司会发行 B 类普通股票。

每 1 股 B 类股票具有 1/30 A 类股票的权力，除了这些：第一，B 类股票只有 1/200 的 A 类股投票权（而不是 1/30 的投票权）；第二，B 类股票不能参与伯克希尔公司的股东指定慈善捐赠计划。

当上述资本重构计划完成后，在持有人愿意的任何时候，每 1 股 A 类股票可以转换为 30 股 B 股。但是，转股的特权不能反向行使，即 B 类股票不可以转换为 A 类股票。

我们期望 B 股在纽交所挂牌，与 A 股共同交易。为了创造挂牌所必需的股东基础，以及为了 B 股的流通性，伯克希尔打算进行一次 IPO，至少募集 1 亿美元 B 股。这次发行将以招股说明书的形式进行。

市场将最终决定 B 股的价格。不过，B 股的价格应该在 A 类股票价格的 1/30 附近。

A 类股东会发现，他们很容易将 1~2 股 A 股转化为 B 股，用于捐赠目的。此外，如果 B 股的需求强劲，导致 B 股的价格哪怕稍微高于 1/30 的 A 股价格，都会触发与对冲套利相关的转换。

然而，因为 A 类股票给予股东完全的投票权，所以其地位高于 B 股。我们希望大多数股东依然持有 A 股，巴菲特和芒格的家族计划就是持有 A 股。只有在需要进行捐赠的时候，我们才转换一些 B 股。大多数股东将会持有 A 股的预期表明，A 股将会比 B 股更具流通性。

关键词：伯克希尔的 B 股

在此次资本重构过程中，的确存在一些权衡折中的考虑。但它们无关 B 股 IPO 的集资金额——我们会找到这笔钱的建设性用途，也无关 B 股的发行价格。当我写下这段话时，A 股的价格是 36 000 美元，芒格和我不认为这个股价存在低估。因此，此次发行不会减少现有股份的内在价值。让我更为坦率地表述一下我们关于估值的想法：伯克希尔的股价正在以芒格和我不考虑买进的价格进行交易。

有了 B 类股票，伯克希尔的确增加了一些成本，包括更多的股东人数带来的处理成本。但另外一方面，对于那些希望进行捐赠的人们，有了更多的便利。对于希望分拆股份的人，你们获得了一个可以自己动手分拆股份的方法。

我们进行此次资本重构，还有其他的原因。例如，应对市场上出现的一种理财产品，这是一种收管理费的单位信托，声称能低成本"克隆"伯克希尔，并被大力营销。这种理财产品背后的主意并不新鲜：近些年来，不止一个人告诉我，他们希望创建一个"完全复制伯克希尔"的投资基金，并切分为更低的价格单位以便销售。但是，最近，这些基金的鼓动者听到我的意见之后，都打了退堂鼓。

我并不想挫伤人们的积极性，相对于少数人，因为我喜欢为更多的投资者服务。如果可能的话，芒格和我喜欢为大众将1000 美元变成 3000 美元。这样，当他们直面问题时，会得到一个解决问题的重要答案。

然而，为了迅速达到增长三倍的目标，我们必须迅速地将我们目前 430 亿美元的市值变成 1290 亿美元（大约相当于美国最大上市公司 GE 的体量）。这个，我们做不到。我们能够做到的最好的希望是，平均而言，每五年使伯克希尔每股的内在价值翻一番，即增长一倍，但我们也可能远远落后于这个目标。

最后，芒格和我并不关心我们股东拥有伯克希尔股数的多少。我们最希望的是，无论大小股东，他们能明了我们的运作，共享我们的目标和长期的远景，并了解我们的局限，特别是我们日益庞大的资本基础所造成的进一步增长的制约。

那些近来流行的信托产品违背了这些目标。经纪人为了高额的佣金而积极进行推销，这些成本都构成了投资者的负担。这样会吸引大量不明事理的买家，他们容易被我们过去的辉煌业绩所诱惑，被近年来关于伯克希尔和我的宣传所陶醉。结局肯定是：大量投资者注定会失望。

我们的 B 股是一种小面额的，远比那些克隆伯克希尔的信托好很多的产品。通过 B 股的创造推出，我们希望使那些克隆产品销声匿迹。

无论现在还是将来，伯克希尔的股东需要特别注意一点：尽管我们的每股内在价值在过去五年以优异的速度增长，但股价增长得更快。也就是说，股价的表现已经超越了公司本身的表现。

无论对于伯克希尔还是其他公司，这种股价优于公司表现的现象是注定无法长久存在的。自然而然地，这种现象也会有反过来的时候，即也会存在股价落后于公司表现的现象。尽管股价的波动是股市的特质，但价格波动并不是我们所喜欢的。我们更喜欢的是，伯克希尔的股价可以准确追踪其内在价值。如果能做到这一点，那么，每一个投资者都可以在其持股期间，分享到相应的公司运营成果。

很明显，伯克希尔股价的市场行为可能永远达不到这种理想状态。但是，如果我们现在和未来的股东都能信息充分、心怀企业，并且不被高佣金的销售误导交易决策，我们将会更接近这一理想目标。那时，如果能削弱上述理财信托产品的商业化营销——这正是我们创造 B 股的原因，我们将会变得更好。

❧❧ ❧❧ ❧❧

1996 年，我们通过所罗门证券公司进行了两次规模不小的新股发行，两次都有其有趣之处。第一次是 5 月份，我们发行了 517 500 股 B 类股票，净集资金额为 5.65 亿美元。就像我之前说过的，我们创造出 B 类股票，是为了应对那些克隆伯克希尔的单位信托产品的出现。在这个过程中，他们会使用我们过去的、肯定无法重复的业绩，去引诱那些天真的小散户，并收取这些无知的人高昂的费用和佣金。

我相信这类的信托产品很容易就会销售数十亿美元，它一旦成功，就会有大量的跟风者前仆后继。（在证券界，迎合市场的事总有人干，能卖什么就卖什么。）同时，通过信托产品所募集的大量资金，不分青红皂白地蜂拥买入伯克希尔的股票，而股票的供给是固定和有限的，这样最有可能的结果是：我们的股票会出现投机性泡沫。至少每一次的股价上跳，都会演化为自我验证，那样，会导致新一拨天真、情绪化的投资者将钱投入信托产品，以买入更多的伯克希尔股票。

对于那些选择变现退出的伯克希尔股东而言，他们会发现这样很不错，因为能乘着这股东风卖个高价，但他们的获利却是建立在接手盘——后续进来的买家虚妄的希望之上的。这样，继续留下的股东将会面临现实的残酷，到那时，伯克希尔将会背负双重负担：成百上千的沮丧的间接股东（也就是信托产品的持有人），以及被玷污了的名声。

B 类股票的发行，不仅仅是为了阻止信托产品的发售，也为那些在听到我们发出的警告之后依然有意的投资者提供了低成本的投资方式。为了弱化经纪券商通常在新股发行时的热情——因为新股发行佣金不菲——我们安排此次发行的佣金费率仅为1.5%，这是我们所见的普通股发行中最低的费率。此外，我们安排此次发行的数量为开放端口，希望以此击退那些典型的新股炒家，他们总是追求由过度宣传和短缺所制造出来的短期股价飙升。

总的说来，我们尽力保证 B 类股票仅仅被那些眼光长远的投资者所购买。这样的努力基本上是成功的：B 类股票挂牌之后的交易量——一个粗略的交易指标——远远低于通常发行的新股。最终，我们增加了 40 000 名股东，相信他们中的大多数不仅了解公司，而且与我们拥有共同的愿景。

在处理这个不同寻常的交易中，所罗门证券公司的工作表现非凡。公司的投资银行家们完全了解我们试图达到的目标，并且完善了新股发行的方方面面，以利于这些目标的实现。如果按照通常的惯例，所罗门公司原本可以赚更多的钱——也许多出十倍。但是，这些参与工作的投资银行家们没有将发行往有利于券商的方向进行调整，相反，他们的主意有悖于所罗门公司的利益，而向着有利于我们目标达成的方向。特里·菲茨杰拉德（Terry Fitzgerald）主持了这个项目，我们非常感谢他所做的工作。

考虑到这种背景，你不会感到吃惊地知道，在那年的稍后，我们再次找特里先生决定发行伯克希尔的票据。这种票据能转换为我们持有的一部分所罗门的股票。在这个项目中，所罗门再次完成了绝对一流的工作，卖出了票面5亿美元的五年期票据，筹集了4.471亿美元。每1000美元的票据可以转换为17.65股股票，并且可以在三年期时连同孳息赎回。考虑到发行时的折扣和1%的票面利息，这个证券将会为持有到期、不转换股票的持有人提供3%的回报率。但是，看起来这些票据很可能在到期之前被转换成股票。如果是这样的话，在转换之前的期间，我们的利息成本大约是1.1%。

近些年来，有很多报道说，芒格和我对所有投资银行的收费感到不满。这是完全不对的。在过去的30年，自我们1967年为收购国民保险公司，而向查理·海德（Charlie Heider）公司开出佣金支票开始，我们已经支付了很多投行费用。我们乐于支付那些与其表现相符、物有所值的费用。在1996年通过所罗门兄弟公司进行的交易中，我们支付的代价更是物有所值。

第 5 章

兼并与收购

在伯克希尔的所有活动中，最令芒格和我兴奋的事情，就是收购一家具有杰出经济特征的，由那些我们喜欢、信任并尊敬的人管理的企业。这样的收购并非易事，但我们始终在寻找。在搜寻过程中，我们采取的方式就像一个人寻找合适的另一半一样：保持积极、兴趣、开放的心态，但不能着急。

过去，我看到很多急于进行收购的管理层，他们显然是痴迷于儿时曾读过的公主亲吻青蛙的童话故事。人们记住了公主最后的成功，但他们为亲吻蛤蟆型公司付出了高昂的代价，期待着完美转型的愿望最终落空。起初，令人失望的结果仅仅是增强了他们追逐新目标的渴望。（桑塔亚娜（Santayana）曾说："当你忘却了目标，狂热会让你付出很多倍的努力。"）最终，即便最乐观的管理层也必须面对现实的结果。站在没膝深的、反应迟钝的癞蛤蟆群中，他只能宣布一个昂贵的"重组"费用支出。在这个相当于启蒙计划的公司行为中，CEO 得到了教训，但股东们支付了学费。

在我做管理人的早期，我也约见过几只癞蛤蟆，它们是代价并不高昂的约会，我并没有太多的动作。但我得到的结果与那些高价追求癞蛤蟆的人并无不同。我亲吻了它们，但它们一样还是呱呱叫的癞蛤蟆。

经历了几次这样的失败，我最终记住了从一位职业高尔夫球手那里得来的有用建议。（这位职业球手就像参与我游戏的其他人一样，希望保持匿名。）他说："多练习未必能完美，但多练习能保持恒定。"从那以后，我调整了策略，不再以上等的价格买中等的企业，取而代之的是，以中等的价格买上等的企业。[46]

A.错误的动机和高昂的代价 [47]

正如我们之前所披露的那样，对于投资而言，无论是拥有一个公司的全部股份，还是拥有仅仅一小部分股份，我们都会感觉良好。我们会在每个方向上，继续寻找能投入大量资金的地方。（我们试图避免一些小动作——"如果一些事情不值得做，也就不值得做好。"）我们的保险业务对于流动性的强制制约，要求大量投资于市场可流通证券。

我们收购决策的目标是实现真正经济利益的最大化，而不是管理版图的最大化，或会计报告上数字的最大化。（长期而言，那些看重财报表现，而不是经济实质表现的管理层，常常会在两方面都落空。）

我们并不看重收购所带来的对盈利报告立竿见影的影响，我们宁可以每股 X 的价格购买优秀 T 公司 10% 的股权，也不愿意以 2X 的价格购买 T 公司 100% 的股权。大多数公司的管理层喜欢反过来，而他们的行为并不缺乏借口。

然而，在那些高价收购的案例中，有三个通常不怎么明说的原因，它们或是单独存在，或者综合在一起，都很重要。

（1）企业或机构的领导者们通常不乏非理性的动物精神。他们精力旺盛，渴望激情与挑战。而在伯克希尔，公司脉搏的跳动从不会因即将发生的收购而加快。

（2）大多数企业或机构衡量自己，也被别人所衡量。公司管理层所获报酬的多少以公司的规模为衡量标准，而不是其他标准。（随便问一位名列《财富》500 强公司的高管，公司的排名一定是按照销售的规模进行排名。如果按照盈利排名的话，他自己可能都也不知道自己的公司会排在什么位置。）

（3）很多管理层明显过度沉溺于儿时感性的童话故事。在童话里，美丽公主的一个吻可以使困在癞蛤蟆身体里的英俊王子解脱出来。他们由是推之，理所应当地认为，通过他们的管理之吻，能使标的公司 T 的盈利能力发生像癞蛤蟆变身为王子一样的奇迹。

乐观主义是进行收购的根本原因。如果不是基于乐观的看法，为什么 A 公司（Acquisitor）的股东在本来可以以 X 价格在市场上直接买进时，却愿意以 2X 的价格去收购 T 公司（Target）？

换言之，投资者可以随时在市场上，以现行市价购买癞蛤蟆。如果投资者替代公主，以两倍的价格换取亲吻癞蛤蟆的权

关键词：出现高价收购的三个原因

力，那么这些亲吻一定更具深藏其中的真正魔力。但根据我们多年的观察，很多亲吻并未带来奇迹。然而，很多管理层的公主们对于自己亲吻的未来潜能依然抱有沉着的自信，即便在公司的后院已经挤满没膝深的、反应迟钝的癞蛤蟆时，依然如此。

公平地说，我们应该承认有些收购的记录取得了辉煌的成绩，有两大类收购的成就非常突出。

第一类收购涉及的公司，是通过筹划或意外事件，收购那些特别能适应通货膨胀环境的公司。这类被看好的公司必须具备两个特征：

第一，具有容易提价的能力。（即便在产品需求平平，产能并未充分开工的情况下），无惧由于提价导致的市场份额和销售数量的大幅下降。

第二，具有只需要投入小额增量资本，即可容纳业务大量增加（通常是由于通胀原因，而不是真实的增长）的能力。

近几十年来，那些专注于通过上述两个特征的测试而进行的收购，即便能力一般的管理层也取得了优异的结果。然而，同时符合这两个特征的企业非常少，而且收购这些企业的竞争也日趋白热化，已经到了本末倒置的不合算程度。

第二类收购涉及企业界管理明星。这些人能识别出那些伪装成癞蛤蟆的优秀王子，他们具有脱去伪装的能力。我们向这些管理者致敬，如西北实业（Northwest Industries）的本·海涅曼（Ben Heineman），特利丹（Teledyne）的亨利·辛格尔顿（Henry Singleton），国家服务工业公司（National Service Industries）的欧

关键词：两类杰出的收购

文·扎班（Erwin Zabn），特别是大都会公司的汤姆·墨菲（一个真正"能用一分钱买两分货"的管理人才。他的收购工作基本集中于第一类，而他的运营天才使他成为第二类的领袖。）

从直接和间接的经验，我们知道这些管理者所取得的成就来之不易，并不常见。（他们也持有同样看法。这些冠军们近年来很少再进行购并的案例了，但他们却常常发现回购自己公司的股份是公司资本最为有效的运用方式。）

不幸的是，你们的董事长在第二类方面不太合格。尽管我们很懂得并专注于第一类型公司的经济特征，我们实际上进行的第一类收购活动也是零星不足的。我们的理念宣传比实际的表现要好。（我们忽视了诺亚法则：重要的是建造方舟，而不是预测大雨。）

偶尔，我们也会试图以便宜的价格购买一些癞蛤蟆，这样做的结果已经记录在过去的报告中。很明显，我们的亲吻没有达到预期的效果。我们与几位王子倒是相处得不错，但在我们收购的时候，他们就已经是王子了。至少，我们的亲吻没有使他们变为癞蛤蟆。最后，我们偶尔还非常成功地购买了部分权益，他们是些看似癞蛤蟆但很容易识别的王子。

1983 年，伯克希尔和蓝筹印花公司正在考虑合并。合并将涉及双方公司股票的相互交换，如果这起合并进展顺利，那么对于双方公司股票的估值一定会采取相同的估值方法。在现任管理层主持期间，通过发行伯克希尔或其附属公司的股票，所进行的另一起重要的合并事件是伯克希尔与多元零售公司的合并，时间发生在 1978 年。

我们发行股票遵循一项简单的基本原则：除非我们取得的内在价值至少与付出的代价相等，否则我们不会发行股票。

这项原则看起来似乎是一条公理。你或许会问，难道有人会为了 0.5 美元而发行 1 美元作为交换吗？不幸的是，很多公司的管理层的确一直在这么做。

这些管理层在收购时的第一选择是使用现金或负债。但是，常常遇到 CEO 们的收购渴望超出现金或负债资源的情况（当然，我是没问题的）。同时，在这种渴望发生之时，公司股票的价格常常远低于其内在价值。这是一个见证真相的时刻。此时此刻，正如著名棒球手约吉·贝拉（Yogi Berra）所说的那样："只要注视，你就能观察到很多。"对于股东而言，哪一个目标才是管理层真心的追求：是管理版图的扩张，还是股东财富利益的维护？

对于不同目标的选择往往出于一些简单的原因。有些公司在股市上的交易价格常常低于其内在价值，但当一家公司打算整体出售时，在交易谈判中，它一定希望——并经常能做到——得到等同于内在价值的出价，无论是什么形式的货币支付。如果是用现金支付，那么，卖家计算起来非常容易，只要数钱就可以了。如果买家是用股票支付收购，那么卖家的计算也还相对容易：就按照市场上的股价，乘上得到的股数即可。

关键词：我们发行股票的一项基本原则

同时，如果买家的股票在市场上是按照其内在价值流通交易，那么，买家以股票作为现金的替代品进行收购并没有问题。

但是，假设一下，如果买家的股价只是内在价值的一半，情况会怎样？在这种情况下，买家将面临一个不愉快的景象：使用被大大低估的股票去进行收购。

具有讽刺意味的是，如果买家换位思考，变身为卖家，在整体出售公司（即出售100%股票）时，他会谈判争取，并且可能得到完整的、符合内在价值的出售价格。但当买家出售其一部分股票时——这与发行股票进行收购是一回事——却只能得到股市上标出的价格，无法得到更多。

一个不顾一切向前冲的收购方，最终用低估的货币（市场股价）去购买十足估值（谈判价）的财产。在这个过程中，收购方实际上是付出2美元得到1美元。在这种环境下，本来打算以合理价格买入优秀企业演变成了一桩可怕的买卖。因为，你不应该用被估值成铅的金子（甚至是银子），去购买被估值成金子的金子。

然而，如果收购方管理层追求规模和行动的渴望足够强烈，那么，他会为这种毁灭价值的发行新股行为找到充足的理由。那些友好的投行人士也会安抚他，并认为收购行为合理稳妥。（还记得吗：不要问理发师，是否需要理发。）

以股票发行用于收购的管理层，通常会喜欢使用如下的一些理由解释其合理性：

（1）"我们马上要收购的公司在未来将更加值钱。"

大概被卖掉的老公司权益才更值钱。未来的前景隐藏在企业整个估值过程中。如果为收购 X 而发行价值 2X 的新股，在双方公司估值都翻番的情况下，这种不平衡依然存在。

（2）"我们必须成长。"

似乎应该问一问，"我们"是谁？对于现有的股东而言，他们面临的现实是，现有企业的估值在发行新股时已经缩水。如果伯克希尔公司明天发行新股去进行并购，那么伯克希尔的商业版图将会包括目前所有的加上新的公司业务。但是，在这个过程中，你所占的那些难得的优秀企业权益份额，例如禧诗糖果、国民保险公司等，会自动减少。

让我们看一个例子，①你的家庭拥有一个 120 英亩的农庄。②你的邻居有一个 60 英亩的农庄。你邀请他将其农庄与你的合并在一起，成为你的合作伙伴，这样你可以管理更大的农庄。合并的条件是，你们两个各拥有新农庄 50% 的权益。③你管理的农庄版图扩大到 180 英亩，但是无论在农庄面积还是农业收成方面，你家的权益缩水了 25%。

那些想花股东的钱去扩大企业版图的管理层，应该考虑去政府部门谋个差事更好。

（3）"我们的股票被低估了，而且我们在此次交易中，已经将股票的比例降至最低。但我们必须给对方股东 51% 的股票外加 49% 的现金，这样，一些股东可以得到他们希望的免税交易额度。"

这样的声明实际上是承认减少股票的发行有利于收购方，我们喜欢这样的观点。但是，如果使用100%的发行是对老股东的伤害，那么51%的发行也会造成等比例的伤害。毕竟，如果一只西班牙猎犬损坏了某人的草坪，他一定不愉快，但不会只是因为它是一只西班牙猎犬，不是圣伯纳犬。

在买家与卖家、收购方与被收购方的谈判过程中，卖家的愿望不可能成为买家最佳利益的决定因素。想一想，如果被收购方坚持，以收购方的CEO下课作为合并的条件，将会发生什么情况？但愿这种情况不会发生。

在发行股票用于收购时，有三种方法可以避免发行新股造成的对于老股东的价值破坏。

第一种方式，以真正企业价值对企业价值进行的同等估值的合并，就像伯克希尔与蓝筹印花公司打算进行的合并。这样的合并打算对双方股东一视同仁，使每个股东得到的与其付出的内在价值相一致。达特工业公司（Dart Industries）与卡夫食品公司（Kraft）的合并看起来也属于这类，但它们是不多的例外，这并不是因为收购方不愿意进行这样的交易，而是这么做实在是太难了。

第二种方式出现在收购方公司的股票在市场上的交易价格，等同于或高于其内在价值时。在这种情况下，把股票当作货币进行收购，实际上，提升了收购方公司股东的财富。这类并购在1965～1969年期间发生了很多起。但在1970年之后，这些并购活动的大多数所造成结果是相反的，被收购公司的股东收到了大大膨胀了的货币（通常是由于会计假账和推销技巧造成的），他

关键词：三种避免价值破坏的方式

们在这些交易中损失了财富。

近些年来，第二种方式只发生在极少的大型公司身上。这种例外的情况，主要是这些公司具有诱人的前景和增长的业务，使得市场暂时给予的估值等于或高于其内在价值。

第三种方式适用于进行并购的收购方，在完成并购行为之后，回购与先前发行的、用于收购的同等数量的股票。以这种方法，那么，先前以股票对股票的并购，有效地变成了现金对股票的并购。这种回购是修复损失的动作，我们的长期读者一定会准确地猜到，我们更倾向于直接提升股东财富的回购，而不仅仅是修复之前的损失。在橄榄球比赛中，触地得分比取回漏接更令人兴奋。但是，当接球失误已经发生，那么后续的弥补措施也很重要。我们打心眼里推荐这种弥补损失的回购行为，它将糟糕的股票交易变成了公平的现金交易。

在并购过程中，使用的语言措辞往往也会对发行产生干扰，并助长管理层的非理性行为。例如，"稀释"经常被用于计算形式上的账面净资产和当前每股净利润，尤其是对于每股净利润特别强调。当从收购方出发的计算结果是负值（被稀释的）时，那么，一个证明收购合理的解释将会出台（即便不是到处可见，至少是在内部）。解释中会说明，收益曲线会在将来的某个时间交汇，到达令人满意的效果。（尽管并购的交易经常会在现实中失败，但他们在规划论证时从来不会失败。）

如果一个 CEO 明显地看好一个并购项目，他的下属和顾问们都会千方百计地论证项目的可行性，无论任何价格都可以被论

关键词：并购中发新股的措辞问题

证为该项目的实施是理性的。如果上述计算的结果直接就是正值,也就是说没有被稀释,那么,收购方会认为不必做出任何说明解释。

对于这种稀释的关注有些过头,每股净利润(甚至未来几年的每股净利润)在大多数企业估值中是一个重要的变量,但是,它远远不足以达到无所不能的重要地步。

有很多并购,在这个有限的意义上并没有稀释价值,但它们即刻损害了收购方的价值。但也有一些并购,在发生之时,就稀释了当期以及近期的每股盈利,但实际上提升了价值。真正重要的是,以内在价值为衡量标准,看一项并购是否稀释或非稀释。(这样的衡量涉及很多变量的考虑。)我们认为从这个观点出发的对于稀释的计算才是最为重要的(但极少有人这么做)。

第二个语言措辞问题,与交换的方程等式有关。

如果 A 公司声明它将发行新股收购 B 公司,这个过程习惯上会被描述成:"A 公司收购 B 公司",或"B 公司被卖给 A 公司"。如果更进一步思考这件事,换一个说法或许是有些笨拙,但却是更为准确的描述:"出售部分 A 公司以收购 B 公司",或"B 公司股东收到部分 A 公司股票,用以交换其手中的 B 公司股票"。

在一笔交易中,你所付出的与你所获得的同等重要。由于在并购中,价值数量的计算是非常复杂的,费时耗力,但即便被最终付出多少的数量计算给耽搁了,这条规矩依然正确。

在并购之后的普通股或可转换债的发行，或是为了一笔交易而筹措资金，或是为了增强公司财务报表的稳健实力，都必须完全地计算在并购方案之中，进行完整的估值计算。

如果管理层和董事会反问一下自己，按照出售公司部分股票[⊖]的思路出售公司 100% 股票的问题，他们的头脑会变得更加清晰敏锐。如果得到的答案是以同样的方案整体出售公司并非明智之举，那么他们应该反问一下，为什么要以同样的方案出售公司部分股票？管理上小的愚蠢会积累为大的愚蠢，而不可能是大的胜利。（赌城拉斯维加斯的成功，正是建立在财富转移的基础之上，这种财富的转移正是源于人们热衷于参与那些看似微小却不利的资本转移游戏。）

在注册的投资公司中，"支出与取得"的因素最容易计算。假设 X 公司——它的交易价格只是资产价值的 50%——打算并购 Y 公司。并购的方案是，X 公司决定发行等同于 Y 公司市值的新股。

这样一种股份的交换，导致 X 公司是以先前 2 美元的内在价值换取 Y 公司 1 美元的内在价值。那么，X 公司的股东和 SEC 会迅速提出抗议，涉及其中的是注册投资公司的公平原则。这类交易简直不可能获得批准。

在制造业、服务业、金融领域的公司中，价值的计算通常不像在投资公司中那么精确。但是，我们看到发生在这些行业中的

⊖ 即发行新股。——译者注

并购，同样惊人地损害着收购方股东的价值，正如上面假设的例子一样。如果管理层和董事会在衡量双方公司价值时，使用同样的公平标准，这种损害就不会发生。

最后，应该说明一下，在稀释价值的新股发行中，收购方公司股东所遭受的"双重打击"效应。在这种环境下，第一重打击来自于并购直接引发的内在价值的损失。

第二重打击，来自于股票市场对于稀释后企业价值的向下理性修正。委托管理的资产可以分为两类，一类是寄存在那些通过不明智的股票发行，有着价值损毁记录的管理人手中；一类是委托那些具有同样才能，但厌恶任何损害股东利益行为的管理人手中。对于这两类人手中管理的资产，人们的出价自然不同，无论现在还是未来的股东心中自然会有一杆秤。一旦管理层显示出对股东利益的迟钝，权益持有人将会有相当长一段时间忍受价格/价值比所带来的痛苦（相对于其他股票），无论管理层如何保证此类价值稀释的行为仅此一次，下不为例。

市场对于此类保证，就像在餐馆里用餐，在沙拉里发现一只虫子得到的解释一样。即便这个解释由一位新的侍者给出，但无论对于被冒犯的客人，还是邻座正在琢磨点什么的客人，一定还是大倒胃口，直接导致需求的下降（由此波及市场价值）。

反之也是一样。当管理层证明自己不愿发行新股损害股东利益，公司在股市上会得到与其内在价值相应的最高待遇。

෨ඤ෩　෨ඤ෩　෨ඤ෩

　　我曾经提到过，如果伯克希尔遇见收购的情况，我们强烈倾向于用现金而不是用股票进行收购。对历史记录的研究将会告诉你们为什么这么做。如果我们所有的收购都以股票的方式进行（除了两个我们以发行股票收购的关联公司：多元零售公司和蓝筹公司外），计算下来，你会发现我们股东利益的情况，会比我不做这些收购时也许更糟糕一点。当我发行股票进行收购时，我在花你们的钱，尽管这么说让我感到难过。

　　需要澄清一件事：收购中涉及的两种成本，①被卖家以某种形式所误导；②或在收购之后，由于管理层的勤奋和技能不足而导致的失败。这两种成本在我们这里从来没有发生过。相反，在我们进行交易谈判时，卖家完全开诚布公，并且一直干劲十足，效率很高。

　　我们的问题在于，我们旗下聚集了很多了不起的公司，这意味着如果想卖掉它们的一部分去换取新的东西，这样的想法几乎毫无道理。如果我们为了收购而发行新股，就会降低你们在伯克希尔集团体系中的持股比例——也就是相应减少了部分权益，例如可口可乐、吉列、美国运通，以及我们所有的运营良好的企业。一个来自运动项目的例子可以证明我们所面临的困难：对于一个棒球队而言，能够得到一个击出 0.350 的球手几乎是件完美的事，但如果球队需要用一个 0.380 的击球手与其交换那就不合算了。

　　由于我们的花名册上已经载满了 0.380 的击球手式的优秀成

员，我们宁愿在收购时支付现金。我们的记录可圈可点，非常不错。从 1967 年收购国民保险公司开始，我们持续收购其他公司，例如禧诗糖果、《水牛城新闻报》、思考特·费泽公司、盖可保险，在这些收购中我们都使用现金，绝大部分公司在我们购买之后的表现相当惊人。这些并购活动给伯克希尔的股东带来了巨大的价值。的确，它们远远超过我们当初购买时的预期。

我们认为，几乎不可能得到比现有公司业务和管理层更为优秀的替代者。我们的情况恰恰与柯莱特⊖的莫德雷德⊖的情况相反，格纳维尔（Guenevere）评论说："对于他，我只想说一件事，他一定会有不错的婚姻，因为每个人都在他之上。"但对于伯克希尔而言，找一个配得上的公司，有一个不错的婚姻，极其困难。

⚛ ⚛ ⚛

在考虑企业并购时，很多管理层倾向于关注是否该项并购对于每股盈利有稀释或非稀释的效应（或对于金融机构，在每股净资产方面的影响）。这种过于关注的强调，蕴藏着巨大危险。设想一下，一个 25 岁的 MBA（工商管理硕士）一年级学生正在考虑，将其未来的经济利益，与一个 25 岁的做零活的民工未来的经济利益进行合并。MBA 学生会发现，将自身的权益用"以股换股"的形式与民工的权益合并，会提升他的近期收益（而且是

⊖ Camelo，传说中亚瑟王的宫殿所在地。——译者注
⊜ Mordred，亚瑟王的侄子和骑士。——译者注

关键词：短期利益与长期利益

大规模的提升）！但是，还有什么交易比这更加愚蠢呢？

在公司的交易中，当被收购的目标公司具有不同的前景、不同的运营和非运营资产的混合结构，或者不同的资本结构，那么作为收购方，如果仅仅专注于眼前的盈利情况，难道不是同样的愚蠢吗？

在伯克希尔公司，我们回绝了很多可以即刻提升当前和近期盈利，但会降低每股内在价值的并购机会。取而代之的是，我们的方式是遵循加拿大著名的冰球运动员韦恩·格雷茨基（Wayne Gretzky）的建议："到冰球将要去的地方，而不是到冰球所在的地方。"我们这样做的结果，是伯克希尔的股东现在所拥有的财富，比之刻板地照搬教科书，一味刻舟求剑的做法，多出的财富量级可以十亿美元计。

令人悲伤的事实是，大多数大型收购呈现出严重的失衡：它们是被收购方股东的财富富矿；它们提升了收购方管理层的收入和地位；它们是投资银行家和买卖双方职业顾问有利可图的蜜罐。但是，这种收购经常会减少收购方公司股东的财富，而且减少的数量还很可观。

发生这样的结果，主要是因为收购方的管理层支付的内在价值比得到的多。对此，已经退休的美联银行负责人约翰·梅德林（John Medlin）评价说："够了，你们就是在玩反向的连锁信游戏。"

随着时光的流逝，一家公司管理层的资产配置能力对整个帝国的价值有着巨大的影响。顾名思义，一家优秀的企业（至少在度过早期阶段之后），所产生的钱远远多于其内部消耗所需。这家公司当然能以分红或回购的方式将钱分给股东，但在现实中，CEO 经常会问那些战略规划人员、顾问或投资银行家们，是否应该进行一场或两场收购活动更好。这就像问你的室内设计师，是否你需要买一块 5 万美元的地毯。

收购产生的问题常常因其生物学的偏差而被放大。很多 CEO 们能够获得他们今天的社会地位，是因为他们具有丰富的动物精神和自负秉性。如果他们具有这些强烈的品质——应该承认，有时这正是他们的优势所在——那么，当他们达到辉煌顶峰的时候，这些特点并不会消失。当这样一个本来就雄心勃勃的 CEO，被他的顾问们鼓动着进行并购交易时，他的反应可想而知。这样鼓励性的推动原本就是多余的。

前些年，我的一位 CEO 朋友——必须说明这是一个玩笑——无意中对很多大型的交易进行了病理学的描述。这位朋友管理着一家经营财产险、灾害险的保险公司，曾经试图向董事会解释为什么要收购一家人寿保险公司。在进行冗长沉闷的、经济学和战略理论分析之后，他突然扔掉了手中事先准备的脚本，带着孩子般顽皮的表情，说了一句："哦，哥们儿，别人家的孩子都有。"

在伯克希尔公司，我们的管理层将继续从那些看似平常的生意中取得超常的回报。对于如何安排公司运营取得的盈利，首先，这些公司的管理层会优先考虑各自业务运营的资金需要。余下的资金，他们将会输送给芒格和我，我们将运用这些资金构建每股内在价值。

关键词：我们喜欢的收购对象具有三个特征

我们的目标是获得部分或整体的这样的公司，它们具有三个特征：①我们看得懂；②具有稳健良好的经济基础；③由我们喜欢、尊敬、信任的管理层运营。

B. 合理的股票回购和绿色邮件讹诈式回购 [48]

我们对于收购的背书仅限于价格 / 价值所形成的性价比关系，并没有延伸至讹诈式"绿色邮件"⊖所导致的股份回购。绿色邮件引发的回购是一种我们认为可恶的、讨厌的行为，在这些交易中，双方通过剥削那些无辜的、不知情的第三方，都达到了其个人的目的。

参与这场游戏的玩家包括：

（1）名为"股东"的敲诈者。他们在获得股东身份，墨迹未干之时，便将"要钱还是要命"的信息传达给管理层。

（2）那些不惜任何代价想尽快获得和平的公司内部人士，反正是别人付账，反正花的不是自己的钱。

（3）那些自己的钱被第（2）类人用于赶走第（1）类人的股东。

当尘埃落定，那些前来打劫的、转瞬即逝的"股东"大谈"自由企业"精神，那些被打劫的管理层大谈"公司的最佳利益"，那些无辜的股东只能站在一边，默默为这一切付账。

⊖ green-mail，是指公司对于大肆购买公司大宗股份并威胁要收购公司的外部人，以高于市场价格买回其持有股份的行为。——译者注。

C. 杠杆收购（LBO）[49]

如果成功的公司并购如此之难，那么如何解释近年来遍地开花的杠杆收购（leveraged-buyout，LBO），以及收购公司的运作者大多数都成功了呢？答案的大部分来源于所得税效应，以及其他一些简单的效应。

在一个典型的 LBO 中，当公司多数权益资产结构被重新解构为 90% 负债，加上 10% 新增股票资本时：

（1）所有新普通股加上所有新负债，一起形成的市场价值，比之前由所有旧的普通股形成的市场价值要高出许多。因为之前的税前盈利不再与税务征收者分享，在很多情况下，之前每年税收拿走的金额比分给股东的多。

（2）支付高价给先前的股东，让他们离开，甚至在公司税负降低之后所导致的价值提升效应与先前股东分享之后，价值提升的税务效应的剩余影响依然使新普通股（这时更像是一个附有优惠条款的投机权证）比签署收购文件的成本值钱得多。

（3）新进入的"股东"之后诉诸的策略会遇到很多困难，这些困难既不是构想也不是实施，它们包括下列的情况：

（a）他们消除了很多容易去除的成本（大部分是人力成本），以及表现不佳的部门，（i）这些部门常常会用懒惰和愚蠢折磨成功的公司（包括我们的公司）；（ii）创造出他们高尚的优雅，并且通过眼前的牺牲，获得长期的美好前景，证明了忍受牺牲的合理性。

（b）他们以超高价出售几个业务，有时为了练习最简单的微观经济洞察力，出售给一个直接的竞争对手，有时出售给一个极易找到的、非直接竞争、非管理层拥有的公司买家，这家公司愿意支付与竞争对手一样高的价钱。

（4）新进入的"股东"在适当的时候会收获利润。这些盈利不仅仅来自税务效应和其他简单的上述改组活动，而且来自于，伴随着股市牛市，长期的业务繁荣和极端财务杠杆所带来的向上的完美效应。

除了偶尔发生灾难的时候，国家和社会是否需要有这么多大型公司采取极端杠杆化的资本结构？这提出了一个有趣的社会问题。

如果公司具有强大的财务实力，它们就能够发挥一些社会功能，起到减震器的作用，保护自己的员工、供货商和顾客，使他们免除资本主义体制内天生隐含的部分波动，难道不是这样吗？

"空麻袋难以直立。"当本·富兰克林将这句民间智慧写入《穷查理年鉴》（*Poor Richard's Almanac*）一书时，他是正确的吗？一个过度负债的虚弱公司，不就像一个结构强度不足的桥梁吗？就算杠杆收购在长期的功效上，有一些有利的效应（伴随着一些不利的效应），我们真的希望成千上万的人被吸引到这种公司资本重构的活动中吗？这样做的结果：①会减少公司所得税；②经常会触发反垄断法规；③迫使企业关注短期现金的产出，以减低由收购带来的沉重债务负担。总之，正如哥伦比亚大学法学院教授卢·洛温斯坦（Lou Lowenstein）所言（或多或少）："企业界作为一个整体，是重要的社会机构，现在收购企业就像市场上买卖五花肉一样，这样的交易我们真的想继续下去吗？"

现在，这些社会问题已经有了答案，当前三个方面的情况很清楚。

第一，在LBO的交易中涉及的公司税务效应极大，这类LBO交易的顺利完成并不意味着普通企业的交易也很容易。

第二，与我们竞购企业的杠杆收购的运作者一群又一群地出现，抬高了市场上整体的收购价格，以至于伤害到了其他有意的参与方，包括威斯科公司（该公司董事长是芒格），因为后者没有打算用最大负债的方式取得最大税务优惠。

第三，只要当前放任的法律继续存在，这些LBO运作者就不会离开。在这些法律之下，运作LBO的人具有真实的优势，而不仅仅是一块促销的幌子。即便失败和丢脸会减少他们的数量，杠杆收购的价格会降低，但减少公司所得税带来的资本化价值依然存在。因此，LBO交易的很多理性动机仍然继续存在。

除非新法律的颁布，否则杠杆收购这个精灵即便遭受挫败，也不会老老实实回到瓶子里。

应当注意的是，这些频出高价进行杠杆收购的人，他们获得的刺激并不会止于源于税法带来的优势，以及毫无顾忌地迅速重组公司。频出高价的刺激来源于他们在LBO的合伙关系中所处的一般合伙人身份。这个身份令他们几乎不用自己的钱去冒险（如果考虑各种费用，那几乎就更少了），而如果有盈利，却能获得可观的分成。这种结构安排很像赛马场，谁见过哪个赌场里的服务生不希望自己的赌客下大注？

　　威斯科公司是一个非杠杆收购者（Non-LBO），对于我们而言，好公司的收购是一件不容易的事。这种事情近年来越来越像在明尼苏达州的利奇湖里钓北美狗鱼，在那里，笔者早期的生意伙伴埃德·霍斯金斯（Ed Hoskins）与他的印第安向导有过如下的对话：

　　"这个湖里抓到过北美狗鱼吗？"

　　"这个湖里抓到的北美狗鱼比明尼苏达州其他任何湖里抓到的都多。这个湖以北美狗鱼而闻名。"

　　"你在这里捕鱼有多少年了？"

　　"19 年。"

　　"你抓到过多少？"

　　"一条也没有。"

　　当一个管理者持有和我们一样的观点时，企业收购案的锐减是可以预见的结果。因为收购游戏几乎对所有人都是不容易的，也许仅仅对于我们而言很难。无论这种结果是否如我们所预期，对于威斯科的股东而言，结果是一样的：有价值的收购活动比我们希望的少。但也许有一个安慰：一系列巨大的，无法纠错的，没有救助的收购带来的问题，肯定不是由那些认为收购游戏就像利奇湖里钓狗鱼一样的人引发的。

D. 稳定的收购政策 [50]

　　考虑到我们经常质疑大多数公司管理层进行的收购活动，然而我们却为过去一年自己所进行的三次收购活动而欢呼，这看起来很奇怪。放心，芒格和我没有丢弃我们的怀疑论。我们相信多数收购行为损害了收购方公司的股东利益，就像歌剧《皇家海军皮纳福号》（*Hms Pinafore*）中的台词说的那样："事情很少像看起来的那样，脱脂牛奶可以伪装成奶油。"尤其特别的是，在收购活动中，卖家及其代表总是能提出娱乐价值大于教育价值的财务预测。在制作玫瑰色亮丽前景的脚本方面，华尔街完全可以自己完成，用不着寻求华盛顿方面的帮忙。

在一些案例中，为什么潜在买家会看卖家准备的预测，这很是令人迷惑。芒格和我从来不会看这些预测报告，相反，我们的心里有一个人和他的病马的故事。一天这个人去看兽医，他说："能帮帮我吗？有时候这匹马走起来没有问题，有时候走起来一瘸一拐。"兽医的回答干脆利落："没问题，当它走路没有问题的时候，赶快卖了它。"在企业收购兼并的世界里，被交易的公司就像那匹病马，会被当作纯种马一样兜售。

在伯克希尔，我们与其他有意收购的公司一样，对于预测未来面临很多困难。就像大家一样，我们面临的内在固有的问题是，卖家对于公司的了解远远超过买家，而且他们会挑选出售的时机——一个可能正好是"走路没有问题"的时机。

即便如此，我们还是有一些优势的，或许我们最大的一个优势就是我们没有什么战略规划。这样，我们没有必要向一个特定的方向推进（一条最终总是推高愚蠢收购价格的道路），我们只是简简单单地去决策，选择什么对我们的股东有利。在这样做的过程中，我们总是在心中将我们的行动与很多遇见的机会相比较，包括在股市上购买世界上最好公司的部分股票。主动收购还是被动投资，我们做这样的比较是一种纪律，这种纪律是那些仅仅关注扩张的管理层很少考虑的。

几年前，彼得·德鲁克与《时代》杂志的一次谈话中，点出了事情的实质："我来告诉你一个秘密：做交易胜过干活。做交易是一件令人兴奋、愉快的事，而干活又脏又累。任何工作都主要是由大量的又脏又累的细节构成的，相比之下，做交易是如此的浪漫、性感。这就是为什么即便一些交易毫无意义，但还是有人做的原因。"

在进行收购时，我们还有更多的优势：就支付手段而言，我们可以提供给卖家伯克希尔的股票作为支付手段，它由一系列的杰出企业组成。对于那些希望处置一个好企业，又希望能无限期递延个人税的个人或家族，他们会发现持有伯克希尔公司是非常合适的选择。实际上，我相信这种计算在我们 1995 年以股票进行的两起收购中，扮演了重要角色。

除此之外，公司卖家有时会关心，他们的公司即便在出售之后，也处于一个公司的大家庭中，这个大家庭能为他们的公司成员提供持久、愉快、有效率的工作氛围。同时，伯克希尔可以提供特别的东西，我们成员公司的管理层都拥有极高的自治权。此外，我们的持股结构让卖家明白，当我说我们会保留买入的公司时，我们的承诺是算数的。站在我们的立场上，我们喜欢与那种关心自己企业和员工的人打交道。与那些仅仅打算卖掉公司的人相比，作为买家，我们更喜欢与这种人打交道，这样得到的不愉快和意外会更少。

除了前述关于我们收购风格的解释之外，当然，还有一个不是很精妙的销售广告。如果你拥有或运营的企业税前盈利不少于7 500万美元，并且符合我们提出的标准（见下文），请给我来个电话。我们的谈话内容会被保密。如果你目前尚无兴趣，请将我们的建议放在心里：对于运营优秀、管理杰出的企业，我们永远都不会失去胃口。

得出有关收购的这些观点，我们不得不重复去年一个公司高管对我说起的一个故事。他所在的企业是在业内长期居于领先地位的优秀公司，他就是在这家企业中成长起来的。但是，公司的主打产品毫无魅力。因此，几十年前，公司聘请了顾问公司进行咨询策划，顾问公司提出的建议当然是多元化——当时的时髦（那时，"专注"一词还没有流行）。不久，公司收购了几家公司，每次都经过顾问公司长时间的、费用昂贵的分析研究。结果怎么样呢？这位高管伤感地说："一开始，我们的盈利100%来自原来的公司。收购十年以后，我们的盈利150%来自原来的公司。"

❧❧❧

在我们所进行的收购活动中，投行扮演的角色有点令人沮丧。尽管我们有四次机会进行大型公司的收购，它们都有著名的

关键词：目标公司的六个特征

投行做代表，但这四次中只有一次是投行联系我们的。在其他三个案例中，投行发出它们的前景展望之后，我自己或朋友启动了交易。我们愿意看到中间商在替我们思考做事的基础上赚取费用，在此，我重申一下我们寻找目标公司的标准：

（1）规模够大。

（2）具有被验证了的持续盈利能力（那些对于未来做出的预测，我们毫无兴趣；对于所谓"困境反转"型的公司，我们也没有兴趣）。

（3）在负债极少或没有负债的情况下，公司具有良好的净资产回报率。

（4）具备管理层（我们无法提供管理人员）。

（5）业务简明（如果有太多的科技成分，我们可能搞不明白）。

（6）明确的报价（我们不想在不确定价格的情况下，浪费彼此的时间进行讨价还价）。

我们不会参与恶意收购带来的公司接管。对于我们感兴趣的对象，我们承诺完全的保密，以及非常迅速的回复，通常不会超过 5 分钟。对于收购的方式，我们倾向于用现金支付，但如果我们得到的内在价值物有所值的话，我们也会考虑以发行新股的形式进行支付。

我们喜欢购买这样的公司，公司的股东就是管理层，他们希望产出大量的现金，有时是为他们自己，但更多的时候是为了他们的家人或长期持股的股东。同时，这些管理者是希望继续管理公司的主要股东，保持像他们过去管理公司一样的风格。我们认为伯克希尔为这样的目标提供了一个特别合适的归宿，我们邀请那些潜在的卖家，请他们与我们过去收购的企业联系，以验证我们是言行一致的人。

芒格和我经常会收到一些未能通过我们标准检测的并购信息。我们发现，如果你有意购买牧羊犬，并广而告之，那么，会有很多人打来电话想卖给你可卡犬。一句乡村音乐的歌词可以表达我们对于新公司、困境反转或拍卖式出售的感受："如果电话铃不响，你会知道那就是我。"[51]

E. 出售企业 [52]

很多企业家用一生中最好的时光构建自己的公司。通过一次又一次经验的积累，他们磨炼了商业营销、采购、人才选拔等方面的技能。这是一个不断学习的过程，在某一年所犯的错误，常常为后来的竞争和成功做出了贡献。

与此不同的是，集企业家于一身的股东们通常一生只有一次机会出售自己的企业，而且常常是在来自各方压力、充满情绪化的气氛中进行。这些压力通常来自于中间经纪人——他们的报酬基于交易的达成，而对买卖双方的结果无所谓。实际上，这种交易对所有企业家来说都很重要，无论从财务角度还是个人角度都更容易犯错，而不是更少犯错。而且，在这种一生一次的买卖中，一旦犯错，不可逆转。

在上述买卖的过程中，价格当然是非常重要的，但并不是出售企业的最重要的方面。你和你的家族拥有一家业内优秀的公司，并且买家也认识到这一点。你的这家公司还会随着岁月的推移而日益增值，那么，如果你现在不卖出公司，将来应该可以实现更多价值。当你有这样的认识，你就应该可以拿出部分精力和时间，好好选择一下你希望的买家。

如果你决定出售你的公司，伯克希尔提供了一些其他买家无法提供的优势，特别是，其他买家将会属于下面两类中的一类：

（1）一类买家是，虽然可能地理位置不同，却是同行或类似的公司。

这样的买家，无论是否有承诺，他们都会认为自己很懂你公司的运营，而且迟早会伸出"援助"之手。如果收购方是家大公司，他们会有成群的管理层，这些管理层当年在被招聘时，就被许诺将管理日后收购的公司。他们会有自己的做事方式，即便你的公司毫无疑问做得比他们的好，人性这时也会让他们觉得他们的方法更好。

你和你的家族或许有朋友将自己的企业卖给了大公司，成为了别人的子公司。我怀疑他们所经历的能够证实，收购完成之后，存在这样的倾向——母公司接管子公司的运营，尤其是在母公司了解该行业，或者他们认为自己了解该行业的情况下。

（2）另一类买家是金融投资商，他们总是用大量借来的钱进行操作，打算一旦有合适的机会，就将收购的企业卖给公众⊖或

⊖　指上市。——译者注

其他公司。通常，这类买家的主要贡献是会计方法的改变，他们能使公司的盈利在脱手之前呈现出最为耀眼的光芒。由于股市的上升和资金的泛滥，这类交易变得越来越频繁。

如果当前的企业家将变现视为唯一的目的，而将企业置之脑后——很多卖家是这样的，那么上述的两类买家，无论哪一类，都可以满足这个目标。但如果卖家所出售的生意是其毕生的创造性工作，并且是其内在人格不可或缺的部分，那么买家的任何一种行为（指上文所提之①，购买之后过度干预；②购买之后转手倒卖）都存在严重的瑕疵。

伯克希尔是不同的买家，一个相当与众不同的买家。我们买进是为了持有，但我们在母公司层面没有——也不打算有管理团队，派驻被收购的公司出任管理层。我们拥有的所有企业都享有高度自治权。在大多数情况下，我们旗下很多重要公司的高管很多年都没有来过奥马哈（伯克希尔总部所在地），或者，我们压根就没有见过面。当我们收购一家公司后，卖家会继续以管理者的身份像出售之前一样管理企业，我们会适应他们的风格，而不是相反。

无论是对一个家族还是对近来新招的 MBA，我们从来没有对谁承诺过，让他有机会去管理我们从股东兼管理层那里收购来的企业。我们将来也不会做这样的承诺。

你们知道我们过去曾进行的几次收购，这里，附上一个我们收购的企业名单，请你们比照一下，看看我们的行为是否与我们的承诺相一致。你们尤其要看看，那些为数不多的表现不佳的企业，看看我们在市况艰难的情况下如何行事。

任何买家都会告诉你，他个人需要你——如果他有头脑，他的确是需要你。但是，大多数买家，由于上述提到的各种原因，在其后续的行为中无法履行当初的诺言。而我们将会言行一致，信守诺言，不仅仅因为我们做出过承诺，同时也是因为这样能够达到最佳的商业结果。

这就解释了，我们为何要求你们家族中的核心成员保留20%的股份。出于税务的目的，我们需要持有80%的股份以进行会计合并报表，这对我们很重要。留下的家族成员像主人一样管理企业，这对我们而言也非常重要。简单而言，除非现有的管理层愿意留下作我们的伙伴，否则我们就不会买这家企业。合同不能保证你持续的利益，而我们需要你的承诺。

我的职责是资本配置、顶尖人才的选择和报酬机制的制定。至于其他的个人决策、运营策略等等，都是子公司层面决策的事情。伯克希尔的高管们有时会和我讨论他们的决策，有时不会，这取决于他们的个性，以及在某种程度上我们之间的私人关系。

如果你决定和伯克希尔做生意，打算将你的企业卖给我们，我们会支付现金。你的企业不会被用于任何的贷款抵押，而且我们之间的交易不需要任何中间人。

此外，在与我们的交易过程中，不会发生宣布交易之后，买家取消或重新建议调整（当然，伴随着道歉，以及连同银行、律师、董事会饱受谴责的解释）的情况。最后，你会明确知道你在和谁打交道。你不会仅仅与一个几年后掌管公司的人进行一次谈判，或让总裁抱歉地告知你，他的董事会要求他这样做或那样做（有可能，要求卖掉你的公司，以资助母公司的其他业务）。

很公平地告诉你，在出售生意之后，你将会和现在一样富有，但不可能更富。你所持有的公司股权已经使你富有，并获得了稳健的投资回报。出售公司只是改变了你的财富形式，但不会改变它的数量。你出售企业之后，会从原来拥有100%你明白价值的资产，变成了另外一种有价值的资产——现金，你可能会用这些现金去投资一些并不十分了解的公司的部分股票。卖出常常会有一个正确的理由，如果交易是公平的话，那么这个理由并不会使卖家变得更为富有。

我不会纠缠你，如果你有意出售企业，我会非常感谢你的来电。我会非常骄傲地愿意伯克希尔与你们家族的重要成员一起拥有_____公司。我相信我们在财务方面会干得很好，我相信你们也会在未来的20年里继续愉快地经营企业，就像过去的20年一样。

真诚的，

沃伦 E. 巴菲特

✻ ✻ ✻

我们所进行的收购，常常是由那些将企业卖给我们的经理人推荐的。在其他公司，高管们通常会与那些投资银行合作，去追寻可能的收购机会，他们使用标准化的企业拍卖流程。在这个流

关键词：没有投行参与的收购更好

程中，投资银行家们会准备好一本"书"。

这本书让我想起小时候看的超人漫画———一个温文尔雅的办公室白领，在电话亭里一跃而起，化身为内裤外穿的超人。在华尔街的版本中，一家之前温文尔雅的公司在投行的电话亭里完成收购后，一跃而起，便能超越其他竞争对手，而且盈利的增长速度比子弹的速度还快。这本"书"中描述了被收购公司具有的能量，受到这种描述的激发，那些患有收购饥渴症的 CEO 们立刻痴狂起来。

在这些"书"中，特别搞笑的是，投资银行家们对这些公司未来很多年的年度盈利，都做出了精确的规划。然而，如果你问一下这位投资银行家作者，他们自己的公司下个月的盈利情况如何，他会立刻自我保护式地蜷缩起来，然后告诉你，公司业务和市场都变数太多，他不敢做出预测。

这里有一个故事，我忍不住想讲一下。1985 年，一家大型的投资银行接手了出售思考特·费泽公司的业务，广泛出价，但是没有成功。当读到其未能成功出售的消息时，我给拉尔夫·沙伊（当时以及现在思考特·费泽公司的 CEO）写了一封信，表达了有意购买公司的意愿。我从来没有见过他，但是一周之内，我们达成了交易。不幸的是，思考特·费泽公司在与投行签订的合约中约定，只要交易达成，就必须支付 250 万美元的佣金，即便投行没有为其找到买家。

我猜想，投行的负责人觉得应该为这笔佣金做些什么事情，于是他有礼貌地向我们提供了为思考特·费泽公司的交易准备的"书"。芒格以他一贯的机敏回应："为了不读它，我愿意支付 250 万美元。"

在伯克希尔，我们精心制作的收购策略就是，安静地等待电话铃响起。令人高兴的是，有时候我们能如愿以偿，因为，我们之前收购企业的经理人会推荐他们的朋友，而朋友们也乐意如法炮制。

F. 有选择的买家 [53]

过去一年，有两个因素为我们所经历的繁忙的收购活动发挥了贡献。

第一，很多公司的管理层和股东预见到他们业务的发展近期会放缓。事实上，我们收购的几家公司，它们今年的业务比之曾经在 1999~2000 年度达到的巅峰，的确有所下滑。考虑到我们的这么多家公司，此时或彼时，它们的上上下下，早已在我们的预料范围之中，这对我们并无影响。（只是在那些投资银行家们为推销而进行的路演中，公司的盈利才是不断上升的。）我们不在乎过程的颠簸，我们要的是最终的、整体的胜利结果。但是人们有时会被短期的前景展望所影响，这样既可以刺激卖家，也可以缓和买家的热情，否则他们会与我们形成竞争的。

第二个在 2000 年对我们有所帮助的因素是，垃圾债券市场随着时间的推移已经干涸，相形之下，我们在收购市场上变得更具竞争力。在此之前的两年，垃圾债券的买家们放松了他们的标准，以高的不合理的价格去购买每况愈下的发行人发行的债务。这种放松的效应可以在去年随着违约率提高而切身感受。在这种环境中，那些希望仅购买部分公司权益的"财务"买家们，越来越无法借到他们认为所需的资金。此外，他们所能借到的资金也变得成本高昂。由此，去年LBO的运作者们，在他们收购出价时，变得不再那么激进。因为我们在收购时，会进行基于全部权益的估值分析，所以，我们的估值没有变化，这意味着在上述过程中，我们变得更具竞争力。

除了经济因素之外，还有一种因素令我们在收购中受益。大多数情况下，我们是选择卖家的买家，这是我们现在享受到的巨大的，而且还在日益增长的优势。当然，这并不确保交易的达成——因为需要卖家喜欢我们的出价，以及我们必须喜欢他们的生意和管理层——但这确有帮助。

当一家公司的主人关心买家是谁时，我们觉得这意味深长。我们喜欢与那些热爱自家公司的人做生意，而不仅仅是因为喜欢钱（虽然，我们也可以理解他为何喜欢）。当这种附加的情感存在时，它是一个信号，让人可以发现企业所具有的重要品质：不做假账，以产品为荣，尊重客户，以及一群忠诚的、有强烈方向感的人。与此相反的情况，也是真的。当一家公司的主人打算拍卖其公司，如果显示出对公司兴趣缺失，你将会发现这家公司是经过打扮而出售的，尤其是这个主人是"财务主人"⊖。如果这

⊖　即那些为卖而买的投资银行家。——译者注

个主人不关心公司和员工，那么，他的行为态度、做事风格常常会传染给整个公司。

一家优秀的公司就是一件商务的杰作，如果这件杰作是经过一生（或几辈人）用其优越天赋，悉心照料而成，这家公司将托付给什么人去继续他的历史，这对于主人当然很重要。芒格和我认为，伯克希尔提供了这样的一个家，我们非常认真地对企业的创建者履行义务，同时伯克希尔的结构使得我们能够做到言出必行。当我们告诉约翰·贾斯汀（John Justin），他的公司（贾斯汀实业公司）总部将会继续在沃思堡（Fort Worth）运营，或者告诉布里奇家族他们的公司——本·布里奇珠宝公司（Ben Bridge Jeweler），不会与其他珠宝公司合并，这些卖家可以将我们的承诺锁进银行的保险柜。

那些公司的创始人，他们就像企业界的"画家"伦勃朗，如果他们能为自己的作品选择一个永久的家，这比将来交给信托或不感兴趣的后世继承人拍卖掉这些作品好得多。多年以来，越来越多的公司创始人意识到这一点，并付诸实施，我们与这样的公司创始人有了很多美好愉快的经历。至于那些拍卖的机会还是留给别人吧。

❧ ❧ ❧

我们长期公开的目标是成为企业"有选择的买家"，尤其是那些家族企业。所有能够达到这个目标的方法都值得尝试。这意

关键词：导致企业陷入困境的PE

味着，我们必须遵守诺言，避免以过度负债收购企业，赋予管理层与众不同的自主权，与我们收购的企业同甘共苦（尽管我们更喜欢更好、再好一些。）

我们的历史记录可以证明我们是言行一致的人。然而，很多与我们竞争的买家走的却是不同的路。对于他们而言，并购就像"商品买卖"。在收购合约墨迹未干之时，那些收购运作者们就已经开始琢磨如何从企业脱身的"退出策略"了。因此，当遇到那些关心手中企业未来的卖家时，我有一个明显的决定性优势——我们关心企业的未来。

回溯过去几年，我们的竞争对手被称为"杠杆收购运作者"。但是杠杆收购渐渐萌生恶名。因此，按奥威尔的说法，并购公司决定改名换姓。但是，它们并没改变之前运作的基本方式，包括所珍爱的收费结构，以及对运用杠杆的热爱。

他们的新标签现在变成了"私募股权基金"（PE），这个名字与事实可能并不相符。被这些 PE 收购的企业，在收购之后，相对于之前的情况，几乎必然会出现使资本结构中的权益部分大幅减少的现象。一些仅仅在两三年前被收购的企业，现在已经陷入生死攸关的困境，原因就是收购它们的 PE 给它们带来了巨额债务。许多银行的债务，以 1 美元债务低于 0.70 美元出售，公共债务售价更低。注意，这些私募股权基金，并不是在你迫切需要资本金的时候，跑过来注入你所需要的资本。相反，他们将手中的钱攥得死死的，非常私密。

在受管制的公用事业领域，几乎没有大型的家族企业存在。

在这个领域,伯克希尔希望成为监管者选择的买家。公用事业关乎民生大计,作为监管者,他们不同于简单的公司股东卖家,当公用事业的收购方案被提出时,监管者会检查买家公司的健康状况。

当你站在这些监管者面前,你无法隐瞒你的历史。他们能够——也会——查询你公司运营的所在州的相关部门,进行调查,他们问你公司运营的各个方面,包括是否具备充足的资本。

当伯克希尔旗下的中美能源公司 2005 年提出收购太平洋公司(PacifiCorp)的议案时,我们即将新进入运营的六个州的监管部门,立刻查阅了我们在爱荷华州的背景记录。他们同时仔细地对我们的财务计划和能力进行了评估。我们成功地通过了测试,也希望可以同样通过将来的测试。

我们希望未来能收购更多的处于监管领域的公用事业公司,我们知道我们今天在一个地方的所作所为,将会决定我们明天在其他地方的受欢迎程度。

第 6 章

估值与会计

对于你们之中对会计不感兴趣的人，我为这章专题表示歉意。我知道你们中的很多人并不关心我们的财务数字，取而代之的，是持有伯克希尔的股票一动不动，因为你们知道：

（1）芒格和我将我们的绝大部分身家都放在了伯克希尔。

（2）我们认真经营企业，这样，你们的损失或所得会与我们的损益按照同比例变动。

（3）到目前为止，我们的记录还令人满意。

这种坚守"信念"的投资方式在投资中是必要的，没有任何错。然而，另外一些股东喜欢"分析"的投资方式，对于他们，我们也乐意提供一些他们需要的信息。我们寻求一种能够满足这两种需求的行为方式，二者殊途同归，最终会得到同样的答案。[54]

A. 伊索寓言和失效的灌木丛理论 [55]

一般而言，购买资产是为了获得资本利得。对于这类资产的估值公式，早在公元前 600 年，就被一位非常聪明的人揭示出来，至今从未改变。（虽然，他还没有聪明到足以知道那是公元前 600 年。）

这位非常聪明的圣人就是伊索，他的投资观念具有不朽的力量，尽管有些不完整——一鸟在手，胜过两鸟在林。

为了充实这个原则，你必须回答三个问题：你怎么肯定灌木丛里肯定有鸟？它们何时出现，以及会有多少只？无风险的资本利率是多少（我们通常使用美国长期国债利率）？

如果你能回答这三个问题，就会得出这个灌木丛的最大价值，然后，你可以推知拥有鸟儿的最大数量。当然，在这里，我们考虑的并非字面上的鸟儿，而是美元。

伊索的投资格言可以推而广之，概念换成美元，道理也是相通的，可以适用在农业、油田、债券、股票、乐透彩票以及工厂等各个方面。无论是蒸汽机、电力设备的发明，还是汽车的出现，都没有改变这个公式一丝一毫，即便如今的互联网，也没有改变它。只要输入正确的数字，你就可以将世上所有运用资金的最佳选择，按照回报的吸引力进行排序。

一般的衡量标准，例如股息率、市盈率、市净率甚至成长率，除非它们在一定程度上与企业的现金流入、流出的数量和时间挂钩，否则，就无法运用去估值。如果一个项目或企业早期要求的资金投入，超过未来能够产出现金的折现价值，那么，这种成长是在破坏价值。

那些张口闭口将"成长"和"价值"作为两种截然不同投资

关键词：成长与价值

风格的市场评论员和投资经理们，是在表现他们的无知，而不是精明。成长仅仅是价值公式中的一个组成部分，通常是个正面因素，有时也会是个负面因素。

唉，尽管伊索命题的公式和第三个变量——也就是利率，相对简单易懂，但要弄清楚其他两个变量却相当困难。实际上，在这个计算过程中，非要得到精确的数字是愚蠢的，使用一个范围的可能性才是更好的方式。

通常，这个范围实在太大，以至于得不到有用的结论。有时候，即便对于未来鸟儿出现的数量进行非常保守的估计，也会显示出价格相对于价值令人吃惊的低。（让我们称这种现象为 IBT（Inefficient Bush Theory），低效灌木丛理论。）可以肯定的是，一个投资者需要一些商业经济的常识，以及独立思考的能力，以便获得理由充分的正面结论。但投资者并不需要才华卓越，也不需要令人炫目的洞察力。

在另一个极端，有很多时候，即便最聪明的投资者也没有办法确定小鸟一定会出现，即便给一个宽泛的估计范围，也还是无法做到这一点。这种不确定的情况常常发生在考察新兴行业以及那些迅速变化的行业时。在这种情况下，任何资本运用都必须贴上投机的标签。

如今，投机，既不违反法规，也不违反道德，甚至不能说是非美国式风格。它所关注的不是资产会产出什么，而是下一个傻瓜愿意出什么价格。但投机活动，并非芒格和我喜欢的游戏。既然我们两手空空地去参加舞会，凭什么要指望满载而归呢？

投资与投机之间的界限永远不是明确清晰的，尤其当大多数市场参与者沉浸在巨大愉快的氛围中时，二者的界限更是模糊得厉害，没有什么比不劳而获却能大笔捞钱更容易让人失去理性了。有了这样令人陶醉的经历之后，任何正常理智的人也都会像参加舞会的灰姑娘一样被冲昏头脑。这些参与者会继续投机的游戏，投机于那些相对于未来现金流，有着巨大估值的公司。

他们明明知道，在舞会逗留的时间越久，南瓜马车和老鼠现出原形的概率就越高，但他们还是舍不得错过这场盛大舞会的每一分钟。这些轻佻疯狂的参与者都打算在午夜来临的前一秒离场，问题来了：舞会现场的时钟没有指针！

去年，我们对于无处不在的繁荣进行过评论，当时实在是非理性的狂欢，投资者的预期回报比可能的回报高出数倍。一份潘恩·韦伯 – 盖洛普公司（Paine Webber-Gallup）在 1999 年 12 月进行的调查报告显示，投资者在被问及对于未来十年投资回报的预期时，他们的回答是平均年回报 19%。这显然是个非理性的预期，因为如果将整个美国公司作为一个整体，比喻为一个大灌木丛，到 2009 年也无法容下这么多小鸟的存在，不可能产生如此高的回报。

更为非理性的是，当时的市场参与者对于一些几乎肯定是平庸，甚至没有价值的公司给予极高的估值。然而，投资者们被飙升的股价所催眠，不顾一切，蜂拥杀入。就像中了病毒一样，在职业投资者和业余投资者之间广泛蔓延，引发幻觉，使得某些板块的股票价格与其内在价值相脱离。

与这种不切实际的情况伴随着的，是一种信口开河的所谓"价值创造"。我们承认，过去数十年来，很多新公司或年轻的公司为社会创造了巨大的价值，而且这种情况还会继续发生。但对于那些终其一生都在亏损的公司而言，它不是在创造价值，而是在毁灭价值，无论它在发展的某个阶段曾经有过多高的市值。

在这些案例中，真正发生的只是财富的转移，而且是大规模的转移。通过无耻地推销根本没有小鸟的灌木丛，推销员们近年来从大众的口袋里骗走的钱数以十亿计，都装进了自己的口袋（以及他们亲朋好友的口袋里）。事实证明，泡沫的市场创造泡沫的公司，它们更关注如何从投资者那里赚钱，而不是如何为投资者赚钱。太多的时候，公司推销员的主要目标是 IPO 上市，而非公司如何创造更多的利润。说到底，这些公司的"商业模式"就是老套的连锁信（chain letter）骗局，而在这个过程中，一心想赚取佣金的投资银行扮演的就是连锁信骗局中的投递员角色。

但是，总有一根针在等待着每一个泡沫。当二者最终相遇的瞬间，新一拨的投资者会再次重温老教训：首先，在华尔街这样一个质量得不到褒奖的地方，它可以卖给投资者任何想买的东西；其次，投机看似天下最为容易的事，实则是最为危险的事。

在执掌伯克希尔的过程中，我们从未试图在不成气候的公司的海洋中，挑选出微乎其微的赢家。我们自认为没有这种聪明，而且我们知道这一点。取而代之的是，我们试图运用伊索 2600 年以来的方程式，去估算灌木丛中有多少只小鸟，以及它们何时会出现。("一鸟在手，胜过两鸟在林"这句格言，可能到我孙子那辈时，会被改为"一个敞篷车里的女孩，胜过五个电话簿上的女孩"。)

很明显，我们永远不能精确预测一个公司现金流入和流出的时间，以及准确的数量。所以，我们试着用较为保守的方法进行估算，并且将专注于那些即便发生意外也不会引发股东浩劫的公司。不过，即便如此，我们还是经常犯错。你们一定记得，我就是那个自认为懂得邮票交易、纺织、制鞋以及二流百货公司未来发展的家伙。

近来，我们最为看好的"灌木丛"是通过协议谈判购买整个公司，这种方法的确令我们满意。但是，你们应该明白，这类收购顶多带给我们一个合理的回报。要想获得超额回报，必须等到整个资本市场极其惨淡的时候。整个市场感到悲观之时，才是超额回报机会出现之日。我们现在距离这种情况还远。

B. 内在价值、账面价值和市场价格 [56]

内在价值是一个非常重要的概念，它提供了评估投资和企业相对吸引力的唯一逻辑路径。内在价值的定义也很简单：一个公司的内在价值是其存续期间所产生现金流的折现值。

但是，对于内在价值的计算并不简单。正如我们定义的那样，内在价值是一个估计值，而不是一个精确的数字，此外，这个估计值应该随着利率的变化或未来现金流的预期修改而改变。

不同的两个人，比如芒格和我，即便看到的是同一个东西，也会得到不同的内在价值数字——至少是略有不同，总之，不会完全一样。这就是我们从来不会告诉你们，我们对于内在价值估计值大小的一个原因。当然，我们的年报会提供我们计算这种价值的事实依据。

同时，我们会定期地报告公司的每股账面值，这是一个容易计算的数字，尽管用途有限。这种局限性并非来源于我们持有的可流通性证券，它们是按照当前的市值入账的。账面价值的不足与我们的全资控股公司有关，它们在我们账面上所显示出来的价值，与其内在价值或许相去甚远。

这种差距可以朝着两个不同的方向发展。例如，1964年，我们可以确定地说出伯克希尔每股账面价值是19.46美元。然而，这个数字在相当程度上夸大了公司的内在价值，因为公司的所有收入都与利润低下的纺织业务有关。我们的纺织业务资产既没有继续经营的价值，也没有等同于账面价值的清算价值。然而，今天，经过多年的发展，伯克希尔的情况已经截然不同，今非昔比。截至1996年3月31日，公司每股的账面价值是15 180美元，远远低于其内在价值。这一点是完全真实的，因为很多我们控股的公司，它们的价值其实远远高于其账面价值。

尽管账面价值这个数字表达是粗糙的、低估的，内容并不充分，但我们还是给你们提供伯克希尔的账面价值数字，因为它今天依然是伯克希尔内在价值的追踪衡量指标。换言之，在任何一个特定年度，账面价值的变动比例接近于内在价值的变动比例。

你可以将大学教育视为一种投资的形式，从中你可以得出账面价值与内在价值的不同。教育成本就是"账面价值"，如果想得到这个成本准确数字的话，它应该包括这个学生放弃的收入，因为他选择上学而不是上班。

在这个计算中，我们将忽略那些教育中重要的但非经济因素的效益，集中关注那些与经济相关的价值。首先，我们将估算这个学生毕业之后，一生中的收入总和，然后从这个数值中减去如果他没有受到大学教育所能够得到的收入总和。将二者之差以一个合适的利率贴现，得到一个毕业生的现值。这样得到的数值，就是所受教育的内在价值。

一些毕业生会发现他们所受教育的账面价值超出其内在价值，这意味着，他们对于教育的支出并非物有所值，无论教育成本由谁支付。在另外一些例子中，教育的内在价值远超其账面价值，这个结果证明资本的运用物超所值。显而易见，在所有的情况下，我们可以得出结论：账面价值并非内在价值的指示器。

将我们控股的公司和我们持有少数股权的公司的财报相比较，有一个有趣的会计现象颇具讽刺意味。1987 年，我们持有少数股权的公司，股票市值超过 20 亿美元，但是，它们在伯克希尔财报上的税后利润仅为 1100 万美元。

关键词：如何计算内在价值

会计规则要求我们，只有在获得这些公司的分红时，才可以记账，而不是以我们持股对应的盈利入账。分红的数字比徒有虚名好不了多少，而税后盈利的数字在 1987 年远远超过 1 亿美元。在另一方面，会计规则要求三种少数股权（我们保险公司持有的）的账面价值必须按照市值记账。结果就是，GAAP 的规则要求我们持有的少数股权的净值依照市值更新，却不允许将相应的实际盈利反映在损益表中。

对于我们全资控股的公司，情况正好相反。这里，我们将所有的盈利反映在损益表中，但是在资产负债表中，自从我们购买之后，无论公司价值有多么大的变化，资产的账面价值从来不变。

对于这种会计上的精神分裂症，我们的思维方式是，忽略 GAAP 的数字，而全力专注于我们控股和非控股公司的未来盈利能力上。用这种思维方式，我们建立了自己独特的企业价值观，使我们控股公司的价值，独立于所显示的会计价值；使我们部分持股的公司价值，也独立于愚蠢市场有时所给予的市价。我们希望，在未来的岁月里，企业价值能以一个合理（或许，不合理更好）的速度增长。

※ ※ ※

历史上，伯克希尔的股票总是以略微低于其内在价值的价格交易。有了这样的股价，购买者可以肯定在他们持有股票期间，其投资经历至少与企业的财务经历相同，只要这种价格折扣没有扩大。但是，近年来，这种价格折扣已经消失，甚至，偶尔会出现轻微的溢价现象。

这种折扣价的消失意味着，伯克希尔市场价值的增长快于企业价值的增长。（伯克希尔公司本身的企业价值也在以令人欣慰的步伐增长。）这对于已经持有我们股票的人而言是个好消息，但对于刚刚购买我们股票的人，或打算买我们股票的人而言是个坏消息。如果将来伯克希尔新股东的财务经历正好与公司的财务经历一致的话，就意味着，市场价值对于企业价值的溢价现象会一直存在下去。

长期以来，伯克希尔的市场价值与企业价值之间的恒定关系，比我所熟知的任何上市公司的股票表现都更为稳定。这些都应该归功于你们，因为你们有理智、有兴趣、有投资导向的思维，所以，伯克希尔股票总是有合乎情理的表现。这种非同寻常的结果源于非同寻常的股东结构分布：实际上，我们所有的股东都是个人投资者，不是机构投资者。几乎没有其他类似我们体量的公众公司具有这样的特点。

40年前，本·格雷厄姆曾经讲过一个故事，用以说明为什么所谓的投资专家们会如此表现。一个到了天堂的石油勘探员，在遇见圣徒圣彼得（St. Peter）时，得到一个坏消息。"你有资格居住在这里。"圣彼得说，"但是，你也看到了，为石油界准备的院子已经挤满了，没有办法把你挤进去了。"勘探员想了一会儿，问圣彼得，可否对现住居民说一句话。这对于圣彼得而言并没有

关键词：伯克希尔的所有股东都是个人投资者

什么害处，于是勘探员用手拢起喇叭大声喊道："地狱里发现了石油！"瞬间，所有的人都冲了出来，直奔地狱而去。这给圣彼得留下极其深刻的印象，他邀请勘探员入住天堂，但勘探员踌躇了一下，说："不，我想我应该跟他们一起去。别忘了，谣言也可能是真的。"

在 1995 年致股东的信中，当伯克希尔的股价达到每股36 000 美元的时候，我曾经告诉过你们：

（1）伯克希尔近些年来的市场价值表现已经超出了其内在价值，尽管后者的表现也非常令人满意；

（2）这种过度的优越表现不可能无限继续下去；

（3）芒格和我在那个时候并不认为伯克希尔的价值被低估。

自从我发出这样的提醒至今，伯克希尔的内在价值已经大大增加，而同期股价却没有太大变化。当然，这意味着我们的股价在 1996 年落后于我们的企业运营表现。因此，今天的价格/价值的比值已经与一年之前大不相同，而且以芒格和我的观点看，这样的性价比更加合适。

随着时间的推移，长期而言，伯克希尔股东的累计收益一定与公司运营收益相一致。如果股价的表现暂时性地超出了企业的表现，会有一些股东——买家或卖家——从交易对手那里获得超额利润。但总体而言，在这样的游戏中，成熟的投资者比初出茅

关键词：市值管理法

庐的"小白"更有优势。

尽管我们的主要目标，整体而言，是让我们的股东在其持有期间利益最大化，我们也希望将一些股东从其他股东（即交易对手）那里获取利益的可能性最小化。如果我们管理的是家族合伙企业，这一定是我们的目标。我们相信，管理一家公众公司，这样的目标也具有同样的意义。

在一个合伙企业中，在合伙人进出的时候，他们的利益应该得到合理公平的估值。作为一家公众公司，如果市场价值与公司内在价值一致的话，也就得到了公平。很明显，这一点并不能总是如愿，但是一个管理者可以通过其公司策略和沟通，促成这种公平的产生。

当然，一个股东持有股票的时间越长，他的所得与伯克希尔实际经营成果一致性就越高，他在买入时，相对于内在价值支付的溢价或折价的影响就越小。这就是为什么我们要吸引长线投资者的一个原因。总的来说，我认为我们在这个方面的追求已经相当成功。在美国市场的大型上市公司中，就长期股东所占比例而言，伯克希尔可能名列第一。

❧ ❧ ❧

尽管内在价值的计算非常重要，但它却无法精确计算，甚至计算起来经常是伴有严重的错误。公司未来的不确定性越高，计算内在价值的出错偏差可能性就越大。在这一点上，伯克希尔具有一些优势：我们拥有多元化的、相对稳定的现金流，同时拥有极佳的流动性和极少的债务。这些都意味着，与绝大多数公司相比，伯克希尔的内在价值更容易准确地计算。

然而，虽然说伯克希尔的财务特征有助于计算的准确性，但仅仅依靠众多稳定的现金流来计算内在价值依然是极其复杂的工作。回到 1965 年，那时我们只有一个小小的纺织厂，计算它的内在价值简直是小菜一碟。现在，我们拥有 68 家公司，分布在不同的行业，具有不同的财务特征。这些互不相干的企业，加之我们巨大的投资金额，使你根本不可能轻易地分析我们的合并报表，然后准确地预估其内在价值。

为了更好地解决这个问题，我们尝试将我们的业务合理地分为四类，在这个报告稍后的部分对于每一类进行一一分析。当然，伯克希尔公司的整体价值可能大于或小于这四个部分业务价值之和。最终的实际结果取决于两个因素：一是，作为一家大公司的各个组成部分是运营得更好还是更差？二是，在母公司的管理之下，公司的资本配置是更优还是恶化？

换言之，伯克希尔有没有给旗下各个企业带来什么优势？或者，伯克希尔直接持有这 68 家企业是不是更好？这些都是重要的问题，但是，必须由你们自己来回答。

让我们来看两组数据（见表 6-1、表 6-2），看看我们由何处来，以及现在身处何地。第一组是我们的每股投资金额（包括现金和现金等价物）。在这个计算过程中，我们将金融运营中的投资剔除，因为它在很大程度上被负债所抵消。

表　6-1

年　　度	每股投资①
1965	$4
1975	159
1985	2407
1995	21 817
2005	74 129
1965～2005 年复合增长率	28.0%
1995～2005 年复合增长率	13.0%

①扣除少数股东权益。

在少数由我们保险公司持有的可流通证券之外，我们持有品种繁多的非保险类的企业。表 6-2 是这些企业扣除商誉摊销后的每股税前盈利：

表　6-2

年　　度	每股利润①
1965	$4
1975	4
1985	52
1995	175
2005	2 441
1965～2005 年复合增长率	17.2%
1995～2005 年复合增长率	30.2%

①税前且扣除少数股东权益。

当我们讨论增长率时，有必要留心一下基期和终期的年度选择问题。如果它们中有一个选择失当，任何关于成长率的计算结果都是扭曲的。尤其是在基期盈利非常小的情况下，那么，计算出来的增长率会非常惊人，但实际上，毫无意义。然而，在上面的表格中，作为基期的 1965 年，盈利异乎寻常的好。那一年是此前十年中伯克希尔盈利最好的一年。

从上面的两张表格中，你们可以看到，伯克希尔的每股投资和每股盈利这两个指标的相比较的增长率，在过去十年中变化很大。这个结果反映了我们的经营越来越多地向企业收购方面倾斜。尽管如此，芒格和我还是希望这两张表格中的数字都得到提升。

C. 透视盈余 [57]

当一家公司持有另一家公司部分股权时，在会计做账方面，必须从三个大类型中选择一类合适的记账方法。在很大程度上，拥有股票的比例决定了使用哪一类会计原则。

按照公认会计原则（GAAP）的要求（自然地，会有意外情况……），对于持股超过 50% 的企业，应该合并销售、费用、税金和盈利。伯克希尔持有 60% 股权的蓝筹印花公司就属于此类，因此，该公司的所有收入、费用等，都被完整地包括在伯克希尔的合并损益报表之中，其他股东持有的 40% 的所有者权益则在报表中作为"少数股东权益"进行扣减。

如果持有的股份为 20%～50%（通常被称为"被投资方"），完全合并收益也很常见。例如，伯克希尔持有 48% 的威斯科金融公司，它的收益仅被记录在投资方损益表上的一个分录中。与

关键词：三类持有比例的会计记账法

持股超过 50% 的那类不同，此类投资的处理方式是，所有的收入和成本项都会被省略，只按比例记录盈利。这样，如果 A 公司持有 1/3 的 B 公司，那么 B 公司盈利的 1/3，即便不派发股息，也会被反映在 A 公司账面盈利上。在这一类（20%～50%）和持有超过 50% 那一类中，出于公司间税务和收购价格调整的考虑，会有一些修改，我们会在之后做出解释。（我知道你们不能再等了。）

最后一类，指的是持股在 20% 以下的情况。在这类投资情形下，会计准则要求，只有在收到分红时，投资方公司才能记入损益表，未派发的盈利不计。因此，如果我们持有 X 公司 10% 的股份，它在 1980 年盈利 1000 万美元，在不考虑公司分红附带的少量税务的情况下，我们公司在损益表中的记录是：①如果所有 1000 万美元盈利全部发放，就记录 100 万美元；②如果派发 50% 盈利，就记录 50 万美元；③如果留存全部盈利再投资，就记录为 0。

我们将这个简短的——而且非常简单的会计课程提供给你们，是因为伯克希尔在保险领域的很多投资都属于第三类，即持股在 20% 以下的情况。这些投资对象中的很多公司派发的分红只是它们盈利的一小部分，这意味着，我们账面上记录的盈利仅仅是它们真实盈利的一小部分。尽管我们的财报盈利反映的仅仅是收到的分红，但是，我们真实的经济实力取决于这些公司的盈利，而不是分红。

近年来，由于我们的保险公司发展势头良好，以及证券市场上普通股出现的特别有吸引力的机会，我们对第三类公司的投资持股大幅增加。这类财产的大幅增加，已经产生了非凡的结果。去年，这些被投资公司中属于"我们的"盈利（没有以分红形式派发给我们的相应部分），已经超过了伯克希尔年度运营盈利总和。因此，一般说来，传统的会计准则仅仅允许投资盈利的"冰山一角"出现在我们的报表上。在企业界，这种情况很少见，但这种情况在我们这里会再次发生。

我们自己的实际收益分析，与公认会计原则有所不同，尤其当这些原则必须在一个高度不确定的通货膨胀世界中应用时。（但是，批评这些会计原则比改进这些原则容易得多，内在问题已经是根深蒂固了。）我们拥有很多公司100%的股权，从会计原则上说，我们完全控制了这些公司的处置权，但是它们的财报盈利并不能完全地反映在我们这里。（所谓"控制"是理论上的，除非我们将所有盈利都进行再投资，否则原有的资产价值会发生巨大的损耗恶化。但这些再投资不可能取得接近市场资本回报率的回报率。）相比之下，我们也有一些仅持有少数股份的公司，它们的盈余再投资非常杰出，其所保留的资金还能为我们赚取更多的盈余。

因此，伯克希尔留存盈余的价值并不取决于我们持有100%、50%、20%或1%股份的公司如何留存这些盈余，而是取决于如何运用这些留存盈余以及其运用的效益。这与我们自己或聘请的经理人如何决策、如何使用没有什么关系。（真正起作用的是剧本，而不是演员。）我们财报中运营盈利包括或不包括这些留存利润，对于价值并无影响。打个比方，就像一棵长在我们拥有部分权益的森林中的树，或许在财务报表上并未记录它的成长，但我们仍然拥有它的一部分。

必须提醒的是，我们的观点并非传统的观点。我们宁愿将盈利交由只持股 10% 公司的优秀经理人好好发挥，也不愿意交给潜质有限的经理人管理，哪怕这个经理人是我们自己。

❧　❧　❧

"盈利"这个词有着明确的定义。而当盈利的数字得到不合格的审计师签署的意见背书时，天真的投资者可能会以为它就像圆周率一样经过精确的计算，精确到小数点之后的很多位。

然而，在现实中，当公司由骗子领导时，盈利数字可能就像抹灰腻子一样任意捏造。当然，真相最终会浮出水面，但与此同时，大笔金钱或许已被骗走。当然，在美国，一些重量级人物的财富也是由会计幻象的货币化创造出来的。

伯克希尔公司自己的财报盈利在某些重要方面也存有令人误解的成分。我们进行了大量的对外投资，被投资公司的盈利远远大于其分红数额，但我们的账面上只能记录分红的数字，而不是相应的盈利数字。

最为极端的明显例子是大都会 /ABC 公司，我们持有这家公司 17% 的股份，相应的盈利约为 8300 万美元。但是，根据 GAAP，伯克希尔的损益表中只能反映收到的分红 53 万美元（它

关键词：透视盈余

派发 60 万美元红利，其中含税 7 万美元），余下的 8200 多万美元的留存利润，会继续为我们工作，但却不被记录在我们公司的账上。

我们对于这种"被遗忘，但却存在"的盈利的态度很简单：如何记录这些数字并不重要，重要的是，它们的归属以及之后的运用效益。至于审计师们是否听到森林中有一棵树倒下，我们并不关心，我们关心的是，这棵树属于谁以及拿它做什么。

当可口可乐公司用它的留存利润回购股份之时，等于提高了我们在这家世界上最有价值的公司的所有权比例。（当然，可口可乐在很多方面都有运用留存利润提升价值的行为。）除了回购股份之外，可口可乐还会将利润以分红形式派发给股东，我们则可以用这些分红买入更多的可口可乐股票。

只是相对于前一种方式——"公司回购股份"而言，以"分红再买入"的后一种方式是效率较为低下的方式，因为我们需要为分红支付税金。如此一来，对于公司同样的资金支出，后一种方式使得我们提升的持股比例不如前一种高。然而，具有讽刺意义的是，后一种方式在伯克希尔的财报上会体现出更多的"盈利"。

我相信衡量我们盈利的最好方法是使用术语——透视盈余（look-through earnings），其计算方式如下：

我们 1990 年对外投资的相应盈利大约为 2.5 亿美元，均为留存利润。减去 0.3 亿美元的税款（如果这些利润全部分派给我们的话），得到余额 2.2 亿美元，加上我们公司的运营盈利 3.71 亿美元，这样，我们在 1990 年的透视盈余大约是 5.9 亿美元。

✺✺✺

　　我们认为，对一家公司的全体所有者而言，公司留存利润的价值取决于这些利润的使用状况，而不是拥有的持股比例。如果你在过去十年拥有伯克希尔 1% 股份的 1%，以经济利益衡量，你也能从你那份公司留存利润中斩获颇丰，无论使用什么样的会计方式。假设你拥有不可思议的 20% 的股份，按比例计算，你所获得的也是一样的。但是，如果你在过去十年中，拥有很多资本密集型企业 100% 的股份，在标准会计方法下，全部确认的、精确的留存利润也只会给你带来很少的价值，或者根本没有价值。

　　这并不是对会计流程的批判，我们并不打算再设计一套更好的会计体系，只是想说，管理层和投资者都一样，必须明白，会计数字仅仅是企业估值的开始，而不是结尾。

　　在绝大多数公司中，少于 20% 的股权投资无足轻重（或许，部分原因是它们阻碍了盈利的最大化），而且，我们刚刚讨论的，会计结果和实际经济结果之间的区别也无关紧要。但是，在我们自己的现实中，这种情况非常巨大，而且越来越重要。它们巨额的体量让我们相信，我们财报上运营利润数字的意义已经非常有限。

✺✺✺

关键词：会计数字仅仅是企业估值的开始

整个股市是由很多美国大型公司所组成的巨大拍卖竞技场，我们的任务就是挑选出一些优秀的公司，它们能将每一美元的留存利润转化为至少一美元的市场价值。尽管犯过很多错误，截至目前，我们还是较好地完成了这个目标。在这个过程中，我们得到了经济学家亚瑟·奥肯（Arthur Okun）守护神——圣抵消（St. Offset）先生的大力协助[⊖]。

在一些投资案例中，归属我们的留存利润没有产生任何有意义的影响，甚至是负面影响；同时，在另一些案例中，归属我们的留存利润，每一美元转化成了两美元甚至更多。时至今日，在我们所有的投资案例中，成绩骄人者远远超过落后者，好成绩抵消了坏结果。如果我们能够继续保持这样的记录，这将证实我们将"经济盈利"最大化的努力卓有成效，无论"会计盈利"的影响如何。

我们也相信，投资者能够从专注于自己的"透视盈余"中受益。具体的算法是，投资者将自己投资组合中持有的股票一一审视，确定每一只股票相对应的公司盈利比例，然后加在一起。每一个投资者的目标，应该是创建一个投资组合（实际上，这就是一个公司）。看看这个组合在从今天开始的十年左右，可以为主人提供的最大限度的透视盈余。

这样的方式会强迫投资者思考企业的长期前景，而不是短期的股价表现。观点会改变结果。当然，长期而言，投资决策的记

⊖　这是个巴式幽默。——译者注

关键词：像组建公司一样建立投资组合

分牌是市场价格。的确如此，但是，决定价格的是未来的盈利。
就像打棒球一样，投资者需要盯着的是场上，而不是记分牌。

对于公司管理水平高低的主要测试标准，是运用权益资本取
得回报率的高低（没有过度的财务杠杆、会计花招等等），而不
是每股盈利的持续增长。以我们的观点看，如果公司管理层和金
融分析师们可以修订他们对于每股盈利以及每年变化的强调，那
么，很多公司就可被股东和大众更好地理解。

D. 经济的商誉 vs. 会计的商誉 [58]

我们公司的内在价值大大超过账面价值，主要有两个原因：

（1）根据标准会计原则的要求，我们旗下的保险公司持有的
普通股票以市价计账，而我们持有的其他股票按照"成本或市价
孰低"的原则入账。

到 1983 年年底，后一类持股的市值已经超过了 7000 万美元
（税前），或相当于税后 5000 万美元。这部分超额利润属于我们
企业的内在价值，但却没有体现在我们的账面价值上。

（2）更重要的是，我们拥有的几家公司，它们的经济商誉
（包括在企业内在价值中），远远大于反映在我们资产负债表上和
账面价值上的会计商誉。

关键词：ROE 重于 EPS

实际上，即便你们从来没想过商誉及其摊销的问题，也能过着充实而有意义的生活。但是，投资和管理专业的学生应该明白这个主题所包含的细微差别。我自己的想法与 35 年前相比已有了巨大的变化。那时，我所受到的教育看重的是有形资产，而避开那些倚重经济商誉的企业。这种偏见令我错失良机，犯了很多重大错误，尽管我们的原则是"宁可错过，避免犯错"。

凯恩斯发现了我的问题所在："最难的不在于接受新思想，而在于如何摆脱旧思想的束缚。"我摆脱旧思想的过程可谓太迟了，部分原因是我从同一位老师那里所学到的东西实在太有价值了，它们在过去有用，并将继续有用。最后，直接或间接的从商经历，让我对那些拥有巨大持久商誉而仅需极少量有形资产的企业兴趣浓厚。

对于那些对会计术语和商誉感兴趣的人，我推荐他们读一下相关材料。你们应该明白，芒格和我都认为伯克希尔拥有的非常巨大的经济商誉价值，远远超过我们财报上反映出来的账面价值。

꧁ ꧂ ꧁ ꧂ ꧁ ꧂

下面的讨论，涉及的是经济商誉和会计商誉的问题，而不是我们日常所说的"友好"⊖。

⊖ goodwill 兼有商誉和友好之意。——译者注

　　例如，一家企业可能得到大部分客户的喜欢，甚至热爱，但却不具有经济商誉。（曾经是最大公司的美国电话电报公司AT&T 在其破产之前，被人普遍看好，但却没有一丁点儿的经济商誉。）相反，令人遗憾的是，一家企业可能并不为客户喜欢，但却拥有巨大的、日益成长的经济商誉。因此，暂时将情感放在一边，专注于经济学和会计吧。

　　当一家公司被收购时，会计准则要求收购价首先按照收购资产相应的公允价值记账。之后，那些资产的公允价值之和（在减去负债之后）小于收购价格，这个差额就会计入另一项目——收购价格超过资产净值部分。为了避免这种重复冗长的说法，我们将其称为商誉。

　　在 1970 年 11 月之前进行的企业收购，其中涉及的商誉处理有特别的存续期。除了极少数的情况，只要被收购的资产一直存在，就会被允许留存在资产负债表上。这意味着，公司无须为渐渐消失的资产进行摊销，也就不会降低公司盈利。

　　但是，自从 1970 年 11 月之后，情况有了新变化。如果收购活动产生了商誉，那么，商誉必须在 40 年内，以每年均摊的形式，在收益账目中摊销。因为，40 年是所允许的最长期限，所以，管理层（包括我们在内）通常选择 40 年为期。

　　会计商誉就是这样起作用的。为了明确它与经济现实之间的差别，让我们近距离看手边的一个例子。我们将会采取四舍五入的方法，以便于理解。我们也会提到投资者和管理层。

　　1972 年初，蓝筹印花公司以 2500 万美元购买了禧诗糖果公

关键词：经济商誉

司。当时，禧诗糖果的有形资产大约 800 万美元。（在这个案例中，应收账款被归类为有形资产，这对企业分析而言很合适。）这个水平的有形资产足以在不用举债的情况下，维持公司正常运营，除了季节性的短期借款。禧诗糖果当时的税后利润约为 200万美元。以 1972 年的美元不变价值来看，这种盈利水平保守地代表了禧诗的未来盈利水平。

这样，我们的第一堂课就是：当企业被预期可以产生的回报，远远高于市场回报率时，这样的公司在逻辑上具有远高于其有形资产的价值。这种超额回报的资本化就是经济商誉（economic Goodwill）。

在 1972 年（现在也一样），几乎很少有企业被认为可以在有形资产的基础上，持续获得 25% 的税后回报，禧诗糖果做到了，而且是在保守的会计和没有财务杠杆的情况下做到的。这种超额回报的产生，并不是来自于存货、应收账款或固定资产的公允价值，而是来自于无形资产，尤其是客户心中无数次由产品品质和个人体验带来的愉悦经历，所形成的普遍认同的良好声誉。

这种声誉创造了一种消费特许权（consumer franchise），对于消费者而言，产品的价值不再限于成本，不再是决定售价的主要因素。消费特许权是经济商誉的主要来源，其他来源包括不受利润管制的政府特许权，例如电视台，以及在一个行业中作为低成本生产商的持久地位。

让我们回到禧诗糖果的会计案例。蓝筹印花公司以超出有形资产 1700 万美元的价格收购禧诗糖果，这就要求建立一个同等金额的商誉账目，作为蓝筹印花资产负债表上的一项资产，在收购之后的 40 年里，每年从盈利中扣除 425 000 美元，用于摊销这笔商誉资产。

到 1980 年，经过 11 年的摊销之后，1700 万美元已经减少到 1250 万美元。同时，伯克希尔持有 60% 的蓝筹印花的股权，因此，也就持有 60% 的禧诗糖果公司的股权。这意味着伯克希尔的资产负债表上，反映了 60% 的禧诗糖果的商誉，大约相当于 750 万美元。

1983 年，伯克希尔在一次兼并中获得了蓝筹印花公司的其余股份，对此，会计上要求使用"购买法"（purchase accounting），而不是其他收购中使用的"权益合并法"（pooling）。在购买法方式下，我们支付给蓝筹印花公司股东的"公允价值"超出了该公司的净资产值。就像大多数上市公司使用自己的股票进行收购一样，这个公允价值按照股票的市值衡量。

"收购的"资产是蓝筹印花 40% 的股份（正如你们已知的一样，伯克希尔之前已经持有其 60% 的股份）。伯克希尔"支付"的金额超出我们收到的可确认 5170 万美元净资产值，这些被转入两个商誉：2840 万美元转入禧诗糖果公司，2330 万美元转入《水牛城晚报》公司。

因此，在完成与蓝筹印花的合并之后，伯克希尔留下的禧诗糖果商誉由两部分构成：一是，1971 年收购剩余的 750 万美元；二是，1983 年的"购买"新创造出来的 2840 万美元。眼下，我们的摊销费用在未来 28 年中每年大约 100 万美元，在之后的 12

年中——2002 到 2013 年——每年大约 70 万美元。

换言之，不同的收购日期和收购价格，使得我们对于同一个资产的两部分，在账面上记录了不同的资产价值以及摊销费用。（再次重复一下免责声明：我们并没有更好的会计体系的建议。我们要解决的问题是令人难以置信的任意变更规则。）

但什么是经济现实？一种现实是，自从收购禧诗之后，每年从利润表中扣除的摊销费用，并非真实的经济成本。我们知道情况，因为禧诗糖果去年以 2000 万美元的有形净资产，获取税后盈利 1300 万美元，这种表现充分说明，经济商誉的存在远远大于我们会计商誉的最初成本。换言之，当会计商誉从收购之时开始渐渐减少的同时，经济商誉却在以不规则但非常稳健的方式上升。

另一个现实是，未来每年的摊销费用与经济成本不相一致。当然，禧诗的经济商誉可能会消失，但它不会像其他类似的东西一样缩水。在我们的现实中，更有可能发生的是，由于通货膨胀的存在，它的商誉会继续上升，即便不考虑美元的价值变化，以当时美元来衡量也是如此。

这种可能性的存在，是因为真实的经济商誉在名义价值上，会随着通货膨胀的上升而上升。为了解释这种现象的机理，我们将禧诗糖果与另外一家平凡的公司做比较。

当我们在 1972 年收购时，记忆中它以 800 万美元的有形净资产盈利大约 200 万美元。让我们假设一下，假定一个平凡公司也盈利 200 万美元，但需要 1800 万美元的有形净资产来运营。它的盈利仅仅是有形资产的 11%，这家平凡公司的经济商誉极

关键词：具有商誉的公司 vs. 没有商誉的公司

小，甚至没有。

这样没有商誉的公司，只能以有形净资产的价格出售，即1800万美元。相比之下，我们收购禧诗的价格是2500万美元，尽管两家公司盈利相同，甚至禧诗"真实的"资产不到那个平凡公司的一半。

有一句话叫作"少即是多"，真的会是这样吗？就像我们购买禧诗的价格所暗示的那样？答案是："YES！"即便两家公司被预期有着同样的单位产量，只要你像我们一样，身处1972年通胀不断的世界里，两家公司最终的命运会天差地别。

要想明白背后的原因，想象一下，价格水平翻一番对于两家公司的影响。两家公司都需要将其名义利润翻一番，达到400万美元，以保持与通货膨胀率的一致。这看起来不需要什么诀窍，就是在先前价格的基础上，以翻一番的价格卖出同样数量的产品，假设利润率没有变，利润一定是翻番的。

但是，关键在于，要达成这个目标，两家公司都需要将它们在有形净资产上的名义投资翻一番，这是通货膨胀强加给企业的一种经济要求，无论企业好坏。翻一番的销售金额意味着，应收账款和存货也会相应立刻增加，投在固定资产上的投资对于通胀的反应较慢，但可能与通胀相同。所有这些通胀要求的投资，都不会提高回报率。这些投资的目的是为了企业的生存，而不是股东的发达。

然而，请记住，禧诗糖果的有形净资产仅仅是800万美元。因此，只要再额外投入800万美元就能满足通胀带来的要求。而同时，那家平凡公司的负担超过禧诗两倍，它需要另外 1800 万美元的资本金。

当尘埃落定之后，现在，平凡公司每年盈利 400 万美元，其有形资产价值 3600 万美元。这意味着，它的股东每新投资的 1 美元得到了 1 美元的名义价值。（如果他们将钱放在储蓄账户里，也会得到同样的"存一得一"的结果。）

然而，禧诗糖果的盈利也是 400 万美元，如果按我们收购时的估值，它或许值 5000 万美元。这样，它就增加了 2500 万美元的名义价值，而股东们仅仅额外投资了 800 万美元。在这个案例中，每 1 美元的投资获得了 3 美元的名义价值。

即便如此，也要记住，类似禧诗糖果这样的公司，它们的股东是被通胀所迫而追加的 800 万美元额外投资，只是为了保持真实利润的不变。任何一个没有财务杠杆，且需要有形资产运营的企业（几乎包括所有企业），都会受到通货膨胀的侵害。那些需要较少有形资产的企业仅仅是受到的伤害较小而已。

当然，对于很多人而言，这些很难把握。多年以来，传统智慧关于通胀的防护（其实是长于传统而短于智慧），都是拥有自然资源、厂房机器或其他有形资产（就像货币上印的那句话："上帝与我们同在"）。但实际情况并非如此。通常，资产庞大的企业回报率低下，以至于无法提供足够的资本满足通胀情况下维持生存的需求，也就没有真实的增长，无以回报股东，或收购新的企业。

相比之下，在通货膨胀期间建立起来的不成比例的巨大财富，往往来源于这样类型的企业，它们拥有价值持久的无形资产，对于有形资产的要求也较少。在这类企业里，以名义美元代表的盈利会向上跃升，而且，这些盈利可以用来收购其他的公司，扩大企业规模。这种现象在通信行业尤其明显。这类企业对于有形资产的要求较少，而它的特许权可以持续存在。商誉是不断给予的礼物。

但是，这种说法自然地只适用于真正的经济商誉。虚假的会计商誉——到处都存在——则完全不是这么回事。当头脑发热的管理层冲动地以愚蠢的价格购买了一家企业，人们就会看到之前描述的那些微妙的会计细节。因为，这些愚蠢的价格哪里也去不了，只能归到"商誉"账目。考虑到创建这个账目管理学科的匮乏，在这种情况下，商誉（Goodwill）被称为"毫无意义"（No-Will）更合适。无论使用什么样的名词，这种 40 年的惯例有目共睹，曾经冲动的"肾上腺素"被资本化，作为一项"资产"被保留在账面上，假装当初的并购很明智一样。

❧ ❧ ❧

如果你们坚持认为商誉的会计处理是衡量经济现实的最好指标，我建议考虑一个问题。

假设一家公司，每股净资产为 20 美元，均为有形资产。再假设这家公司已经内生式建立了消费特许权，或者它很幸运，获得 FCC（Federal Communications Commission，美国联邦通信委员会）的许可，收购了一些重要的电视台。因此，它以有形资产获得丰厚回报，比方说，每股 5 美元，也就是 ROE 为 25%。

有了这样的财务数据，它可能卖到 100 美元 / 股，或者更高。而且，它还很可能在以谈判方式进行的整体收购中，同样得到这样的高价。

假设一位投资者以 100 美元 / 股的价格买入该股，实际上，其中的 80 美元是支付给了商誉（就像一个公司买下整个公司一样）。请问，这位投资者可以将 2 美元 / 股转嫁出去（80 美元除以 40 年），以计算"真正"的每股盈利吗？如果是这样，请问，每股 3 美元的盈利可以让他重新思考一下购买价格吗？

我们认为，公司管理层和投资者同样都应该从两个方面看待有形资产的问题：

（1）在分析公司运营成果时——即，评估一家企业的基本财务状况时——摊销费用可以忽略不计。

一家公司在没有财务杠杆的情况下，剔除商誉的摊销影响，其净资产的获利能力，是评估一家公司财务吸引力的最佳指南。

（2）在评价一项收购行为是否明智时，摊销费用也应该忽略不计。

它既不应该从盈利中扣减，也不应该从企业成本中扣减。这意味着，在任何摊销费用前，永远将购买的商誉视为全部成本。

关键词：可以忽略不计的摊销

而且，成本应该被包括在内在价值之内，不仅仅是记录的会计价值，它与并购时的证券市值无关，也与会计上"权益合并法"的处理方式无关。

例如，我们并购蓝筹印花公司时，为禧诗糖果和《水牛城新闻》支付了 40% 的商誉，超出了我们入账的 5170 万美元。这种不一致的存在是因为，用于并购而发行的伯克希尔股票的市值低于其内在价值，但这对于我们而言，是真实的成本。

就运作而言，从（1）看是一个赢家，从（2）看却可能苍白无力。一个好企业并不总是一个好的购买对象，尽管，它是寻找收购对象的好地方。

✃✄ ✃✄ ✃✄

当伯克希尔以超过 GAAP 的净资产价格，溢价收购一家企业（这很常见，因为我们想买的绝大多数公司几乎都没有折扣出售），这个溢价会计入资产负债表的资产方。关于如何记录溢价，就会有很多会计规则。但为了简化这项讨论，我们将专注于商誉问题，几乎伯克希尔所有的收购溢价都归入了这个项目。例如，我们最近收购盖可保险公司另一半股权（伯克希尔之前持有盖可50%），我们大约记录了 16 亿美元的商誉。

GAAP 要求在不超过 40 年的时间里摊销商誉——也就是"减值"。因此，我们收购盖可保险产生的 16 亿美元的商誉，将每年从盈利中扣减 4000 万美元，以 40 年时间完成该项摊销。

在会计意义上说，盖可的商誉以每年等额摊销的形式逐渐消失。但有一件事，我可以保证，那就是我们收购的盖可的经济商誉不会以同样的方式递减。实际上，我可以猜到的最好结局是，盖可的经济商誉非但不会下降，反而会上升，并且，很可能是大幅上升。

在1983年的年报中，我对禧诗糖果的商誉做过类似陈述。当时，我将它作为商誉会计讨论的例子。那时，我们的资产负债表上有3600万美元的禧诗商誉。自那之后，我们每年从盈利中摊销大约100万美元的商誉资产，现在的余额已经下降到了2300万美元。换言之，从会计的角度，禧诗自1983年至今，已经减少了一大笔商誉。

然而，经济现实中的差别不可能更大了。1983年，禧诗糖果以1100万美元净运营资产，取得2700万美元税前利润；1995年，它仅以500万美元净运营资产，取得5000万美元利润。很明显，在这期间，禧诗的经济商誉有着惊人的上升，而不是下降。同样非常清楚的是，此时禧诗的价值，比我们账面上记录的价值多出数千万美元。

当然，我们可能会出错，但是我们预计盖可保险会计价值的逐渐减少，会伴随着其经济价值的增长。的确，这在我们控股的大多数公司中，已经成为一种模式，禧诗的例子并非个案。这就是为什么经过提供我们的运营利润，你们可以忽略所有购买法会计方式进行的调整。

将来，我们也会对透视盈余采用同样的政策，以摆脱受购买法会计处理方式带来的被投资公司盈利的影响。对于一些账面上仅有少量商誉的公司，例如可口可乐或吉列，我们不会采取这种处理方式。然而，我们将其延伸至富国银行和迪士尼公司，这两家公司近来都进行了巨额的并购，产生了异常巨大的商誉成本。

在结束这个话题之前，我们要发出一个重要的警告：投资者经常被上市公司 CEO 和华尔街分析师们引入歧途，他们常将折旧费用与我们刚刚讨论的摊销费用等同起来。实际上，这两者根本是不同的：除了极少数的例外，折旧是一项真实的经济成本，就像工资、原材料或税金一样，这在伯克希尔以及所有我们研究过的公司里，都是真实的存在。

此外，我们不认为 EBITDA（earnings before interest, taxes, depreciation and amortization，支付利息、税款、折旧、摊销之前的盈利）是一种有意义的业绩评价方法。那些不理会折旧的重要性，而强调现金流或 EBITDA 的经理人，容易做出错误的决策。你们在做出自己的投资决策时，应该将这些牢记在心。

E. 股东盈利和现金流谬论 [59]

按照 GAAP 的规定，很多企业收购要求对重大的收购价格进行会计调整。当然，GAAP 的数字会出现在我们的合并报表中。但是，我们的观点认为，对于投资者或公司管理层而言，GAAP 的数字并不一定是最有用的。因此，收购价格调整之前的特定运营单位盈利数据，是值得考虑的数字。实际上，如果我们没有收购，这些公司应该自己报告这些盈利。

会计问题的讨论是枯燥的，有人毫无兴趣，也有人兴致盎然。对于我们以这种方式演示的原因的讨论，永远不能取代情色小说，而且也不要求非读不可。但是，我们知道，在 6000 名股东中，有人对于我信中关于会计的内容兴奋不已。我们希望这两类人都能喜欢。

ﾞﾞﾞ ﾞﾞﾞ ﾞﾞﾞ

首先，来一个小测试，表 6-3 是 1986 年两家公司的简要利润表。哪一家公司更有价值？

表 6-3

利润表				
		公司 O		公司 N
				（单位：千美元）
营业收入 · · · · · · · · · · · · · · · · · · ·		677 240		677 240
销货成本：				
历史成本，不包括折旧 · · ·	341 170		341 170	
特殊非现金存货成本 · · · · · · · · ·			4 979[①]	
工厂和设备折旧 · · · · · · · · · · · · ·	8301		13 355[②]	
		349 471		359 504
毛利 ·		327 769		317 736
销售和行政费用 · · · · · · · · · · · ·	260 286		260 286	
商誉摊销费用 · · · · · · · · · · · · ·			595[③]	
		260 286		260 881

（续）

利润表			
	公司 O		公司 N
		（单位：千美元）	
运营利润 ……………………	67 483		56 855
其他收入净值 ……………	4 135		4 135
税前利润 …………………	71 618		60 990
适用所得税：			
历史递延税额和本期税额 …. 31 387		31 387	
非现金跨期分摊调整 ………	31 387	998 [④]	32 385
净利润 ……………………	40 231		28 605

注：表中①～④将在下文中专门讨论。

正如你已经猜到的那样，O 公司和 N 公司是同一家企业——斯科特·费泽公司。在 O（O 代表 old，老公司）公司栏中，我们给出了如果我们没有收购该公司，它的 GAAP 盈利情况。在 N（N 代表 new，新公司）公司栏中，我们给出了伯克希尔收购该公司之后，它在伯克希尔实际的报表上显示的盈利。

必须强调的是，两个栏目描述的是同一个经济状况——即，同样的销售收入、同样的工资、同样的税金等等。而且，这"两家"公司都为投资者创造了同样数量的现金，只是会计方式不同而已。

那么，哲学家朋友们，你们认为哪一个栏目体现了真实的现实？公司管理层和投资者应该关注哪一组数据？

在我们解决这些问题之前，让我们看看是什么导致了 O 公司和 N 公司的不一致。在某些方面，我们将简化我们的讨论，但是，这种简化不应该在分析或结论中产生任何偏差。

O 公司和 N 公司之间的差异，是因为我们为收购斯科

特·费泽公司支付的价格，超出了它自身报表上披露的净资产
值。根据 GAAP 的要求，这种差异——溢价或折价——必须记
录在"购买价格调整"账目下。在这个案例中，它的账面记录的
净资产值为 1.724 亿美元，我们支付的收购价为 3.15 亿美元。这
样，我们支付的溢价为 1.426 亿美元。

在会计上处理任何支付的溢价，第一步是将流动资产的账面
价值调整为现值。在实际操作中，这个要求通常不会影响应收账
款，但是会影响存货。由于 2290 万美元的 LIFO 储备和其他会
计杂项[60]，斯科特·费泽公司的存货账户比之账面价值，存在
3730 万美元的折扣。因此，我们用 1.426 亿美元溢价中的 3730 万
美元来增加存货的账面价值。这是我们的第一步会计行动。

假设，在流动资产调整之后，还有溢价存在，那么下一步就
是将固定资产调整为现值。在我们的案例中，这种调整也需要一
些与递延税项相关的会计技巧。既然是简化的讨论，我将会跳过
细节，直接给你亮出底线：我们将 6800 万美元加到固定资产上，
将 1300 万美元从递延税中剔除。这样，在进行了 8100 万美元的
调整之后，我们还剩下 2430 万美元的溢价需要分配。

如果我们的情况需要，接下来会采取两个步骤：将无形资产
而不是商誉调整至当前公允价值，以及将负债重新调整至当前公
允价值，后者通常仅仅影响长期负债和未支付的退休基金负债。
然而，在斯科特·费泽公司这个案例中，这两个步骤都没有必要。

在为所有资产和负债都记录了公允市场价值之后，我们需
要做的最后一步会计账户调整是将剩余的溢价部分归入商誉项目

（从技术上讲，这被称为"成本超出所得净资产公允价值的部分"）。这个剩余的溢价部分是 2430 万美元，因此，斯科特·费泽公司的资产负债表立刻从收购之前的 O 栏变成了 N 栏（见表 6-4）。实际上，两张资产负债表都描述了同样的资产和负债，但是，正如你们可以看到的那样，一些数字大不相同。

表　6-4

资产负债表		
	O 公司	N 公司
	（单位：千美元）	
资产		
现金和现金等价物	3593	3593
应收账款净额	90 919	90 919
存货	77 489	114 764
其他	5954	5954
流动资产合计	177 955	215 230
土地、工厂、设备净值	80 967	148 960
对于非合并子公司和合资公司的投资预提	93 589	93 589
包括商誉的其他资产	9836	34 210
	362 347	491 989
负债		
应付票据和长期负债的当前部分	4650	$4650
应付账款	39 003	39 003
应计负债	84 939	84 939
流动负债合计	128 592	128 592
长期负债和资本化租赁	34 669	34 669
递延所得税	17 052	4075
其他递延贷项	9657	9657
负债合计	189 970	176 993
股东权益	172 377	314 996
	362 347	491 989

资产负债表 N 栏中较高的数字，导致损益表 N 栏中较低的盈利数字。这是资产增记（write-up）以及一些增记资产必须折旧或摊销的结果。资产的数字越大，每年对于盈利的折旧或摊销费用也就越高。因为资产负债表上的增记而转入损益表的费用显示如下：

（1）4 979 000 美元的非现金存货成本，主要来自于斯科特·费泽公司 1986 年对存货的减值。在未来的年度里，这种费用将逐渐减少，直至消失。

（2）5 054 000 美元的额外折旧，归因于固定资产的增记。大约这个数字还要再继续 12 年。

（3）595 000 美元的商誉摊销。这笔费用还要继续 39 年，而且数字还会略微增加，因为我们的收购时间发生在 1 月 6 日，所以，1986 年的数字仅仅是当年摊销费用的 98%。

（4）998 000 美元的递延税技巧，这些技巧已经超出了我的简要说明（或许也超出了非简要说明）的能力。大约这个数字的年度费用还会再继续 12 年。

截至 1986 年年底，通过从 N 公司盈利中额外剔除 1 160 万美元的费用，O 公司和 N 公司资产净值的差距已经从 1.426 亿美元缩小至 1.310 亿美元。年复一年，随着时间的流逝，从利润中扣除类似的费用已经使大部分溢价消失，使"两家公司"的资产负债表渐趋一致。然而，除非处置土地或更多地降低库存水平，否则，在新资产负债表上的较高的土地价值以及大部分较高的存货价值会继续存在。

꧁꧂ ꧁꧂ ꧁꧂

　　所有这些，对于股东而言意味着什么？1986 年，伯克希尔的股东们到底是买了一家盈利 4020 万美元的公司，还是一家盈利 2680 万美元的公司？这 1160 万美元的新费用，对我们而言，是真实的财务成本吗？相比于投资 N 公司，投资者应该为 O 公司的股票支付更高的价格吗？如果一家公司的价值是其盈利的特定倍数，那么斯科特·费泽公司在我们购买之前比购买之后值更多钱吗？

　　如果我们想通了这些问题，就会领悟到"股东盈余"的内在含义了。这些盈利：（a）财报盈利，加上（b）折旧、损耗、摊销，以及一些其他非现金成本，例如 N 公司的①和④项，减去（c）每年平均的工厂和设备等的资本化开支，这些是公司维持其长期竞争地位和单位产量所需要的。如果公司需要额外的资本投资以维持其竞争力和单位产量，那么这些额外的资本也应该计入（c）。然而，如果产量不变的话，采用 LIFO 存货方式的公司通常不需要额外的资本投入。

　　我们的"股东盈余公式"无法提供像 GAAP 一样具有欺骗性的、精确的数字，因为（c）一定是猜测，而猜测有时是非常困难的。尽管存在这样的问题，股东盈余这个数字，而不是 GAAP 的数字，才是与估值目标相关的因素。无论是投资者买股票，还是公司管理层考虑买下整个公司，都应该参考股东盈余这项指标。

关键词：股东盈余

按我们已经概括出来的"股东盈余"方式，O公司和N公司是一样的，这意味着它们的估值也是一样的，就像常识告诉你应该就是这样。得到这样的结论，因为（a）和（b）之和在O栏和N栏中完全相同，以及，（c）肯定在两种情况下都一样。

那么，芒格和我，作为所有者（股东）和管理者，应该相信哪一个才是斯科特·费泽公司真实的所有者盈利呢？在目前情况下，我们认为（c）最为接近老公司的（b）的830万美元，低于新公司的（b）的1990万美元。因此，我们认为O公司的财报盈利比N公司更具说服力。换言之，我们感觉斯科特·费泽公司的股东盈余数字比我们财报中的GAAP数字大得多。

这显然是件令人愉悦的事。但是，通常这种计算不会提供什么令人高兴的消息。大多数公司经理人可能会承认，长期而言，他们需要花费比（b）更多的资本，以维持公司的单位产量和竞争力。当这是必要的时候，即，当（c）超过（b）时，GAAP的盈利数字会超过所有者盈利的数字。这种夸大往往是巨大的，近些年来，石油行业就是这种现象的突出例子。如果大多数大型石油公司每年仅花费（b），它们真实的结果肯定要大大缩水的。

凡此种种都清楚地表明，华尔街报告中经常出现的"现金流"数字非常荒谬。这些数字只是例行公事地包括（a）加（b），但没有减去（c）。大多数投资银行的宣传手册中也有这种欺骗性的描述，这些手册会暗示正在发行的公司是一家像金字塔一样伟大的公司——它永远都是一流的，永远不需要更新、改进或翻新。

的确，如果整个美国的所有公司同时通过我们领先的投资银行进行上市发行，并且，如果所有这些公司的宣传销售手册都是可信的，那么，政府对于全国工厂和设备投资的规划预测必将大幅削减 90%。

对于一些特定的房地产方面的公用事业，或其他初期支出巨大、而后期支出很小的企业，现金流这个词类似于一个简称。比如一个仅仅拥有一座桥梁为资产的公司，或拥有一个寿命极长的天然气田的公司，都属于这类。但是，对于制造类、零售业、天然生产业（矿业、渔业、农业等）以及公用事业等，现金流这个词并没有太大意义，对于这些企业，（c）始终是很重要的。可是肯定的是，在一个特定的年份，这类企业可以推迟资本支出。但是，以五年或十年为周期看，这种做法一定会让投资或企业衰退。

为什么现金流这个词，在今天如此流行？必须承认，我们的答案有些玩世不恭：我们认为，这些经常被企业和证券公司推销员使用的数据，是试图证明那些质次价高（用来出售那些根本卖不掉的）的东西。当（a）——GAAP 的盈利数字——看起来不足以支撑垃圾债券的债务或愚蠢的股票价格时，那么，对于专注于（a）+（b）的推销员而言，又有什么更好的话说呢？

但是，在没有减去（c）的情况下，你不应该加上（b）。尽管牙医总是说，如果你不关心你的牙齿，它们都会掉光的，同样的情况也适用于（c）。以（a）+（b）忽略（c）这种方式，衡量一家公司的负债能力或为公司估值，持有这种想法的公司或投资者肯定会遇到一些麻烦。

～✻～ ～✻～ ～✻～

总而言之，在思考斯科特·费泽公司以及我们的其他公司时，我们感觉到，建立在历史成本基础上的（b），非常接近（c）的数字——例如，不包括无形资产的摊销和其他购买价格的调整。（当然，这两项不完全一样。例如，我们在禧诗糖果每年资本化上的开支，超出折旧50万～100万美元，仅仅为了保持我们的竞争地位。）我们对此深信不疑，这是我们将摊销和其他购买价格调整这两个项目分列的原因……而且，也是我们看待单个企业盈利的原因……我们更注重股东盈余数字，而不是GAAP盈利数字。

对GAAP有所质疑在有些人看起来似乎有些不敬。毕竟，如果会计不给我们提供"真实"的企业情况，我们为什么要付钱给他们？但是，会计的工作是记录，不是评估。评估工作最终落在了投资者和公司经理人的肩上。

当然，会计数字是商业语言，而且对于评估企业价值和追踪其发展，有着莫大的帮助。如果没有这些数字，芒格和我会迷路的：对于我们而言，它们是我们评估自己公司和其他公司的起点。但是，公司经理人和投资者应该记住，会计仅仅是有助于商业思考，但却永远不能替代这种思考。

F. 期权的估值 [61]

布莱克 – 斯科尔斯期权定价公式（Black-Scholes formula）在财经界已经被奉为圭臬。我们在编制财务报表时，需要使用它对股票卖空期权进行估值。计算的关键变量包括合约的到期日和行权价格，以及分析师的波动预期、利率变化和分红情况。

然而，如果将这个公式运用至长期的时间段，它可能会产生荒谬的结论。平心而论，布莱克和斯科尔斯两位先生也知道这一点。但是，他们痴心的信徒却忽略了他们当初发表这个公式时，所附加说明的相关警告。

通常，要验证一个理论，考虑到极端情况可以测试其有效性。让我们来假设一下，我们卖出 10 亿美元为期 100 年的标普 500 看空期权，行权价格为 903 点（2008 年 12 月 31 日的指数水平）。使用长期合约假设波动率，以及合适的利率、分红率假设，经过计算，我们会发现这个期权合约"合适的"布莱克 – 斯科尔斯溢价为 250 万美元。

为了判断这个溢价是否理性，需要评估标普 500 指数在一个世纪之后，是否会比今天更低。可以肯定的是，那时的 1 美元将只是今天 1 美元价值的一小部分（即便仅仅是 2% 的通胀率，那时的 1 美元大约只相当于今天的 0.14 美元）。因此，这将是推动指数名义价值上升的重要因素。

然而，更为重要的是，在 100 年的时间里，构成指数的很多公司所留存的利润，会极大地提升公司的价值。在 20 世纪，道琼斯工业平均指数上升了大约 175 倍，主要是因为留存利润这个因素。

考虑到所有的因素，我认为在 100 年的时间里，指数下跌的概率远远小于 1%。但是，让我们使用这个数字，同时假设，最大可能下跌幅度是 50%（如果真的发生）。在这些假设情形下，合约产生的预期亏损会是 500 万美元（10 亿 *1%*50%）。

但是，如果按照合约，事先就收取了 250 万美元的理论保费（溢价），我们只要将此金额进行年复利 0.7% 的投资，就足以覆盖这样的损失预期。在 0.7% 之上赚的每一分钱都是我们的利润。为期 100 年，利率 0.7%，你愿意接受这样条件的借款吗？

让我们从最为糟糕的情况分析一下这个例子。如果假设正确，我们有 99% 的概率不用支付任何费用。但是，即便在最坏的情况下，即 1% 的概率发生成为事实（也就是总共损失 10 亿美元），我们的借款成本也仅是上升到 6.2%。很明显，从这些情况可以判定，如果不是我的假设太疯狂，就是这个公式出了问题。

在我举的极端的例子中，布莱克 - 斯科尔斯期权公式之所以会显示出可笑的费率，是由于公式中的波动率所导致的。这个波动率取决于过去一段时期的每天、每月或每年的股价变动。但当它用于衡量美国企业从今天到未来 100 年的价值权重范围时，这个公式就显得有点驴唇不对马嘴，力不从心了。（想象一下，你有一个躁郁症的农场邻居，他每天来给你一个报价，然后，你根据这些报价计算出每天的价格变化，以此作为一个重要的因素输入一个计算程序公式里，预测未来一个世纪农场价值的变化范围。）

尽管在对短期期权的估值方面，历史波动率是个有用的概念（但远远没有到万无一失的地步），但其有效性会随着期权合约的期限拉长而迅速消失。我的看法是，目前我们的长期卖空期权，依据布莱克 – 斯科尔斯期权公式所定出的价格，已经过分高估了我们的负债，但这种高估的情况，将随着合约的临近到期而逐渐消失。

即便如此，在我们的财务报表上，为长期卖空期权估算负债时，还将会继续使用布莱克 – 斯科尔斯期权公式。这一公式代表的是传统智慧，我如果提出任何替代方案，势必引起极端的质疑声浪。这是完全可以理解的，对于那些用神秘金融工具自行捏造估值的 CEO 来说，只要是站在保守主义的那一边，就不会有错。但是，芒格和我没有任何意愿加入乐观派的阵营。

在对长期期权进行估值时，芒格和我都认为布莱克 – 斯科尔斯期权公式会产生较大幅度的错误估值。除了之前举出的极端例子之外，就我们进行的卖空期权合约的情况看，恕我直言，在这个过程中，我们毫无保留地声明，我们期权合约的对家或他们的客户，在布莱克 – 斯科尔斯公式进行的估值上存在缺陷。

然而，在我们的财务报表上，我们既然会继续使用这个公式。布莱克 – 斯科尔斯期权公式是一个在期权估值方面被广泛接受的标准，几乎所有的顶尖大学都在教它。如果我们背离了它，可能被指责使用了假冒伪劣的会计手法。

此外，我们会向审计师方面提供我们所遇到的无法逾越的问题：我们的期权合约对家也是他们的客户，他们使用同样的布莱克－斯科尔斯公式对手中的合约进行估值（我们和他们持有的是同一份合约）。在合约的双方估值相去甚远的情况下，审计师可以同时证明买卖双方对合约的估值都是正确的，这是不可能的事。

布莱克－斯科尔斯期权公式对审计师和监管者具有吸引力的部分原因是，它可以提供准确的数字。芒格和我对此不以为然，我们认为我们的期权合约的真实负债，远远低于布莱克－斯科尔斯公式的估值，但是，我们无法得到一个精确的数字。不止于此，我们同样无法得出盖可保险、BNSF甚至伯克希尔本身价值的精确数字。在得出精确数字方面，我们的确无能为力，但这并不构成我们的困扰，因为，我们宁愿要模糊的正确，也不要精确的错误。

约翰·肯尼斯·加尔布雷思（John Kenneth Galbraith）曾经悄悄地观察过经济学家这个群体，他得出的结论是，经济学家们是在思想上最为经济的一个群体：他们从大学里学了一些知识，然后，一辈子都在吃老本。整个金融界的行为方式也与此类似，例如流行于整个（20世纪）七八十年代的市场有效理论，人们能够亲见这种理论的固执支持者不屑一顾地将有力的事实称为"异常"现象。（我总是热衷于这样的解释：地平协会的学者可能会认为，所谓"轮船可以环球航行"是非常讨厌的说法，并斥之为没有逻辑的异常现象。）

第 7 章

会 计 诡 计

尽管 GAAP（一般公认会计原则）存在缺点，但是如果另起炉灶，再设计一套所谓更好的会计原则，对于这样的主意，我也并不喜欢。其实，现有的原则也有其长处：CEO 们可以将 GAAP 的报表视为他们履行告知股东和债权人义务的开端，而不是结尾。

毕竟，任何一个子公司的经理人，在报告 GAAP 数字时，如果遗漏了他老板（母公司的 CEO）需要的关键信息，一定会发现自己身陷水深火热的麻烦境地。那么，同样的道理，为什么 CEO 自己不主动将有用的信息披露给老板（公司股东们）呢？

所需要报告的是数据，无论是 GAAP 的数据、非 GAAP 的数据或者 GAAP 之外的数据，它们用来帮助具有一定财务知识的读者回答三个方面的问题：

（1）这家公司大约值多少钱？

（2）它实现未来规划的可能性有多大？

（3）鉴于现有的情况，公司管理层的工作表现有多好？

在大多数情况下，从最低要求的 GAAP 报告中，找到上述一个或更多问题的答案，其难度介乎困难与不可能之间。现实的商业世界实在是太复杂了，以至于无法用一套简单的规则对整个经济现实中的所有企业进行有效的描述，尤其是那些涉足广泛、业务多元的公司，例如伯克希尔。

更为复杂的问题是，许多经理人并不是将 GAAP 视为一个需要达到的标准，而是看作一个需要克服的障碍。会计师们通常也乐于提供配合协助。（客户问："2+2，等于几？"合作的会计师回答："你想让它等于几？"）即使是诚实、出于好意的管理层，有时也会弹性利用 GAAP 的规则，选择更有利于展示其业务表现的合适数字。平滑盈利、季度财务数据"大洗澡"等手段，有时也是正直的管理层所采用的"没有恶意的谎言"。

也有一些经理人有意地利用 GAAP 规则进行欺诈，他们知道很多投资者和债权人将 GAAP 视为真理。这样，这些骗子会用"富于想象力"的词语解释规则，用符合 GAAP 的方式巧妙记录企业的交易，但实际上展示给人们的却是一个经济的幻象。

只要投资者，甚至包括一般认为是经验丰富的机构投资者，沉迷于财报稳定增长的"盈利"幻象中，可以肯定的是，一些公司管理层和投行营销人员就会利用 GAAP 的规则，为你提供你喜欢的数字，无论事实的真相如何。

很多年来，芒格和我观察到很多基于会计准则的大规模欺诈，只有少数做坏事的人得到了惩罚，很多人甚至没有受到谴责。用"笔"盗窃一大笔钱，远远比用"枪"抢劫一小笔钱，安全得多。[62]

A. 会计把戏的讽刺 [63]

美国钢铁公司宣布彻底现代化的方案

美国钢铁公司的董事长迈伦 C. 泰勒（Myron C. Taylor）今天宣布了一项期待已久的计划，对世界上最大的工业企业进行彻底的现代化改造。然而，出乎意料的是，公司的生产制造计划或营销政策没有任何变化。取而代之的是，公司的会计簿计系统进行了翻天覆地的改变。通过采取进一步改善数字的现代会计和金融工具，公司的盈利能力有了惊人的转变。即便在状况不佳的 1935 年，可预期的新会计方式可以产生每股接近 50 美元的财报盈利。这个改进方案是 Price, Bacon, Guthrie & Colpitts 会计事务所进行全面调查后得出的结果，它包括如下六个方面：

（1）将厂房设备账户减值至负 10 亿美元；

（2）普通股面值减少到 0.01 美元；

（3）用股票期权支付所有薪酬；

（4）将存货记为 1 美元；

（5）用可以 50% 折扣赎回的零息债券置换优先股；

（6）建立一个 10 亿美元的应急储备金。

这个非常现代化的计划会计方案的官方声明全文如下：

　　美国钢铁公司的董事会高兴地宣布，经过对全行业所处环境变化所引发问题的全面调查分析，为重建公司的会计方法，董事会批准了一套综合全面的方案。在Price, Bacon, Guthrie & Colpitts 会计事务所的帮助和支持下，成立了一个特别委员会。经过调查显示，我们公司在运用一些高级会计记账方式方面，远远落后于美国其他大型公司。运用这些方式在不增加任何现金支出，或没有改变运营和销售状况的情况下，可以大幅增加盈利水平。这个决定不仅仅是采用更新的会计方法，而且会将其发展到更高、更完美的阶段。

董事会所采取的这些变革可以分为下面六个方面：

1. 固定资产记减（write-down）至负 10 亿美元。

很多具有代表性的公司已经将它们厂房设备账目减值到 1 美元。通过这种方式，从而降低公司损益表中所有的折旧费用。特别委员会指出，如果厂房设备仅值 1 美元的话，美国钢铁公司的固定资产会小于这个数字。现在，已经达成了一种共识，很多厂房设备在现实中，与其说是资产，不如说是负债，它们不但牵涉到折旧费用，而且还涉及税金、维护以及其他成本。因此，董事会决定延续自 1935 年开始的减值策略，将固定资产从 1 338 522 858.96 美元减值到大约负 10 亿美元。

这种变化带来的好处应该说是非常明显的。当厂房设备磨损的同时，负债也相应地减少。因此，与目前每年 4700 万美元的折旧费用相比，取而代之的是，每年有 5% 的增值，也就是 5000 万美元的增值。这将会每年提升不少于 9700 万美元的盈利。

2. 普通股面值减少到 0.01 美元。

3. 用股票期权支付所有薪酬。

很多公司已经采取股票期权的方式支付管理层大部分薪酬，这样可以大幅度减少行政成本，对于公司盈利也没有影响。这种现代化工具的全部潜力可能还没有得到充分的展现，董事会决定采用这种方式的下述高级形式：

公司所有人员都是收到一种报酬，其内容是，可以按照每股 50 美元的价格购买普通股。这种报酬的额度根据他们目前的薪酬总额确定，购买 50 美元一张的行使权证。普通股的面值降为 1 美分。

从以下几个方面，可以看出这个新方案几乎具有不可思议的优势：

A. 公司的工资账单会完全消除，根据 1935 年的运营状况，每年可以节省 2.5 亿美元。

B. 同时，我们所有员工的有效报酬会增长数倍。因为，在新会计方式下，我们普通股的每股盈利会大幅增长，这样，可以肯定市场的股价将远高于 50 美元 / 股的期权行使价，使得这些认股证实现的价值大幅超越它们所取代的现金薪酬。

C. 通过行使这些权证，公司每年会实现一大笔额外利润。因为普通股面值 0.01 美元是固定的，所以，每股会带来 49.99 美元的所得。然而，这个利润不会出现在公司财报的损益表上，而是出现在资本盈余栏目中。

D. 公司的现金实力会大大增强。通过行使 500 万股股票的认股权证，每年将会有 2.5 亿美元现金流入，而不是现在每年因支付工资而导致的 2.5 亿美元现金流出。公司的高盈利和强大的现金流，使公司可以支付慷慨的分红，这反过来会使发放的认股权证被立刻执行，这会进一步增加公司的现金实力，因而允许公司派发更高的分红，如此反复，没有穷尽。

4. 将存货记为 1 美元。

由于存在根据市场行情对存货进行调整的必要，在经济不景气时，会出现严重的亏损情况。针对这种情况，各类企业，尤其是金属类和棉纺织类的公司，通过将全部或部分存货以极低的单位价格入账的方式，成功地解决了这个问题。美国钢铁公司决定采取更进一步的会计政策，将全部存货以 1 美元入账。这一举动将在年底，以适当的记减方式处理，记减的数额将从下文中提到的应急储备金中提取。

这种新方式的好处非常巨大，不仅避免了存货跌价的所有可能，而且可以大大提高公司的年度盈利。年度期初的存货估值为 1 美元，会在年内以极高的利润售出。估计使用这种方法，我们的收入每年至少可以增加 1.5 亿美元。巧合的是，每年从应急储备金账户中记减的数目大体与此相等。

为了保持一致性和获得刚刚讨论过的额外好处，特别委员会中的少数人建议，将应收账款和现金也记减至 1 美元。这个建议遭到了拒绝，因为，我们的审计师仍然要求，任何应收账款和现金的回收，都必须计入贷方资本盈余，而不是当年的收益。然而，预期这种审计规则——颇能让人想起老式的怀旧时光——将会很快改变，以适应现代的变化。如果这种情况发生，少数委员提出的建议将会得到进一步积极的考虑。

5. 用可以50%折扣赎回的零息债券置换优先股。

在近来的经济萧条中，很多公司以远远低于面值的价格赎回自家的债券，此中产生的利润用以冲抵公司的运营亏损。不幸的是，美国钢铁公司的负债如此之高，以至于迄今为止，这种有利可图的收入无法实现。此次的现代化方案将改善这种情况。

董事会打算将每股优先股转换为面值300美元的零息债券，通过抽签方式，以50%面值为期10年等额赎回。这要求发行10.8亿美元的新票据，其中每年有1.08亿美元面值的票据被以0.54亿美元赎回，这样，就可以每年为公司创造同样数量（即0.54亿美元）的利润。

就像上述第3点中陈述的薪酬方案，这种安排既可以让公司受益，也可以使优先股股东受益。后者可以保证以他们现在持有的优先股面值，按照150%的价格，平均到五年期间执行。因为短期证券目前实际无法实现回报，无息的特征也就无关紧要了。公司将其目前每年支付给优先股的股息2500万美元，转化为每年赎回0.54亿美元债券所节省的利息，这个利息数字大约每年能为公司提供7900万美元的所得。

6. 建立一个 10 亿美元的应急储备金。

在未来所有条件下，上述的改进方案都可以令公司有令人满意的盈利能力，公司董事会对此极具信心。在现代会计方法下，任何不利的商业发展所导致的哪怕最轻微的亏损，都未必一定会发生，因为，所有这些或许亏损的情况万一发生，可以先由应急储备金填补。

特别委员会已经建议，公司建立这样一个可观的应急储备金，金额为 10 亿美元。正如之前描述的，每年 1 美元存货的减值将被这个应急储备金吸收。为了避免应急储备金的耗尽，董事会更进一步决定，每年从资本盈余账目转移合适数量的资金补充储备金。因为，由于认股权证的行使（见上述第 3 点），资本盈余账目每年的入账不会低于 2.5 亿美元，可以轻而易举地弥补应急储备金的支出。

在制定这个方案时，董事会必须遗憾地承认，对于其他大公司所采用的，在资本、资本盈余、应急储备金和其他资产负债表账目之间进行大额转移的手段，他们已经无法再做更进一步的改进。实际上，必须承认我们的会计分录过于简单，缺乏这个领域以最高级流程为特点的、极端神秘的要素。但是，董事会坚持现代化方案的清晰化、简单化，甚至牺牲了一些对于公司盈利能力或许有利的优势。

为了表明新方案对公司盈利能力的协同效应，我们在这里提供了一张基于两种方式计算出来的 1935 年简明损益表（见表 7-1）：

表 7-1　美国钢铁公司 1935 年的简明损益表

（单位: 美元）

	A. 报告中数值	B. 新方案试算值
所有来源的总收入（包括公司内部往来）·········	765 000 000	765 000 000
薪酬 ···	251 000 000	—
其他运营成本和税金 ·····························	461 000 000	311 000 000
折旧 ···	47 000 000	（50 000 000）
利息 ···	5 000 000	5 000 000
已赎回债券折扣 ···································	—	（54 000 000）
优先股分红 ··	25 000 000	—
可分配普通股红利 ································	（24 000 000）	553 000 000
平均流通股数量 ···································	8 703 252	11 203 252
每股盈利 ···	（2.76）	49.80

　　根据古老的习惯，这里附上一份截至 1935 年 12 月 31 日的美国钢铁公司的简明资产负债表（见表 7-2），已经按照新方案对资产和负债进行了调整。

表 7-2　美国钢铁公司 1935 年底的简明资产负债表

（单位: 美元）

资　　产	
股东资产净值 ···	（1 000 000 000）
现金资产 ··	142 000 000
应收账款 ··	56 000 000
存货 ···	1
杂项资产 ··	27 000 000
合计 ···	（774 999 999）

负　　债	
普通股，面值 1 美分	
（面值 87 032.52 美元）	
声明价值（注）···	（$3 500 000 000）

（续）

负 债	
子公司债券和股票 ·······	113 000 000
新偿债基金票据 ·········	1 080 000 000
流动负债 ··············	69 000 000
应急储备金 ·············	1 000 000 000
其他储备金 ·············	74 000 000
期初盈余 ··············	389 000 001
合计 ·················	（774 999 999）

注：根据公司重新注册所在地——弗吉尼亚的法律，股票声明价值不同于股票面值。

　　或许没有必要向我们的股东指出，现代会计方法使得资产负债表看起来与之前不太先进方法下的有所不同。考虑到公司资产负债表的改变所带来的巨大盈利能力，不必过于关注资产和负债的细节。

　　总之，董事会希望指出的是，使用新的合并的程序之后，由此带来的变化包括：厂房以一个负数入账，我们的工资账单会消失，存货在我们的账面上归零，所有这些都赋予美国钢铁公司在业界巨大的竞争优势。我们能以极低的价格出售产品，而且还有可观的利润率。经过认真考虑分析，董事会认为，在现代会计方案下，我们可以低于所有竞争对手的价格销售产品，我们具有如此强大的竞争力，以至于反垄断法可能是唯一阻止我们获得行业100%市场份额的障碍。

　　我们的一些竞争对手可能也会采取同样的会计改进方法，以抵消我们的新优势。对此，在陈述中，董事会已经留意到这个情况。然而，我们相信美国钢铁公司能够通过，作为业内发起者和先行者所积累的独特声望，保持客户的忠诚度，服务好客户，无论新老客户。而且，如果有必要的话，我们相信通过引入更为高级的簿记方法——现正在我们的会计实验室中开发——可以保持我们应得的领先性。

B. 标准的设定 [64]

一二十年前，安达信会计事务所（Arthur Andersen）出具的审计意见可谓是业界的金字招牌。在事务所内，由一群行业精英组成的专业标准小组（PSG）坚持财务报表必须如实编制，无论来自客户的压力有多大。为了坚持原则，1992 年专业标准小组采取的立场，包括坚持将股票期权成本列为费用。然而，PSG 在安达信另外一群"呼风唤雨"的合伙人的推动下，立场来了个 180 度大转弯，这些人非常清楚客户们想要的是什么——无论实际如何，客户想要的就是更高的财报盈利。而很多 CEO 也反对将股票期权列为费用成本，因为他们知道，如果这些措施落实，他们渴望已久的大笔被授予的期权会大幅度削减。

在安达信的立场转变不久之后，独立的会计标准委员会（FASB）以 7 比 0 的投票，通过了将股票期权列为费用。正如预料，大型的会计事务所和很多 CEO 蜂拥到首都华盛顿，向参议院施加压力，试图废除 FASB。他们大呼："到底是谁能更懂会计问题？"抗议者的声音通过大笔的政治献金扩散出去，而这些金钱却本属于被他们欺诈的公司的股东们。这不应该是文明社会应有的现象。

　　可耻的是，参议院竟以 88 对 9 票通过反对将期权列为费用，几位著名的参议员甚至扬言废掉 FASB，如果它依然坚持原来的立场。（真是好有独立性！）当时的证监会主席阿瑟・莱维特，他一向是股东权益的捍卫先锋，后来坦陈当时迫于压力向国会及企业低头，是他在担任主席任内最感到遗憾的一件事。（有关这件遗憾的往事，相关的细节可参考莱维特的著作《挑战华尔街》）。

　　在参议院成为其囊中物，而证监会又不敌火力的情况下，美国的企业界终于知道他们在会计方面可以为所欲为了，就这样，一个“一切以盈利报告”为中心的新时代到来了。而且，在一些情况下，还有著名的审计师在后面推波助澜。放肆的行为迅速成为大泡沫时代的鼓风机。

　　面临来自参议院的威胁，FASB 也从原来的立场向后退缩，转而采取“荣誉系统”制度方式，声明费用化可以作为优先考虑，但也容许公司依自身情况忽略此成本不计。这是多么令人感到伤心的结果，在标普 500 大公司当中，共有 498 家选择采取比较不理想的方法，好让它们的账面盈余好看一点。想钱想疯了的 CEO 们当然很高兴最后的结果，FASB 得到荣誉，而他们却赢得了系统。

C. 股票期权 [65]

　　在公司管理层和会计师做出的让人无法面对现实的所有行为

中，最令人震惊的行为发生在股票期权这件事情上。在 1985 年
伯克希尔的年报中，我曾经说明了我对于使用和滥用期权的观
点[66]。但是，即便期权的设计合理，它们在很多方面对现实也毫
无意义。其中逻辑的缺乏并非偶然，数十年以来，很多企业发动
了与会计规则制定者的战争，试图避免将股票期权的成本在发行
该期权的公司账面上反映出来。

一般典型的情况下，管理层认为期权难以估值，所以它们
的成本应该忽略。在另一些时候，他们又会说，把期权作价为成
本会伤害那些刚刚起步的公司。有时，他们甚至郑重地宣称"价
外"期权（这类期权的行权价格等于或高于当前市价）在发行的
时候没有价值。

奇怪的是，机构投资者理事会已经就这个主题表达了不同的
意见，他们认为期权不应该被视为成本，因为它们"不是来自公
司金库里的钱"。我认为这种推理为美国的公司提供了激动人心
的、可以即刻改善公司盈利的可能性。举个例子，他们可以通过
支付期权的方式，消除保险的成本。这样，如果你是一个 CEO，
并且赞同这种"无现金、无成本"的理论，我可以给你一个你无
法拒绝的报价：请给伯克希尔打电话，我们会很高兴卖给你保
险，用来交换你们公司的一大捆股票期权。

股东们应该明白，当公司向另一方提供具有价值的东西时，
就会有成本发生，并不是只有在现金换手的时候才发生成本。此
外，仅仅因为不能精确量化，就说一项重要的成本不应该确认，
这种说法不仅愚蠢，而且令人怀疑。当前，会计充满了不精确之

处。毕竟，没有哪一个经理人或审计师知道一架 747 飞机能使用多少年，这意味着他不知道这架飞机每年的折旧费用应该是多少。同样，没有人确切知道，一家银行贷款每年呆坏账冲销到底具体应该是多少。而财产保险公司在预估损失方面更是众所周知的不准确，一向名声不佳。

但这是否意味着，这些重要的成本项目仅仅因为无法绝对准确的量化，就应该被忽略？当然不是。相反，这些成本应该由诚实而富有经验的人员来进行估算并记录。当你们正确对待这个问题时，还有什么别的重要却难以精确计算成本的项目——除了股票期权之外，会让专业的会计人士认为，在计算盈利时应该被忽视呢？

更重要的是，期权并非难以估值。不可否认，授予管理层具有多重限制条件的期权，增加了评估的难度。这些限制影响估值，但它们不会消除估值。事实上，因为我有心发放期权，我会授予任何一个管理层有条件的股票期权，即便这个期权可能是价外期权。在期权授予日，伯克希尔会给他们一大笔期权，他们将来可以变现。所以，如果你发现一个 CEO 说新发放的期权几乎没有价值，或根本没有价值，告诉他，让他发给我们。说实话，相比我们确定公司商务飞机折旧率的能力而言，给期权确定一个合适价格的能力，我们有信心得多。

会计专业人士和 SEC 应当感到羞愧，因为他们长期以来，被企业的管理层就期权会计问题裹胁而行。此外，由企业管理层进行的游说活动或许还产生了一个副产品，以我的观点看，当商界精英们鼓吹那些对自己有利的重要问题时，他们正冒着在社会重要问题上失去社会信用的风险，关于这一点或许有很多值得一谈的东西。

ꙮ ꙮ ꙮ

我们收购通用再保险的案例中突显出会计程序中一个极为糟糕的缺陷。眼光敏锐的股东会在我们的股东委托书的第 60 页上，注意到一个不同寻常的项目。在收入预测表（它详细列出了 1997 年两家公司的合并收益受到的影响）中，有一栏列出的报酬成本一项上升了 6300 万美元。

我们匆忙间增加的这个项目，并不表明芒格和我经历了什么重大的人格变化（他依然喜欢乘长途客车旅行，喜欢引用本·富兰克林的话），也不表明通用保险公司的会计方法有什么缺陷，通用保险公司完全遵照 GAAP 准则行事。这个项目只是我们将原先公司给予经理人工作成绩奖励的期权激励计划，改为现金激励计划。在此之前，这些经理人关注的是公司的股票价格，现在，他们的收入与自己的工作业绩挂钩。

这项新计划与已经停止的期权激励计划，都是基于工作成绩而给予经理人的奖励，同样程度的工作业绩，二者具有相同的经济效果。但是，之前的计划给予的奖励通过行使期权实现，现在的计划是直接给现金。（过去几年已经发放的期权，依然有效。）

尽管这两种计划都是一种经济的冲刷，但我们所采取的现金计划会产生巨大的不同的会计结果。这种"爱丽丝漫游仙境"式结果的发生是因为，现存的会计原则在计算盈利时，忽视了股票期权的成本，即便在很多公司里，这种期权成本十分巨大而且日益增长。

实际上，会计原则给公司管理层提供了选择的余地：一种是支付员工报酬且计算成本，一种是支付员工报酬但忽略成本。于是，使用期权带来的小小奇迹到处疯狂蔓延。然而，这种不平等的选择，对于股东而言有着巨大的不利因素。尽管，如果设计结构合理，期权是合适的甚至是理想的激励、补偿高管的工具，但它们更多地被任性地胡乱发放，并没有发挥激励效率的作用，并且对于股东而言代价高昂。

不论期权有何优点，它们的会计处理方式都是让人无法容忍的。试想一下，我们的盖可保险公司将花费1.9亿美元的广告费用，假设我们不支付现金，而是按照市场价格支付给媒体伯克希尔的股票期权。那么，会有人认为伯克希尔没有为广告支付费用成本吗？或者，会有人认为不应该从公司账面上减去这个广告成本吗？

或许伯克利大主教——你或许记得那个，在四周无人的森林中，沉思倒下的树木的哲学家——或许他会相信，会计没有看见的成本就不存在。然而，芒格和我对于用哲学的眼光看待未记录的成本心存不安。当我们考虑投资一家发放了期权的公司时，会对财报盈利进行适当的调整，会减去发放的期权在公开市场售出的实现数字。与此类似，如果我们考虑一项收购，我们应该将置换期权计划的成本考虑在内。因此，如果我们做一笔交易，我们会立刻将这种隐藏的成本去除掉。

不同意我们这种期权观点的读者，此时此刻，或许会在心中抱怨我们将发放给员工的期权成本，等同于理论上公开市场交易的价格。发放给员工的期权有时会失效，这样就减少了对股东的损害，而公开发行的期权不会，这是事实。当员工行使期权时，公司会收到免税额度，公开交易的期权没有这种好处，这也是事实。但是，对于这些优点存在一个对冲情况：发放给员工的期权经常被重新定价，这种转换使它比市场公开交易的品种贵得多。

有些时候，有种声音说，比起那些可以在公开市场自由交易的期权，发放给员工的不可转让的期权的价值低得多。然而，事实是，这丝毫没有降低不可转让期权的成本。就像公司给员工配了一辆只能用于特别目的汽车，对于员工而言它的价值降低了很多，但对于公司而言，它的成本并没有丝毫的减少。

近些年来，芒格和我为期权所进行的盈利调整，常常将每股盈利数字减少5%，甚至10%也很常见。有些时候，向下进行的调整过大，以至于影响到了我们的投资决策，令我们对卖出或是购买的股票价格也进行相应的调整。

数年之前，我们曾经问过三个问题，至今尚未得到答案："如果期权不是一种报酬形式，那么它是什么？如果这种报酬不是一种费用，那么它是什么？如果公司在计算盈利时，不包括这种费用，那么它应该放在什么地方？"

ᓚ᙭ᓗ᙭ᓗ᙭ᓗ

将股票期权处理为无成本，对于那些希望以此夸大盈利的
CEO 们而言，这样做的最重要的会计手法还是存在的。延续这
种谬论的帮凶在国会中有很多同伙，他们蔑视所有四大会计师事
务所、所有财务会计标准委员会成员以及所有投资专业人士提出
的质疑。1993 年挥舞着支票的 CEO 们首次对国会施压，打算通
过期权会计法提案，并于去年又故伎重施地干了一遍。非常难
得的是，心怀投资者的 SEC 主席比尔·唐纳森（Bill Donaldson）
先生（任期 2003 年到 2005 年）顶住了巨大的政治压力。

由于将股票期权问题继续混淆下去的企图依然存在，必须指
出的是，无论是 FASB（财务会计标准委员会），还是投资者或者
我本人，没有人在讨论限制期权的使用。的确，我在伯克希尔的
继承人可能会收到很多授予他的期权，尽管逻辑上，期权的结构
条款应该包括：

（1）具有合理的行权价格；

（2）相对于公司的留存利润，期权价格具有相应的行权价格
调整。

（3）禁止在获得期权后立刻抛售股票。

对于能够激励经理人的奖励措施，我们举双手赞成，无论是
现金还是期权。如果公司因发放的期权而获得了应有的价值，我
们没有理由一边记录其成本，一边限制其使用。

一个简单的事实是，一些 CEO 很清楚地知道，如果期权在

会计记录上有成本，那么，他们获得的报酬将会被理性决定，会远远低于期权无成本记录的会计方式。他们甚至怀疑，如果实施了真实的会计方法，当他们在市场上行权抛出股票时，只能以较低价格成交。对于这些 CEO 而言，这种令人不悦的前景几乎是与手中所有资源斗争的必然命运，尽管他们手中用于斗争的钱，按理说并不属于他们，而是股东的钱。自 2005 年 6 月 15 日起，期权计入成本开始强制生效。

D."重组"费用 [67]

在股票期权会计处理方法这个问题上，公司高管们所扮演的角色几乎毫无仁慈可言。FASB 试图以真实的事实替代虚妄了的期权，但公司 CEO 和审计师以令人苦恼的数字，与 FASB 苦苦争斗，而且没有人出来支持 FASB。战火燃烧到了国会，有人宣称被夸大的数字符合国家利益。

尽管如此，我认为在涉及公司重组和合并的会计中，高管的行为甚至更为糟糕。在这里，很多管理层有意捏造数字，欺骗投资者。正如媒体从业人员迈克尔·金斯利（Michael Kinsley）对华盛顿说的那样："所谓丑闻并不在于非法的勾当，而是在于合法的勾当。"

区分会计中的好与坏，曾经相对容易。例如，在 20 世纪 60 年代后期，流行一个江湖骗子宣传的"大胆的、想象丰富的会计"的风潮（这种行为忽然大获华尔街的青睐，因为它从来都会达成预期，不会令人失望）。但是，那个时代的投资者都明白谁在玩游戏。值得赞扬的是，实际上，美国所有那些最令人尊敬的公司都避免欺骗行为。

近些年来，正直诚实的品格受到了侵蚀。很多大型公司依然保持着做事坦诚的传统，但另外一些人的数量也在与日俱增，这些人作为公司高管，原本是你信任到愿意让女儿托付终身或做你遗嘱信托人的人。但他们也渐渐认为，操纵利润以满足华尔街的愿望，这是正常、可以接受的行为。的确，很多 CEO 不仅认为这种操纵没有问题，甚至认为这实际上就是他们的职责所在。

这些公司高管所有行为的出发点，是认为他们的工作就是在所有的时间里，将股票价格维持在尽可能的高位。这种情况很常见，但这个前提是我们坚决不同意的。为了提升股价，他们努力奋斗以取得杰出的运营结果，这是令人钦佩的。但是，当企业运营无法产生预期的结果，这些 CEO 们转而寻求令人不齿的会计诡计，运用这些诡计，他们或是制造出理想的"盈利"，或是为将来做手脚创造条件。

为了将这种行为合理化，这些公司高管常说，如果股东手中进行这些交易的货币（也就是股票）没有得到充分定价，那么股东利益会受到损害。他们还诡辩说，使用会计手段得到希望的数字，这并没有什么不对，因为每个人都这么做。一旦这种"每个人都这么做"的态度成为顺理成章、心安理得的事实，道德的疑虑就会消失殆尽。正如格雷欣（Gresham）法则所说的"劣币驱

关键词：格雷欣法则的子法则

逐良币"，会计方法中的这种行为可以称为"格雷欣法则的子规则"（Son of Gresham）：劣会计驱逐良会计。

这种扭曲的流行表现为"重组费用"，这是一个会计条目，当然，这么做是合法的，但它经常被用来作为操纵盈利的工具。在这种小把戏中，一大笔本应合理分配到数年期间的成本，被集中倾泻到一个季度中，通常发生在那些已经注定让投资者失望的季度里。

在一些情形中，这种费用的目的是清理过去的错误；在另外一些情形中，这么做是为将来发生的错误留有余地。无论在哪一种情况下，这种费用发生的规模和时间，其背后都有着令人质疑的支配力量。如果在某个季度里，每股盈利下跌 5 美元，华尔街并不会过于在意，只要这个欠佳的表现，能在未来的季度里，可以保证公司能以 5 美分 / 股的盈利持续地超出盈利预期，华尔街就喜欢这样的模式。

这种"将所有问题集中倾泻在一个季度中"的做法，使人联想到一个在高尔夫运动中相应的"大胆、富有想象力"方法。在第一轮赛事中，球手不必过于在意实际得分表现，在打分卡上尽可填上一些糟糕的得分数字，可以是超出标准杆数的两倍、三倍、四倍等等，无所谓，然后，总杆数为，比方说，140 杆。

在完成了这些"存留"的记录后，他走到高尔夫商店，找到专家，告诉对方，自己希望"重组"他不完美的挥杆记录。接下来，当他拎着新球杆回到球场后，他会计算好洞的得分，而不是坏洞得分，所有之前留存的糟糕记录都会被取而代之。这样，在完成五轮之后，他的杆数成绩分别是 140、80、80、80、80，而不会是 91、94、89、94、92。在华尔街的眼中，他们不会理会开头的 140 杆，毕竟，那个挥杆的得分表现是"不持续的"，他们会将我们的英雄分在优秀的"80 分球手"一类，而且是永远不会令人失望的稳定型选手。

对于这种倾向于在开头要诈的人，这种策略有一种变形的方式。这个高尔夫球手，与同行合作的球童一起，将坏洞得分延后记录，先记录前四场，每场 80 杆的好成绩，在得到人们为其运动才能和持续稳定表现的鼓掌喝彩之后，亮出第五场得分为 140 杆的记分卡。在对前面的错误记录进行"大洗澡"式的纠正之后，他可能会嘟囔几句抱歉的话，但仍然情不自禁地使用改过的成绩与俱乐部里其他记分卡做对比，之前舞弊所得的不义之财是绝不可能退还的。（我们需要提到的是，那个球童会得到一个忠实的赞助人，会得到回馈。）

不幸的是，在现实生活中，喜欢玩这种变形计分游戏的 CEO 往往会上瘾，因为毕竟，篡改记分卡比花大把时间苦练容易得多，而且不会轻易放弃。他们的这种行为令人想起法国启蒙思想家伏尔泰（Voltaire）对性别实验的解释："一次是哲学家，两次是变态。"

在收购领域中，重组行为已经上升成为一种艺术的形式。管理层现在经常利用合并的机会，在多个方面对资产和负债进行不诚实的包装，以期达到平滑和增厚未来利润的目的。确实，有些大型审计机构会指出，或多或少存在这种会计把戏的可能。但从高高的论坛直冲而下的推动力，常常会是一流的人才屈从于三流的战略。因此，可以理解，CEO 们会发现拒绝那些审计师赞美的策略并非易事，因为它们能带来未来"利润"的上升。

这里有个财险公司的例子可用于说明这种可能性。当一家财险公司被收购后，买家有时会即刻提高它的损失准备金，通常是大幅提高。这种提高或许仅仅是反映之前准备金的不足。在收购交易的合约墨迹未干时就立刻这么干，这种巧合的精算"启示"多少还是有些不可思议的。在所有案例中，在收购完成一段时间后，当损失准备金被释放出来，它们会作为"利润"流入利润表。

这些行为与伯克希尔没有丝毫的关系。如果我们让你失望，我们宁愿你是对我们的盈利失望，而不是对我们的会计失望。在所有的收购活动中，我们对所有我们发现的损失进行了精确的处理。毕竟，我们一直在与精通保险知识并忠于财报的经理人在一起。如果一项交易完成时，负债即刻大幅上升，简单逻辑而言，至少这两者中有一项欠缺；此外还有另一种可能，就是买家在为未来的注入"盈利"做铺垫。

这里有一个真实的故事，可以说明在美国商界太过平常的流行观点。两家大型银行的 CEO，聚在一起谈论不久前发生的一项友好的并购案（该并购最终未能达成），其中一个已经有了多次并购的经验。当那位业界老手沉浸于该项并购可能带来的好处之时，被另一位 CEO 的质疑打断，他问道："你不认为，这项并购会发生巨额的费用吗？也许会达到 10 亿美元？"经验丰富的老手没有多余的废话，直接答道："我们可以将费用做得更大，这就是我们要做这种并购生意的原因。"

根据位于巴尔的摩的 R.G 协会的初步统计，仅在 1998 年发生或声明的特殊费用——包括重组、正在发生的 R&D、与并购相关的费用以及记减费用，事件总数不少于 1369 起，涉及金额 721 亿美元。从另一个角度来看，这是一个令人震惊的数字，因为，1997 年《财富》杂志所列 500 强公司的盈利总和仅为 3240 亿美元。

很明显，如今很多公司高管对于提供财报准确信息的不负责任的态度，是商界的耻辱。至于那些审计人员，正如我们已经讨论过的，他们在积极方面几乎毫无贡献。审计人员本应该视投资大众为其客户，却常常对公司管理层卑躬屈膝，因为他们可以决定给哪家会计事务所一口饭吃。（就像老话说的："吃谁的饭，唱谁的歌"。）

然而，一个近期的重大新闻是，由亚瑟·莱维特任主席的 SEC 似乎决心整顿美国商界的这种不良行为。在去年 9 月的一次演说中，莱维特呼吁终结所谓的"盈利管理"。他正确地观察到"太多的公司高管、审计师、分析师正在参与一场点头和递眼色的游戏"。然后，他提出了一项真正的控告："管理者或许正在向操纵妥协，诚信或许正在向假象让步。"

我积极建议你们读一读主席先生的演说（在互联网上可以找到，www.sec.gov），并支持他的努力，让美国的企业界向投资者提供真实的故事。莱维特的工作将会是艰巨的，很难想象有什么工作比这更为艰巨。

E. 退休福利估计 [68]

在计算退休金费用时，一家公司所使用的回报假设是非常重要的。很多公司选择的假设回报率过高，脱离现实，但继续这样的选择并不令人意外。构成标普 500 指数的 500 家公司里，有 363 家公司有退休金计划，2006 年它们的假设回报率为 8%。让我们看看这个回报率实现的可能性有多大。

所有这些公司的退休基金平均持有债券和现金的比例为 28%，这些资产的预期回报率不会超过 5%。当然，获得更高回报的可能性是存在的，但是，随之而来的是相应的（或更大的）损失风险。

这意味着其余 72% 的资产——主要是直接或通过对冲基金、私募基金持有的股票投资——必须取得 9.2% 的回报，才能使全部资产达到假设的 8% 回报。而且，这个回报必须是扣除所有费用之后的回报。但是，这个 9.2% 的要求远远超出了它们过去的历史成绩。

这种预期的现实情况到底如何呢？在整个 20 世纪，道琼斯指数从 66 点上升到 11 497 点。这个结果看似非常令人吃惊，实际上，折合为年化回报率，也仅仅是 5.3%。如果一个投资者持有道琼斯整整一个世纪，他还会在大多数年头收到慷慨的分红，但在最后的年头里，大约分红率仅仅 2% 左右，尽管 20 世纪是个精彩的世纪。

现在，想一想当前的世纪，目前道琼斯指数大约 13 000 点，如果投资者打算在 21 世纪取得年化 5.3% 的回报，那么，到 2099 年 12 月 31 日，道琼斯指数需要达到 2 000 000 点。（没错，道琼斯指数必须在 21 世纪的 100 年中，从 1.3 万点上升到 200 万点。）如今，我们进入 21 世纪已经 8 年了，至今道琼斯的上涨还不足 2 000 点，还差得远呢。

有趣的是，每当道琼斯指数突破整数大关，例如 14 000 点、15 000 点，股评家们都会呼吸加快，兴奋不已。假如他们一直保持这种习惯，那么，如果 21 世纪能够达成 5.3% 的年化收益，他们在接下来的 92 年会有 1986 次这样的癫狂体验。尽管万事皆有可能，但这样的事情真的会发生吗？

即便分红收益继续保持在 2% 左右，即便股价可以保持在 20 世纪的 5.3% 年度上升速度，这些退休基金中持有的权益资产部分——考虑到 0.5% 的成本费用——也不会产出超过 7% 的回报。考虑到顾问和投资经理（这些都是"帮忙的人"）的不菲身价，这个 0.5% 的成本已经是保守估计了。

很自然，每个人都希望获得超出平均的投资回报。这些"帮忙的人"也是发自内心地鼓励他们的客户这么想。但是，作为一个分类，那些得到这些"帮忙的人"帮助的投资者，他们的回报一定会低于平均。原因也很简单：

（1）投资者整体一定是只能获得平均回报，减去他们的成本。

（2）被动投资者和指数投资者，由于他们很不活跃，会获得平均回报，减去非常低的成本。

（3）在赚取平均回报的群体中，还剩下一个群体—— 积极投资者。这个群体会有高额的交易、管理以及顾问费用。因此，积极投资者的高费用成本导致其回报远远低于那些被动投资者。这意味着那些"什么都不知道"的被动投资者一定会胜出。

我应该提醒大家，那些打算在新世纪中取得年化 10% 回报的人，其中 2% 来自于分红，8% 来自于股价上升，这无异于预测在 2100 年的时候，道琼斯指数达到 2400 万点的水平。如果你们的投资顾问、理财经理说可以取得两位数的回报，请将这个故事告诉他，他一定会感到狼狈不堪。很多所谓的投资顾问、理财经理似乎是《绿野仙踪》里皇后的直系后裔，她的台词是："为什么，有时在早饭之前，我已经相信了六件不可能的事情？"警惕那些油嘴滑舌，往你脑子里灌输幻象的顾问们，他们同时在往自己的口袋里装佣金。

一些公司在欧洲的企业也有像美国一样的退休金计划，在他们的会计准则中，几乎所有的美国退休金回报假设都比非美国退休金高。这种不一致令人迷惑：为什么这些公司不将其美国的经理人派到非美国地区去，让他们将那些公司的资产回报也提高呢？我从来没有见到谁对此进行过解释。但是，负责审核这些假设回报的审计师和精算师们，似乎也从来没有对此提出过异议。

F. 账面盈利的实现问题 [69]

让我们专门关注一下所有媒体最为看重的一个指标：净利润。这个指标对于绝大多数公司是最重要的指标，但在伯克希尔却几乎毫无意义。无论我们的企业运作如何，芒格和我在合法的情况下，就净利润而言，在任何财报期间，可以给出任何我们愿意给出的数字。

我们有这样的灵活度，因为我们可以通过买卖将投资的账面盈亏变现，从而进入损益表，而与此同时，未实现的账面盈亏（在大多数情况，是亏损）却可以不被包括在内。例如，请想象一下，在某个特定年度，伯克希尔有未变现的100亿美元账面所得，同时，有100亿美元的实现亏损，这样，我们的净利润——只计算亏损——会少于运营利润。如果我们同时在上一年度变现所得，引人注目的标题可能会是——利润下降了X%，而实际上，企业的真实情况却是已经大有改善。

如果我们认为净利润非常重要，就会时不时地变现一些所得，因为我们账面上有巨大的未变现所得可加以利用。尽管如此，请放心，芒格和我从来没有因为临近财报公布期的缘故，而大幅出售证券，以图财报的账面漂亮。我们对于玩"数字游戏"极其厌恶，这种情况在20世纪90年代极为猖獗，尽管现在不再那么频发，不再那么公然嚣张，但依然存在。

运营利润这个指标，尽管有一些不足，但它整体而言，是个反映企业运营状况的较为合理的指标。你可以忽略我们公司的净利润这个指标，然而，监管当局要求我们必须向你们报告。但是，如果你发现记者们非常关注这个指标，这更多说明的是他们的表现，而非我们的表现。

无论是实现的还是未实现的账面盈亏，都会完全反映在我们的账面价值的计算中。留意我们运营利润的构成与变化，你会走在正确的大道上。

会 计 政 策

A. 并购 ⁷⁰

有关并购的会计应用是目前一项相当有争议的话题，在所有事件尘埃落定以前，甚至连国会都有可能会介入干涉（这听起来令人感到不寒而栗）。

当一家公司被购并，GAAP（一般公认会计原则）容许两种截然不同的会计处理方法：一种是购买法；另一种是权益合并法。要运用权益合并法，交易的标的必须是股票，至于购买法则使用现金或股票皆可。但不论如何，管理阶层通常很排斥使用购买法，因为在大多数情况下，公司的会计账上会因此多出一项叫作"商誉"的会计科目，而此后商誉要分年摊销。意思是说，在合并完成后，公司每年都要提列一笔为数庞大的商誉摊销费用，列为损益数字的减项，而且时间可能长达数十年。相反，权益合并法避免了商誉科目的麻烦，这就是为什么管理层喜欢使用权益合并法的原因。

如今财务会计标准委员会（FASB）有意取消权益合并法，此举遭到许多 CEO 的跳脚反对。这将是一场激烈的纷争，为此我们必须站出来发表个人的意见，首先我们同意许多经理人认为商誉摊销常常是不符合实际的说法。[71]

对于强制规定摊销的会计原则，通常导致与现实严重不符，从而引发相当麻烦的问题。大部分的会计费用与实际状况相关联，虽然无法准确地反映出实际状况，但最起码差异不大。举个例子来说，折旧费用的计提虽然无法完全地反映出实体资产价值减损的真实情况，但这种做法至少与现实发展的方向相一致。实体资产本来就必然会逐渐减损，同样的存货计提跌价损失、应收账款计提呆账费用，以及保修责任计提准备等都是反映潜在成本的合理做法，虽然这些费用成本难以准确地计算出来，但确实也有加以估计的必要。

但与此相对的是，经济商誉在许多情况下，并不会减损或消失。事实上在大部分情况下，商誉不但不减少，反而会随着时间的累积而增加。在某些特质上，经济商誉反而类似土地，两者的价值都会上下波动，但何时会增加，何时又会减少却不一定。以禧诗糖果的例子来说，在过去的 78 年里，其品牌价值以不规则但快速的速度成长。而只要我们经营得当，其品牌价值增长的态势会继续维持另一个 78 年。

为了避免商誉不当的摊销，伟大的经理人们宁愿选择拥抱不当的权益合并法。这项会计创意源自于两条河流在汇流后，不再分彼此的概念。在这种概念下，被另一家更大公司购并的公司并不算是被"买下"的（尽管它们通常会得到相当的合并溢价），因此，合并的过程没有商誉的产生，自然也就没有随后令人感到麻烦的商誉摊销发生。取而代之的，是这两家公司合并后的实体，仿佛一开始就被当作一个整体来看待。

有点咬文嚼字，事实上这与合并背后所代表的真实情况大不相同。毫无疑问，既然有交易，就一定有购并方与被购并方，不管你如何构建交易的细节，一定有一方是被另一方买下。其实很简单，只要你问问交易双方的员工，谁是征服者，而谁又是被征服者，就知道是怎么一回事了，绝对不会搞混。所以从这个角度来看，FASB的坚持绝对是正确的，在大部分的购并案中，绝对有买卖的性质存在，当然确实也有真正的"对等的合并个案"发生，但出现的概率实在是少之又少。

芒格和我始终相信，应该有一个与现实相接轨的方法，可以同时满足FASB想要正确记录真实交易的想法，也能反映经理人反对商誉不当摊销的呼声。我认为首先购并公司应该以公平市价列出其投资成本，不管是支付现金还是股票。当然在大多数情况下，公司账上会出现大笔的经济商誉，但我们应该让这项资产继续保留在会计账上，而不是分年摊销。之后，如果公司的经济商誉真有减损的情况（这不是没有可能），那么就按一般判断资产价值是否减损的方式进行计减。

如果我们提出的方案获得采纳，预计将会追溯适用，以使全美的购并会计处理原则都一致，而不是像现在一样乱象纷呈。可以预见的是，一旦这项方案开始施行，公司管理层一定会更审慎地处理购并案，基于真实股东利益的实际后果，小心评估到底应该使用现金还是股票，而不只是看合并后的会计账面损益而已。

B. 分部数据和会计合并 [72]

1988 年一般公认会计原则有一个很重大的转变，依新规定，伯克希尔必须将所有子公司的资产负债表和损益表进行合并。在过去，互助储贷（Mutual Savings and Loan）与斯科特·费泽金融（Scott Fetzer Financial，主要从事世界百科全书与 Kirby 吸尘器分期付款的信用公司）的合并只须一次计提投资损益即可，意思是说：①仅将被投资公司净值，按投资比例，以投资权益显示在伯克希尔的合并资产负债表上；②仅将被投资公司年度损益，按投资比例，以投资损益显示在伯克希尔的合并损益表上。但是现在，我们必须将被投资公司的资产与负债、营收与费用，放进合并的财务报表上。

这项变化强调了公司也要报告其他部分信息的需求。企业形态越复杂的公司，其按传统财务报表所加总出来的数字越没有意义，越没有办法让投资人回答前面所提的三个问题。事实上，在伯克希尔我们会准备合并数字的唯一原因就是要符合外部规定，而芒格和我看的则是另一套信息。

现在，我们被要求在财务报表上将更多的数字合并在一起，我们现在决定公布更多的补充信息，有助于帮助各位来衡量企业价值与管理的表现。（伯克希尔将责任转移给债权人的能力——

我们之前提到的第三个问题——应该很明确，不管是看什么样的报表。）在这些补充信息中，我们不一定会依照一般公认会计原则，甚至不会以公司来区分。相反，我们会试着将同性质的企业汇总在一起，有助于大家分析，而不是被一大堆信息所淹没。我们的目标是呈现给你们重要的信息，就像你我换位思考一样。

C. 递延税项 [73]

先前我曾提到在 1990 年会有另一项会计规则的重大变动，主要与递延税务的计算有关。这项规则既复杂，又极具争议性，以致原定于 1989 年的实施，不得不延后一年。

当这项规则开始实施后，对我们有几个方面的影响，最重要的一点就是我们必须重新计算旗下保险公司所持有的未实现股票资本利得，以计算递延所得税负债的方式。

现在，我们在这方面的负债分为几层。对于 1986 年以前的未实现收益，大约在 12 亿美元左右，我们以 28% 的税率估算。对于 1986 年之后的未实现收益，大约在 6 亿美元左右，我们以 34% 的税率估算。这其中的税负差异上升反映了 1987 年起调整税率的差异。

然而，现在看来，新的会计规则要求我们从 1990 年开始必须将所有未实现利益的预估税率按照 34% 执行。经估算，光是这一项做法就会使我们的年度盈余（以及我们的财报净值）减少 7100 万美元。这个规则也会对财报上的其他项目产生影响，但是对于我们的盈利和净资产影响不大。

　　我们不认为这项递延税计算规则的变化有其强烈的必要性，因为对于伯克希尔而言，不管税率是 28% 还是 34%，都不能反映我们公司的实质现况，因为我们从来不考虑出售我们具有庞大未实现利益的股票。

　　新的会计规则有可能被采用，会要求公司将所有的利得以现行的税率估算（不管实际可能会是多少）。如果以 34% 来计（等于将税率提高 6 个百分点），这样的规则可能会大幅增加我们递延所得税的负债，并使我们的账面净值减少约 7100 万美元。由于新提出的规定引发相当大的争议，最后的结果尚难定论，所以目前公司账上尚未做此调整。

　　如果我们在年底，按照市场价格出售我们持有的全部证券，我们应该支付的税项超过 11 亿美元。这 11 亿应税金额就是我们的负债，它等于或是类似于，在年终之后的 15 天里应该结算给贸易商的应付账款吗？当然不是，尽管二者在公司审计净值方面具有同样的效果，都是减掉 11 亿美元。

　　从另一个方面来看，难道这项估计所得税负债，会因为我们从来没有意愿要把股票卖掉，所以政府收不到所得税，就表示它不具重大的意义吗？答案很显然也不是。

　　以经济术语而言，这项递延税项的负债就好像是美国财政部借给我们的无息贷款,而且到期日由我们自己来决定。(当然,除非国会修改税法,将课税时点提前到未实现资本利得之前)。这种"贷款"还有一项很奇怪的特点,它只能被用来购买某些特定的、升值的股票,而且额度会随市场价格变动,有时也会因为税率变动而改变。事实上这种递延所得税其实有点类似于资产移转时所要缴纳的交易税。事实上,我们在 1989 年只出售了一小部分持股,总共产生了 2.24 亿美元的资本利得,因此发生了7600 万美元的交易税。

由于税法运作的方式,如果情况许可的话,我们偏爱的瑞普·范·温克尔(Rip Van Winkle)式的投资方式,较之疯狂短线进出的方法,这种方式有一个很重要的绝对优势。必须强调的是,我们并不是因为这种简单的算术就倾向采用长期投资的态度,没准儿经常性的变动有可能使我们的税后报酬高一些,事实上,很多年前,芒格和我就是这样做的。

但现在我们觉得一动不如一静,虽然这样做的投资回报看起来可能会少一点。理由很简单,我们已经找到相当难得的、令人满意的商业合作关系,并享受珍惜我们彼此间所发展出来的情感。做出这种决定对我们来说一点都不困难,因为我们相信这样的关系一定会让我们有一个满意的投资成果,虽然它可能不是最佳的。要我们舍弃那些已经熟悉的、欣赏并尊敬的人,而把时间浪费在我们不认识、且人格可能会在平均水平以下的人身上,我们觉得实在没有意义。

～✦ ～✦ ～✦

一项与递延所得税有关的新颁会计规则在 1993 年开始生效，它取消了我们先前曾经在年报中提过会计账上的二分法，而这又与我们账上未实现投资收益所需计提的应付所得税有关。以 1992 年年底计，这部分未实现收益高达 76 亿美元，其中 64 亿美元以 34% 的税率计算应付所得税，剩下的 12 亿美元则按发生时点按 28% 计算。新的会计规则要求我们必须以现行税率估计所有递延税项，我们也认为这样的做法较合理。

新颁的规则意味着，从 1993 年的第一季开始，我们未实现的股票收益就必须以 34% 的税率来估算，因而增加我们所得税的负债，并使净值减少 7000 万美元。新规定也使我们在计算递延所得税时，在几个地方做了一些小的修正。

未来税率有任何变动时，我们的递延所得税负债以及净值也必须马上相应做调整。这个影响可能会很大。不过无论如何，真正重要的是我们在最终出售证券，那些资本利得由“未实现”到“实现”时，所适用的税率到底是多少。

D. 退休福利 [74]

另一项会计规则的重大变化在 1993 年 1 月 1 日开始实行，强制要求所有企业必须确认公司员工退休后健康福利负债的现值。虽然先前 GAAP 也曾要求企业必须先确认未来必须支付的退休金，却不合理地忽略企业未来必须承受的健康保险成本。新规定将会使得许多公司在资产负债表上确认一大笔负债（同时也会使净值随之减少），另一方面，往后年度在结算时，也会因为须确认这方面的成本而使得利润缩水。

在进行购并时，芒格和我也会尽量避开那些背负高额退休金负债的公司。因此伯克希尔虽然目前拥有超过数以万计的员工，但在退休金方面的负债和未来的退休后负债成本并不严重。不过，我还是必须承认，在1982年时我曾经差点犯下大错，买下一家背负沉重退休金福利负债的公司。所幸的是，后来交易因为某些我们无法控制的因素而告吹。在1982年年报中报告这段插曲时，我曾说："如果在年报中我们要引用一些插图，用以展示过去一年有何令人觉得可喜的进展，那么两大页空白的跨页插图，可能最足以代表当年度告吹的交易。"不过即便如此，我也没有预期到后来情况会如此恶化，当时另外一家买主出现买下这家公司，结果，公司不久便倒闭关门了，数千名的员工也发现大笔健康福利的承诺全部化为乌有。

最近几十年来，没有一家公司的CEO会想到，他应该向董事会提出这种没有上限的退休后健康福利计划，就像其他公司一样。他不必具有专业的医学知识，也能知道越来越高的预期寿命以及福利支出将会把一家公司拖垮。但是即便如此，很多经理人还是闭着眼睛，让公司透过内部自保的方式，投入这种永无止境的大坑洞，最后导致公司股东承担血本无归的结果。就福利而言，没有上限的承诺所代表的就是没有上限的负债，这种严重的后果，甚至危及了一些美国大企业的全球竞争力。

我认为之所以会有这种不顾后果的行为，部分原因是由于截至目前，会计规则并没有要求公司将这种退休后的健康成本呈现在会计账上。相反地，会计原则允许采取现金发生制，此举大大地低估了累计的负债。而公司管理层和他们的会计师采取的态度就是眼不见为净。具有讽刺意味的是，同样是这批管理层，竟然还常常批评国会对于社保或其他计划采取现金发生制的思维，根本就不顾未来年度所可能产生的庞大负债。

公司管理层在思索会计原则时，一定要谨记林肯总统最喜欢的谜语之一："如果一只狗连尾巴也算在内的话，总共有几条腿？"答案是："四条腿，因为不论你是不是把尾巴当作一条腿，尾巴永远都是尾巴。"这句话提醒管理层应该记住，就算会计师愿意帮你证明尾巴也算是一条腿，你也不会因此多了一条腿。

第 9 章

税 务 问 题

A. 公司税负的分配 [75]

1986 年税务改革法对于我们的业务有着重要的、多方面的影响。尽管我们发现有很多值得称赞的地方，但是对于伯克希尔的整体财务影响而言是负面的。相比于旧的法案，在新法案之下，伯克希尔价值增长的速度至少有所放缓。这项新法案对于我们股东的负面影响更大，每股企业价值每一美元的增长，假设等同于每一美元伯克希尔市值的增长，在新税法之下，能为股东带来 0.72 美元的税后盈利，相比之下，根据旧的法案，此项数值为 0.80 美元。当然，这个结果是反映了个人资本税率从 20% 到 28% 区间的最高限。

下面是新税法变化对于伯克希尔的影响：

■ 公司普通收入的税率将从 1986 年的 46% 下降到 1988 年的 34%。很显然，这对于我们具有正面影响，而且这对于投资的两大公司大都会 /ABC 公司和华盛顿邮报公司也具有正面影响。

在我说这些时，我知道多年以来，对于谁是公司税务的真正支付者——是企业，还是它们的客户，有很多模糊不清的意见。当然，这种争议常常导致增税，而不是减税。那些反对提高公司税率的人说，公司实际上并没有支付税款，公司本身只是作为经济的管道，将税务转嫁到了客户身上。根据这样的说法，任何提高公司税率的做法只会导致更高的价格，公司提升产品的价格以抵消税率的提升。站在这个角度，"管道"理论的支持者一定会得出这样的结论，公司税的降低不会改善企业利润，但会相应地对客户降低价格。

与此相反，另一些人认为公司不但支付了所征收的税，而且自我吸收了这部分成本。这些学派说，公司税率的变化对客户没有影响。

真正会发生什么？当公司税率降低，伯克希尔、《华盛顿邮报》、大都会的利润会飙升吗？或者，公司会给客户降低价格吗？这个问题对于投资者、公司管理层以及政策制定者都很重要。

我们的结论是，在一些情况下，公司税率降低的好处会全部或者几乎全部地落在公司以及股东身上；在另外一些情况下，这种好处会全部或者几乎全部传递给消费者。最终的结果取决于，公司商业特许权的强弱，以及特许权的利润率是否受到监管。

例如，当特许权强大，而且税后利润受到相对精确的监管，就像电力公司那样，那么，公司税率变化的大部分将会反映在价格里，而不是公司的利润里。当税率降低，价格随之降低；当税率上升，价格会随之上升——虽然有时价格的反应不那么迅速。

类似的结果也会发生在价格竞争激烈的行业里，当公司的商业特许权很弱时。在这些行业里，自由市场竞争常常以一种迟滞的、无规则的但通常有效的方式进行"监管"。实际上，自由市场的规律本身在价格竞争行业中扮演的角色，与公用事业委员会在电力行业监管中扮演的角色一样，起着同样的功能。因此，在这些行业中，税率变化对公司产品价格的影响胜过对公司利润的影响。

然而，对于那些非监管的、拥有强大特许权的公司，则完全是两回事。在这里，公司以及股东是税率降低的主要受益者。这些公司就像电力公司一样，从降税中获益，但却没有一个监管者迫使它的产品降价。

我们旗下的很多公司，无论是全资拥有的还是部分持股的，都拥有这种特许权。这样，税务降低的结果是，好处大部分进了我们的口袋，而不是消费者的口袋。尽管这么说或许是不恰当的，但却无可否认。如果你试图相信些别的东西，想一想你附近的最能干的脑科医生或律师。假如最高个人税率从50%下降到28%，你真的认为这些专家（在其擅长的领域里是当地"特许权持有人"）会降低收费吗？

然而，更低税率给我们所营业务和投资者带来的喜悦，会受到我们确信的另一事件的严重影响：排入日程的1988年税率——个人和公司的，对于我们来说完全不切实际。这些税率非常有可能给华盛顿带来财政上的麻烦，并将证明与稳定价格的初衷相悖。因此，我们相信，最终（比如说，五年之内）或是更高的税率，或是更高的通货膨胀率，几乎一定会出现。即便我们届时看到二者都出现，也并不令人吃惊。

- 公司资本利得税率从 28% 提高到 34%，1987 年生效。这个变化对伯克希尔有着重大的负面影响，因为我们期望将来公司价值的增加来自资本利得。

例如，我们的三大主要投资持股人——大都会、盖可保险、《华盛顿邮报》——年末时市值超过 17 亿美元，接近伯克希尔净资产总值的 75%，然而仅给我们带来 900 万美元的年收入。这三家公司都持有非常高比例的留存利润，这些高留存的利润，我们认为最终会以资本利得的形式贡献给伯克希尔。

新税法提高了未来实现资本利得时的税率，包括那些在新法生效之前就已经存在的未实现利润。到年底，在我们的权益类投资中，我们有 12 亿美元的未实现利润。在我们的资产负债表上，新税法的实行将会延迟，因为 GAAP（通用会计准则）规定，对于未实现利润的递延所得税负，适用 28% 的税率，而不是当前的 34% 税率。据悉，这条法规很快将发生变化。当变化发生时，大约有 7300 万美元会从我们的 GAAP 净资产中消失，转移到递延税项下。

- 在新税法下，我们的保险公司收到的分红和利息税负将大大增加。

首先，所有公司从国内公司收到的分红统统征收 20% 课税，旧税法是 15% 起。

其次，对于余下的 80%，有一项仅仅针对财产保险、灾害保险公司的变化。如果实施分红的股票是在 1987 年 8 月 7 日之后买入的，那么余下部分的 15% 需要课税。

第三个变化，也是仅仅针对财产保险、灾害保险公司的，有关免税债券问题，如果保险公司是在 1986 年 8 月 7 日之后购买的该类债券，其付息仅有 85% 是免税的。

最后的两个变化非常重要，它们意味着我们在未来来自投资方面的收入，相较于旧税法下，会大幅减少。与我们之前的预期相比，我最乐观的推测是，这次新税法最终会降低我们保险公司的盈利能力至少 10%。

■ 新税法还大大地改变了财产保险、灾害保险公司的缴税时间。一项新规定要求我们在纳税申报时减去我们的损失准备金，这项变化会减少抵扣，并提高应税收入。另一项规定，分期六年实施，要求我们将预收的保费准备金归入应税收入。

没有一项规定改变我们给你们报告中提到的年度税款，但是，每一项都大大加速了支付的进程。原来那些后端支付的递延税项现在变成了前端支付，这样的改变会大大减少我们企业的盈利。用一个比喻来说明税收，如果刚满 21 岁的你，被要求即刻为你一生的全部收入纳税，那么，相较于要求在你去世时纳税，你的终身财富水平和遗产会仅仅是后一种方式的一小部分。

细心的读者或许会发现，我们所说的前后存在矛盾。先前，在讨论价格竞争激烈的行业时，我们提到税率的增加或减少，这种影响大部分会传递到消费者身上，对公司影响不大。但是，现在税率的增加会影响伯克希尔财险／灾害险公司的利润，即便它们的运营环境已经是充分价格竞争的行业。

这个行业成为一般通则的例外的原因在于，并非所有大型保险公司都使用相同的税务公式。重大区别的存在出于几个原因：一个新的可替代的最小税务额法规会极大地影响一些公司，但不涉及其他公司；一些大型的保险公司拥有巨大损失之后的扣减数额，这些数额会在随后的至少几年时间里，大大减少税务支出；一些大型保险公司会将保险业务与非保险业务合并在一起，反映公司的回报。这些愚蠢的情况导致了在财险行业产生了变动极大的边际税率。然而，在其他大多数价格竞争激烈的行业里，例如铝业、汽车业和百货业，却没有发生类似的情况，这些行业里的大型公司都按照一致的税务公式进行竞争。

对于财产险／灾害险公司没有一个统一的税务计算方法，意味着落在这个行业上的增加税负不会像价格竞争激烈的行业那样，传递到消费者身上。换言之，保险公司将自行承担新税法带来的负担。

- 这些负担的一部分将按照 1987 年 1 月 1 日生效的"新起点"方法进行冲销，那时，我们在 1986 年 12 月 31 日出于税务目的的损失准备金会转换为符合新税法要求的折扣基础。然而，在我们给你们提供的报告中，准备金仍然会完全像以前一样放在那里，没有进行折扣，除非是进行了结构化清算。这种"新起点"方法的影响是给我们提供了双重的抵扣：那些在1987年以及之后发生的、却没有支付的保险损失的一部分，我们会得到税项抵扣，因为这些损失已经作为1986年以及之前的成本被完全抵扣过了。

然而，这些由于新税法变化所导致的净资产升值不会反映在我们的财务报表中，而是按照当前的GAAP（通用会计准则，将来也许会改变），这种效益会进入损益表，因此，也会在随后的几年中，以减税的方式进入净资产。我们预计这种由于采用新方法调整所带来的全部效益在3000～4000万美元之间。然而，应该注意的是，这是一次性的效益，而其他与保险相关的税务变化不仅仅是正在发生，而且，随着时间的推移，在很多重大方面变得更为严峻。

- 新税法同时废止了《通用公用事业法案》。这意味着，1987年之后，在公司清算之时的税负将翻番，一部分在公司层面征收，一部分在股东层面征收。过去，在公司层面的税负可以避免。例如，伯克希尔计划清盘（当然，这是不可能的），新税法与旧税法相比，在假设同样的东西卖同样价格的情况下，股东们现在收到远比之前出售公司资产得到的少很多。

尽管这种假设只是理论上的，但新税法对于很多公司影响很大。此外，它对于未来的投资评估也发生影响。举一个例子，石油和天然气生产公司、相关的媒体公司、房地产公司等，这些公司或许希望出售，但是因为《通用公用事业法案》被废止，所以它们的股东价值大大减少，尽管公司的实际运营和经济状况并没有恶化。我的感觉，新税法带来的这个重大的变化，还没有被投资者和经理人充分认识到。

～※ ～※ ～※

伯克希尔的税务情况有些时候会被错误解读。

首先，资本利得对我们没有特别的吸引力。一家公司应税收入的税率是 35%，无论该收入是来自资本利得还是运营收入。这意味着伯克希尔长期资本利得的税率比之获得同样利得的个人税率，整整高出了 75%。

一些人质疑另外一个错误的概念，他们认为我们可以将收到的全部分红的 70%，不列入应税收入。的确，大多数公司执行 70% 的税率，同样适用于伯克希尔持有的非保险类子公司。然而，我们的股票投资几乎全部由保险公司持有，在这种情况下，不列入的比例为 59.5%。这意味着，1 美元的分红对于我们而言，比 1 美元的普通运营收入更有价值，但还没有到通常假设的程度。

B. 税务和投资的哲学 [76]

伯克希尔公司是联邦政府的重要纳税人。所有加在一起，我们在 1993 年会支付联邦所得税 3.9 亿美元，其中，2 亿美元来自运营，1.9 亿美元来自实现的资本利得[77]。此外，我们在所投资公司中持有的相应份额，在 1993 年的纳税超过 4 亿美元。你们在我们的财务报表上看不到这个数字，但它却是真实的存在。直接或间接加在一起，伯克希尔在 1993 年支付的联邦税款占到所有美国公司当年税收总额的 0.5%。[78]

谈到我们的股份问题所涉及的税收，芒格和我绝对毫无怨言。我们知道自己是在一个市场经济体系中工作，与那些像我们一样努力，甚至更努力的人相比，社会对于我们的回馈已是非常慷慨。税务制度应该，也确实部分补偿了这种不平等。尽管我们每年纳税金额巨大，我们依然受到了特别的优待。

如果将伯克希尔和它的股东整合在一起，以伯克希尔运作一个合伙制企业或 S 股份有限公司，会支付更少的税。这两种形式是主要的商业活动形式主体。但是，由于各种原因，这并不适合伯克希尔。然而，我们公司形式带来的不利因素，已经通过我们的长期投资策略得以缓解，尽管还远远没有被消除。即便芒格和我管理的是一家免税的机构，我们也会采用"买入并持有"策略，我们认为这是最为稳健的投资方法，这样做，还能平和我们的个性。执行这项策略的第三个原因是，在现实中，只有在卖出股票、实现收益时，才需要纳税。

在年轻的时候，通过我喜欢的连环漫画书《李尔·阿伯纳》（Li'l Abner），我有幸知道递延税务的好处，尽管我当时错过了这堂课。为了让读者有良好的感觉，书中，李尔·阿伯纳在多帕奇地区过着快乐到邋遢、鲁钝的日子。有一天，他迷恋上了一个纽约的妖妇——爱普丝娜塔·范·克拉麦克斯（Appassionatta Van Climax），但对于和她未来的关系发展前途感到无望，因为他只有一块一美元的银币，而她只想嫁给百万富翁。带着沮丧的心情，阿伯纳找到当地百科全书式的人物老摩西。这位圣人告诉他：将你的钱翻 20 番，那个女人就是你的（1，2，4，8，16，…，1 048 576）。

我对这部漫画书的最后的印象是，阿伯纳走进一家小客栈，将他仅有的一美元投进一台老虎机里，中了大奖，老虎机吐出来的钱满地都是。阿伯纳认真仔细地遵循着老摩西的建议，捡起两美元，然后走出去继续寻找下一次翻番的机会。打那以后，我抛弃了阿伯纳，开始阅读格雷厄姆。

很显然，将摩西视为圣人有点言过其实，除了没有预见到阿伯纳对于指令的盲目服从之外，他也没有考虑到税务问题。如果阿伯纳如同伯克希尔一样，需要缴纳 35% 的联邦所得税，并且设法每年翻一番，20 年后他只能积累到 22 370 美元。当然，如果他继续保持这样每年翻番的速度，并依然适用 35% 的税率，他只需要再多 7.5 年，就可以达到得到那个女人所需的 100 万美元。

但是，如果阿伯纳用他的一美元银币进行一次投资，持有它同样翻番，历时 27.5 年会怎么样？如果真的是这样的话，届时他会有税前 2 亿美元，即便在最后一年支付了 7000 万美元的税项，税后大约还有 1.3 亿美元。为此，那个妖妇会爬着去见阿伯

关键词：复利的力量

纳。当然，她会如何看待坐在亿万美元之上的阿伯纳将是另一个问题了。

这个小故事告诉我们的是，对于赋税的投资者而言，在设定回报率的情况下，一项内部以复利增长的单项投资，比一系列同样成功的投资，实现的财富要多得多。但是，我猜想很多伯克希尔的股东早已经知道了这个秘密。

❧❧❧

伯克希尔喜欢购买一家公司100%的股份，而不是部分权益，这样做的背后，有其强烈的财务原因，而且与税务有关。按照税法的规定，伯克希尔持有80%或以上股份，要比小比例持股有利得多。当我们持有100%股权的公司税后盈利为100万美元时，所有的盈利都是我们的。如果将这笔钱以分红形式上交给伯克希尔，我们无须为这笔分红付税。如果这笔钱留存在子公司里，而且我们打算出售这家公司——在伯克希尔这是不可能发生的，而且出售价格比我们的成本多100万美元，我们也没有资本利得税。这是因为，我们出售的"税务成本"包括我们的买入价和之后的留存利润。

对比一下，当我们持有市场可流通证券会发生的情况。如果一家公司税后盈利1000万美元，我们持有该公司10%的股份，那么我们相应的100万美元盈利，适用的州政府和联邦政府的税负为：

（1）如果分红给我们，需要缴纳 14 万美元（我们大多数分红的税率为 14%）。

（2）如果这 100 万美元盈利被留存在公司，我们之后以资本利得方式获得，那么税负不低于 35 万美元。我们的税率通常是 35%，有时会达到 40%。

我们可以不立刻实现利得，这样可以延迟 35 万美元的赋税，但最终这笔税还是要付的。实际上，在这个过程中，政府做了我们两次"合伙人"，而在我们持股 80% 以上时，只做了一次。

҂Ѕ⁕ ҂Ѕ⁕ ҂Ѕ⁕

2003 年 5 月，《华盛顿邮报》刊登了我的一篇批评布什税务法案的专栏。13 天后，美国财政部税务政策部长助理帕梅拉·奥尔森（Pamela Olson）就新税务法发表了演说，她说："新税法意味着，一个被关注的中西部圣贤，熟悉税法如同玩弄小提琴一样，他可以继续安全地保有他所有的财富。"我想她是在说我。

唉，我的小提琴演奏技能没有将我送上卡内基音乐厅，甚至没有参与过高中的音乐会。代表你们和我，伯克希尔 2003 年的纳税金额为 33 亿美元，这相当于 2003 财政年度美国全国所有公司所得税总额的 2.5%。与此相应，伯克希尔公司的市值只占美国所有公司市值的 1%。

我们的纳税金额一直都名列我们国家前十大纳税人之列。如果另外还有 540 个纳税主体所缴纳的税款如同伯克希尔一样多的话，其他人或公司就不必再向山姆大叔交税了。我的计算没错，的确如此，2.9亿美国人和所有其他公司就不必向联邦政府就收入、社会安全、消费税或遗产税等再支付一分钱。（计算是这样的，2003财年，联邦税收为1.782万亿美元，如果另外有540个像伯克希尔一样的公司，且每个纳税33亿美元，就会有1.782万亿美元。）

2002年我们的纳税金额为17.5亿美元，我们的联邦纳税单就超过8905页。按照要求，我们尽职尽责地填写了两份纳税单，摞起来超过7英尺高。在公司总部，我们这个小小的、只有15.8个人的团队，尽管有时感到筋疲力尽，但偶尔一想到伯克希尔着实为国家财政分担了一己之力，我们还是为此感到兴奋和骄傲。

我可以理解为什么财政部现在对美国公司存在挫折感，并倾向于爆发。但它应该问国会和行政部门要补偿，而不是向伯克希尔。2003财年的公司所得税占联邦全部税收的7.4%，而最高峰时的1952年占到32%。除了一个例外（1983年），去年的这一比例是该项数字自从1934年公布以来最低的一年。

即便如此，对于公司（以及它们的投资者，尤其大投资者）的减税优惠是2002、2003年度政府倡议的重要部分。如果在美国还存在阶级的战争的话，我的这个阶级会明显胜出。今天，很多大型公司的CEO具有"拉小提琴的"天赋，他们支付的比35%联邦税率纳税率低得多，这使得你们的董事长相形见绌。

1985年，伯克希尔缴纳的联邦所得税为1.32亿美元，同期美国全国所有公司该项纳税金额为610亿美元；到了1995年，上述两个数字相应分别是：2.86 亿美元和 1570 亿美元。2003 年，正如之前提到的，伯克希尔的纳税是 33 亿美元，而所有公司的纳税是 1320 亿美元。我们希望未来我们的纳税金额继续上升，这意味着伯克希尔越来越繁荣，但同时，也希望美国其他公司的纳税金额与我们一起上升。这或许是奥尔森女士应该做的事。

后　记⁷⁹

我们将继续持有目前的主要持股，无论其价格与内在价值处于什么样的关系。这种至死不离的态度，加上这些股票所要求的全价（不再是折扣价），意味着它们不会像过去一样，在未来迅速推升伯克希尔的价值。换而言之，我们迄今为止的表现来源于"双重"收益：

（1）我们投资组合中所持有的公司，在内在价值提升方面的杰出贡献。

（2）当股市适当地"修正"这些杰出公司的价格时，可以提升它们相对于平庸公司的估值，我们因此实现的额外收益。

我们对自己的投资组合中的每个公司充满信心，并相信会继续从中受益。但是我们从"价格赶上价值"这条线的收益已经实现，这意味着，我们将来只能享受"单重"收益了。

我们还面临另一个障碍：在一个有限的世界里，高成长率必定会自我毁灭。如果这种成长的基数很小，这个规律或许在一段时间内不会显现出来。但是，当基数增大到一定程度后，欢乐的

关键词：双重收益 VS. 单重收益

舞会就会终结。高成长率最终会自我锻造固定之锚。

美国天文学家卡尔·萨根（Carl Sagan）生动有趣地描述了这种现象：想想细菌的命运，它们每隔15分钟分裂一次自我繁殖。萨根说："这意味着一小时的时间，细菌的繁殖翻四番，一天能繁殖翻96番。尽管一个细菌的重量仅有大约1克的一万亿分之一，经过一天无性繁殖的放纵之后，它的后代会像一座大山一样重……两天之后，比太阳还重。照这样发展，用不了多久，宇宙中所有东西都会由细菌构成。"

但是，不用担心，萨根说，总有某种障碍会阻止这种指数级的增长，"这种障碍或是食物中出来的小虫，或是它们自己之间相互毒杀，或是它们羞于在公众场合进行繁殖。"

即便在艰难的日子里，芒格（伯克希尔的副董事长和我的合伙人）和我也没有将伯克希尔看作细菌。让我们感到无限悲伤的是，我们还没有找到让伯克希尔的净值每15分钟翻番的方法。此外，我们对于在大庭广众之下进行财务上的自我繁殖成长并无羞愧。然而，萨根的观察结果仍然适用。

资金太多是获得超级投资回报的敌人。伯克希尔公司现在的净资产是119亿美元，而当年，芒格和我接手管理之时是2200万美元。尽管市面上一如既往有很多优秀的公司，但是考虑到伯克希尔目前的资本规模，很多机会已经不值得考虑。我们现在只考虑那些至少可以投资 1 亿美元的机会。鉴于这个最低限额，伯克希尔的投资空间大大缩小了。

尽管如此，我们仍然会坚守来时的路，不会放松我们的标准。著名的棒球选手泰德·威廉姆斯在他的著作《我的生活故事》(*The Story of My Life*) 中，解释了其中的原因："我认为要成为一个优秀的击球手，你必须等到出现好球的机会才去击打，这是本书的第一原则。如果我不得不去抓住我的幸运区以外的球，我就不会成为 0.344 的优秀击球手，我可能只是 0.250 的平庸击球手。"芒格和我同意这个观点，并会等待出现在我们自己"幸运区"的机会。

我们会继续对政治和经济的预测置之不理，对于很多投资者和企业家而言，这些是非常昂贵的消遣。30 年前，没有人能够预见到越战的扩大，工资管制和物价管制，两次石油震荡，总统辞职，苏联解体，道琼斯指数一天大跌 508 点，或国债收益率在 2.8% 到 17.4% 之间巨幅波动。

但是，令人吃惊的是，这些重磅炸弹式的事件都未能对本·格雷厄姆的投资原则产生丝毫的打击和动摇，这些事件也没有动摇"以合理价格购买优秀企业"的原理。试想一下，如果出于对未知的恐惧而延迟或改变资本的使用，我们的代价会有多大？事实上，当对于宏观事件的忧虑达到顶峰之时，恰恰是我通常做出最佳买卖的时机。对于那些跟风追求时尚的人而言，恐惧是敌人，但对于那些关注基本面的人而言，恐惧是朋友。

未来 30 年，一定会出现一批不同类型的流行股票。我们既不会预测它们是哪些股票，也没有打算从预测中获利。如果我们能找到像过去所购买的公司一样的公司，外部的惊喜对于我们长期的表现结果几乎没有什么影响。

我们可以向你们承诺的是，所有人会得到与其持股相匹配的收益，在你们持有伯克希尔期间，你们所获得的与芒格和我一样。如果你们遭受痛苦，我们也会遭受痛苦；如果我们发达，你们也会一样发达。我们不会引入一些所谓报酬机制，来破坏这种纽带式的联系，这些报酬机制在股市上升时给予我们（作为管理者）更多比例的报酬，而在下跌时却没有太大损失。

我们进一步向你们承诺，我们个人财富的绝大多数都会集中在伯克希尔股票上。我们不会让你将投资的钱放在我们这里，而自己却将钱放在别处。此外，由于伯克希尔承载了我们家庭大多数成员，以及那些从20世纪60年代就追随芒格和我的伙伴和朋友们的投资，我们没有任何理由不尽全力做好我们的工作。

我们实现收益的方式，是通过一流经理人的努力而实现，他们是一群能从看似平常的企业中获得不平常利润的人。著名棒球选手凯西·施滕格尔（Casey Stengel）将管理棒球队描述为："他们完成了本垒打，我们跟着受益。"这也是我在伯克希尔运用的方法。

即便是拥有著名钻石"希望之星"的一部分，也远远胜过拥有一颗人造钻石的全部。谁都能轻易辨别出我们之前提到的公司是罕有的宝石。最妙的地方还在于，我们并非仅仅简单地拥有这

些公司，而是拥有一个能不断成长的组合，

　　股票的价格会继续上下波动，有时甚至很剧烈，经济也会有波澜起伏。然而，随着时间的推移，相信我们拥有的这些企业会继续以令人满意的速度提升价值，这是个大概率事件。

　　　　　　　　　✿✿✿

　　我认为以讨论一下伯克希尔今天和未来的管理，作为结束的话题很合适。正如我们在《与所有者相关的企业原则》中的第一条告诉你的那样，芒格和我是伯克希尔的管理合伙人，但是，我们将这个重担分派给了旗下各个子公司的经理人们。

　　芒格和我的主要工作是参与资本配置，以及对于关键经理人的关心和培养。大多数经理人在自主管理企业时都会心情愉快，而这正是我们托付他们的方式。这种方式让他们全权负责经营决策，并且将运营中多余的现金上交给伯克希尔总部。通过把现金交给总部的方式，他们就不会因各种诱惑而分心。此外，相对于我们的经理人多局限于对自己所在行业的了解，芒格和我有着更为宽广的视野，更有可能在更大范围内寻找更好地运用这些资金的可能性。

　　大多数我们的经理人都已经获得财务自由与独立，所以，创造出一种鼓励他们愿意为伯克希尔服务的氛围，而不是去打高尔夫或钓鱼，是我们的责任。这就要求我们公平地对待他们，就像如果位置颠倒一下，我们希望被对待的方式一样。

　　　　　　　　　　　　　　　关键词：我们主要的工作

至于资产配置，这是芒格和我都喜欢的活动，而且在这方面我们已经积累了一些有用的经验。一般而言，头发灰白的人不会在这个运动场上受伤；在进行投资时，你不需要手眼的敏捷配合，或发达的肌肉（感谢上帝）。只要我们的头脑可以继续有效工作，芒格和我就会干得像以前一样好。

✦✦✦

作为股东，你们自然会关心，在我年事渐高后，是否会继续担任公司 CEO？如果发生什么变化的话，董事会将如何处理这个问题？你们或许还想知道，如果我今晚去世了，会发生什么情况？

第二个问题很容易回答，我们旗下的大多数公司都拥有强大的市场优势、强有力的动能和杰出的管理层。伯克希尔的文化已经深深浸透在我们每个子公司的血液里，即便我过世之后，他们也不会错失商业机会。此外，在伯克希尔，我们有三个年富力强的经理人，他们之中的任何一人都可以胜任 CEO，并在特定的管理方面会比我干得更好。

负面影响的一面是，他们之中没有一个具有像我一样在众多领域的交叉经历，这种经历让我无论在商业方面还是在投资方面都感到如鱼得水。这个问题可以通过安排专人负责处理可流通证券的方式解决。在伯克希尔，这是个有趣的工作岗位，新的 CEO 将会毫无疑问地聘请一位有才能的人来做。实际上，我们在盖可保险这样做已经 26 年了，结果非常棒。伯克希尔董事会已经非常详细地对每一位 CEO 候选人进行了讨论，并一致认为如果今天有需要，他们今天就可以继承我的位置。

关于这个话题，董事们会持续关注，并随着环境的变化而与时俱进。新的管理新星可能会出现，现有的经理人可能会老去。但重要之处在于，董事们现在以及未来都完全清楚，一旦有需要的时候，他们应该做什么。

尽管每一个人的衰老进程会有很大的不同，但或迟或早，他们的能力和活力会渐渐下降。有些经理人在 80 岁的时候依然效率满满，例如芒格 82 岁的奇迹。有些人在 60 岁时就明显退化。当人衰老、能力衰退时，他们自我评估的能力也随之衰退，这就需要其他人的提示。

当发生这样的状况时，我们的董事会将接手我的工作。从财务角度看，董事会成员通常无意这么做。据我所知，全国没有一家公司的董事会，其成员的家庭财产与公司股东们的财产有如此紧密的联系，甚至连情况接近的例子也没有。然而，在个人情感的层面，对于大多数人而言，尤其是朋友，很难去告诉他："你已经不行了。"

然而，如果我成为了那个"不行"的人，我们的董事会会帮忙告知我。我拥有的每一股伯克希尔的股票都会捐给慈善机构，我希望社会能从这些捐赠的遗产中得到最大的益处。如果我的伙伴们推卸责任，没有履行其监督职责，请我去养老（我希望是温和礼貌的，而不是被扫地出门），那么，这将会造成我持有股份的价值潜力的缩水，进而造成慈善潜力的减少。如果出现这种情况，这会是一个悲剧。但是，不必担心这样的事情发生，我们有一个杰出的董事会，他们一直会按照"股东利益至上"的原则行事。

꧁ ꧁ ꧁

伯克希尔有三位 CEO 候选人可以替代我的位置，而且董事会知道如果我今晚过世的话，谁可以履行我的职责。他们中的每一位都比我年轻得多，董事会认为我的继任者拥有一个较长的任期很重要。

坦白地说，我们公司的投资端的业务还没有准备好。在我们10 月份的董事会上，我们充分讨论了这个话题，并且制定了一个计划。在这个计划中，我雇用一个年轻的、具有投资潜力的先生或女士来管理我们庞大的投资组合，我们希望在将来有一天需要之时，他能够继任我作为伯克希尔的首席投资官位置。作为选择过程的一部分，我们实际上会选择数个候选人。

选对人并非易事。当然，发现一个聪明的人并不难，他们之中，有的具有令人印象深刻的投资记录。但长期的投资成功，仅仅凭当下的头脑聪明和短期的业绩优秀是远远不够的。

长期来看，市场一定会发生非同寻常甚至离奇的事件。一个单次、重大的事件可能会将多年以来累积的、一系列的成功一笔勾销。我们需要的是从基因排序上能够识别和避开这类风险的人，包括那些之前从未遭遇过的重大风险。有些潜伏在投资策略中的危险，用今天金融机构普遍使用的模型是无法发现的。

性格也是极其重要的。独立思考，情绪稳定，对人性和机构行为具有敏锐的了解，这些都会在长期投资成功中起到非常重要的作用。我见过很多非常聪明的人，但他们缺乏这些美德。

最后，还有一个特别的问题需要思考：我们留住人才的能力。能够成为伯克希尔的一员会大大提高一个投资经理人的市场身价，因此，我们需要确定我们留住所选之材的能力，即便他可以离开，并且在其他地方赚更多的钱。

❧❧ ❧❧ ❧❧

我已经将我持有的伯克希尔的股份分别安排给五个慈善基金，让它们执行我一生的计划，以及最终实现我的慈善捐赠目标。在遗嘱中，我会规定，在我过世之后的十年内，从我的股份中变现获得的资金，用于慈善目的。因为我的后事没有那么复杂，处理这样的事情应该用三年时间。这13年的时间，加上我还有的12年的生命预期（尽管，很自然，我的目标是活得更久），这意味着，来自我的伯克希尔持股的收入被分配给社会的时间大约会在未来的25年左右。

我设置这样的时间表，是因为我希望这些钱能被那些我所熟悉的、有能力的、精力充沛且积极向上的人相对迅速地使用。这些优秀的管理特质有时会随着机构年龄的增长而衰退，尤其是那些可以置身于市场力量之外的机构。今天，管理这五个基金的人都非常棒。所以，在我离世的时候，为什么不让他们尽快明智地花掉留下的钱呢？

一些喜欢将基金设立为永久性基金的人会说，不应将慈善基金这么快花完，因为将来的社会肯定也会遇到重大问题，也需要慈善捐赠。我同意"将来的社会也会遇到重大问题"这个观点。但是，到那时，社会上也会有很多超级富裕的个人和家庭，他们的财富甚至远超今天的美国人，并且他们的慈善机构也会进行慈善捐助。

这些慈善捐助者会根据第一手信息判断，什么样的运作既具有活力，又能专注解决当时社会存在的重大问题。通过这种方式，做慈善的方法和有效性将受到市场的检验。有些慈善机构值得大力支持，而有些机构会干得不怎么样。即便在世的人也未必能够做出完美的决策，但相较于一个入土 6 英尺深的逝者在数十年前做出的规定而言，他们更能理性地分配慈善资金。当然，遗嘱总是可以重新修改，但是我的想法不太可能有实质性的改变。

为了避免以病态的口吻结束本书，我想向你保证，我从未感觉如此良好。我热爱管理伯克希尔。如果享受生活可以延长寿命的话，那么，玛士撒拉（Methuselah《圣经》上传说享年 969 岁高寿的人）的长寿纪录可能会岌岌可危。[80]

注　释

1. 1996 年巴菲特撰写了题为《所有者手册》（*Owner's Mannua*）的小册子，最早发端于 1983 年，之后不时更新。

2. 在随后发布的"致股东信"中，有时会披露先前参加股东年会的人数。伯克希尔股东年会的参会人数从 1972 年的 12 人，到 1997 年达到大约 7500 人，到 2000 年到达 15 000 人，到 2008 年达到 35 000 人。自 1984 年以来，这个数字稳步上升。

3. 1984 年。

4. 2000 年，2002 年。

5. 参阅第 6 章 E 节：股东盈利和现金流谬论。

6. 1988 年，1993 年，2002 年，2004 年，2003 年，1986 年，1998 年，2005 年。

7. "两个工作"的另一个是指资本配置，见本书第 2 章和第 6 章。

8. 1985 年，2006 年。

9. 2010 年，随后一年的修订；2009 年。

10. 1987 年，1981 年（1988 年重印），1981 年，1990～1993 年，2003 年。

11. 以下选自 1986 年的信。

　　我们去年购买了一架公司喷气飞机。你们所听到的关于这架飞机的话题都是真实的：它非常昂贵，而且考虑到我们很少去偏远不便的地方，这就更是奢侈了。这架飞机不仅仅运营成本高昂，就是放在那里看着也很贵。一架新的 1500 万美元的喷气飞机每年税前资本成本和折旧大约 300 万美元。我们花 85 万美元买的这架旧飞机，上述费用每年大约 20 万美元。

即便认识到这些数字，不幸的是，你们的董事长在公司喷气飞机一事上，已经有了一些相当不节制的记录。相应地，在此次购买之前，我被迫使用伽利略（Galileo）模式。我迅速地经历了必要的"反启示"，现在有了专机，旅行比过去更为方便，也更为昂贵。从这架飞机身上，伯克希尔能否获得相应的物有所值的回报，这或许是一个仁者见仁、智者见智的话题，但是，我会为此而努力（无论这有多可疑）。我恐怕，如果本·富兰克林知道了我的数字，他会说："做一个明理的人是多么便利，因为当他想做一件事的时候，总是能找到或创造出理由。"

以下节选自 1989 年的信件：

去年，我们出售了在 1985 年花了 85 万美元购买的公司喷气飞机，并花了 670 万美元买了另一架喷气飞机。看到这样的数据（注意到卡尔·萨根（Carl Sagan）关于阻止细菌指数级增长的风趣话题——参考后面的结束语部分），一些读者可能会惊慌失措。如果我们的净资产以目前的速率增长，同时，我们置换飞机的成本也以当前年化 100% 的速率增长，用不了多长时间，伯克希尔的所有净资产都会被喷气飞机所吞噬。

芒格不喜欢我将喷气飞机与细菌进行类比，他感到这样做是贬低了细菌。他喜欢乘坐有空调的大巴旅行，而且是当车票打折的时候才上车。我本人对喷气飞机的态度可以用古代基督教哲学家圣·奥古斯丁（St.Augustine）的祷告（我相信这不是真的）来总结，当他考虑放下世俗的欢乐，成为一名牧师的时候，面对理智与情感，他恳请道："帮助我吧，上帝，让我成为一个纯洁的人，但不是现在。"

给喷气飞机命名也不是一件容易的事情。我开始时建议叫"查理·芒格号"，芒格反对，建议用"差错号"，最后，我们决定将其命名为"不可原谅号"。

1998 年的信中显示，巴菲特已经出售了这架喷气飞机。现在，他所有的出行都使用伯克希尔公司旗下的飞行公司提供的服务。

12. 2002 年之前的每一年，伯克希尔都会通告合格的股东指定捐赠计划的大约参与百分比、捐赠的金额以及参与者人数。参与百分比总是超过 95%，并且经常会超过 97%。捐赠的总数从 1980 年年初的一两百万美元稳步增长到 2002 年的 1700 万美元。同期，受捐赠的机构数目从最初的 1000 个以下扩大到 3500 个。从该计划开始到 2002 年终止，累计捐赠总额为 1.97 亿美元。

13. 1985 年，2005 年，1985 年，1994 年，1991 年，2003 年，2002 年。

14. 参阅第 4 章第 C 节：分红政策与股份回购。

15. 2009 年，2010 年附录，2002 年。

16. 1985 年信件引文。

17. 1987 年，1997 年。

18. 1988 年，1989 年。

19. 1988 年，1993 年，1986 年，1991 年，1987 年。

20. 来自 1993 年的信件，内容如下：

让我增加一些历史背景资料：可口可乐公司 1919 年以每股 40 美元的价格上市。到 1920 年年底，由于对它发展前景的悲观看法，可口可乐的股价遭到连续打击，下跌超过 50%，跌至 19.50 美元。截至 1993 年年底，以股息再投资的方法计算，一股股票的总值超过 210 万美元。正如格雷厄姆所说的："短期而言，市场是一台投票机——测试仅仅是以金钱投票、资金进出的多寡为准，而不是智力或稳定的情绪；但长期而言，市场是一台称重机。"

21. 吉列 2005 年年末被宝洁公司收购。巴菲特在 2005 年的信件中声称："在吉列被收购以前，我们不打算出让我们在吉列的股份；现在，我们也不准备出售我们在宝洁的股份。"

22. 伯克希尔持有的大都会 /ABC 公司的股票在 1996 年以现金加股票的方式与迪士尼公司合并，从此脱离伯克希尔的"主要和永久"的持股部类名单。

23. 1987 年，1992 年，1985 年。

24. 1996 年，2004 年，1999 年，1997 年。

25. 1989 年。

26. 参阅第 1 章 C 节：企业变化的焦虑。

27. 2005 年，2010 年。

28. 1987 年信的引文，1988 年和 1989 年再次引用时，没有第一句话。

29. 2011 年。

30. 2002 年，1990 年，1990 年芒格撰写的致西科（Wesco）股东信，经允许重发。）

31. 1989 年。

32. 1989 年，1994 年，1996 年，1990 年，1995 年，1997 年。

33. 参阅第 2 章 D 节："价值投资"：多余的两个字。

34. 2002 年，2005 年，2006 年，2008 年。

35. 2003 年，2004 年，2005 年，2006 年。

36. 2011 年，2008 年。

37. 1986 年信件的前言。

38. 2005 年；1988 年 8 月 5 日信件，1988 年重印。

39. 1988 年。

40. 以下文字来自 1989 年：

在伯克希尔公司挂牌一年之后，我们的特定经纪商亨德森兄弟公司的吉姆·马奎尔先生继续着他的杰出工作。在此之前，我们的市场做市价差达到 3% 或更多，但吉姆将这个价差维持在 50 个点或更低，这只相当于目前股价的 1% 甚至更少。我们的股东从中获益巨大，大大降低了交易成本。

由于我们与吉姆、亨德森和纽交所的相处非常愉快，因此，我在纽交所各地的广告中对此大加赞赏。通常，我会极力避免大力的表扬，但对于纽交所的合作，我会非常乐于表示公开的敬意。

41. 1984 年，1984 年，1999 年，2011 年。

42. 见第 6 章 D 节，经济的商誉 vs. 会计的商誉。

43. 1983 年。

44. 1992 年。

45. 1995 年，1996 年。

46. 1992 年信件的引文。

47. 1981 年，1982 年，1997 年，1994 年。

48. 1984 年。

49. 1989 年芒格写的西科金融公司致股东的信。经许可重印。

50. 1995 年，1991 年（后者与 1982 年信件的开头及其后版本相似）。

51. 1988 年、1989 年信件，最后一句："我们对于新公司、困境反转型公司或拍卖式出售的兴趣，可以用著名的影视制作人 Goldwynism 的话来描述："请把我除外。"

52. 1990 年信件的附录 B——致潜在卖家的信；1999 年。

53. 2000 年，2008 年。

54. 1988 年信，引文部分。

55. 2000 年信。

56. 1996 年所有者手册，1987 年，1985 年，1996 年，2005 年，精简更新于 2006 年。

57. 1980 年，1990 年，1982 年，1991 年，1979 年。

58. 1983 年，1983 年附录，1996 年所有者手册。

59. 1986 年，1986 年附录。

60. LIFO 储备是一个差额，存在于替代存货的当前成本和资产负债表上的存货成本之间。这项差额或许会大幅飙升，尤其是在通货膨胀期间。

61. 2008 年，2010 年。

62. 1988 年信件的引言部分。

63. 1990 年信件的附录 A。

64. 2002 年。

65. 1992 年、1998 年、2004 年。

66. 参见第 1 章第 F 节，公司高管的报酬原则。

67. 1998 年。

68. 2007 年。

69. 2010 年。

70. 1999 年。

71. 参阅第 6 章 D 节：经济的商誉 vs. 会计的商誉。

72. 1988 年。

73. 1988 年，1989 年，1992 年。

74. 1992 年。

75. 1986 年，1998 年。

76. 1993 年，2000 年，2003 年。

77. 1996 年，累计纳税 8.6 亿美元；1998 年，27 亿美元；2003 年，33 亿美元。

78. 1998 年的信有如下内容。

> 我们日益扩大的公司规模的受益人之一是美国财政部。1998 年度，伯克希尔和通用再保险公司已缴、将缴的联邦所得税为 27 亿美元。这意味着，我们担负起了整个美国政府超过半天的运营费用。按照这个思路再往前一步，如果再有 625 家公司的纳税金额与我们和通用再保险公司去年的纳税金额一样多的话，其他任何人——包括公司和 2.7 亿美国公民——都无须再支付联邦所得税，或其他任何联邦税，例如社会安全或遗产税。我们的股东可以说是真正地"默默地待在屋子里做贡献"。

79. 1989 年、1994 年、1996 年更新的所有者手册，2005 年、2006 年、1996 年更新的所有者手册。

80. 《圣经》上传说享年 969 岁高寿的人。

推荐阅读

序号	中文书名	定价
1	股市趋势技术分析（原书第11版）	198
2	沃伦·巴菲特：终极金钱心智	79
3	超越巴菲特的伯克希尔：股神企业帝国的过去与未来	119
4	不为人知的金融怪杰	108
5	比尔·米勒投资之道	80
6	巴菲特的嘉年华：伯克希尔股东大会的故事	79
7	巴菲特之道（原书第3版）（典藏版）	79
8	短线交易秘诀（典藏版）	80
9	巴菲特的伯克希尔崛起：从1亿到10亿美金的历程	79
10	巴菲特的投资组合（典藏版）	59
11	短线狙击手：高胜率短线交易秘诀	79
12	格雷厄姆成长股投资策略	69
13	行为投资原则	69
14	趋势跟踪（原书第5版）	159
15	格雷厄姆精选集：演说、文章及纽约金融学院讲义实录	69
16	与天为敌：一部人类风险探索史（典藏版）	89
17	漫步华尔街（原书第13版）	99
18	大钱细思：优秀投资者如何思考和决断	89
19	投资策略实战分析（原书第4版·典藏版）	159
20	巴菲特的第一桶金	79
21	成长股获利之道	89
22	交易心理分析2.0：从交易训练到流程设计	99
23	金融交易圣经II：交易心智修炼	49
24	经典技术分析（原书第3版）（下）	89
25	经典技术分析（原书第3版）（上）	89
26	大熊市启示录：百年金融史中的超级恐慌与机会（原书第4版）	80
27	敢于梦想：Tiger21创始人写给创业者的40堂必修课	79
28	行为金融与投资心理学（原书第7版）	79
29	蜡烛图方法：从入门到精通（原书第2版）	60
30	期货狙击手：交易赢家的21周操盘手记	80
31	投资交易心理分析（典藏版）	69
32	有效资产管理（典藏版）	59
33	客户的游艇在哪里：华尔街奇谈（典藏版）	39
34	跨市场交易策略（典藏版）	69
35	对冲基金怪杰（典藏版）	80
36	专业投机原理（典藏版）	99
37	价值投资的秘密：小投资者战胜基金经理的长线方法	49
38	投资思想史（典藏版）	99
39	金融交易圣经：发现你的赚钱天才	69
40	证券混沌操作法：股票、期货及外汇交易的低风险获利指南（典藏版）	59
41	通向成功的交易心理学	79

推荐阅读